重庆市图书馆学会学术研讨会论文集(2019年)

守正创新笔力劲

任竞 编

西南师范大学出版社
国家一级出版社 全国百佳图书出版单位

图书在版编目(CIP)数据

守正创新笔力劲：重庆市图书馆学会学术研讨会论文集：2019年/任竞编. — 重庆：西南师范大学出版社，2020.11

ISBN 978-7-5697-0539-3

Ⅰ.①守… Ⅱ.①任… Ⅲ.①图书馆学－文集 Ⅳ.①G250.1-53

中国版本图书馆CIP数据核字(2020)第220982号

守正创新笔力劲
——重庆市图书馆学会学术研讨会论文集(2019年)

SHOUZHENG CHUANGXIN BILIJIN
——CHONGQING SHI TUSHUGUAN XUEHUI XUESHU YANTAOHUI LUNWENJI(2019 NIAN)

任竞　编

责任编辑	黄璜　畅洁　唐倩
封面设计	观止堂_未氓
排　　版	江礼群
出版发行	西南师范大学出版社 地址：重庆市北碚区天生路1号 邮编：400715　市场营销部电话：023-68868624 网址：http://www.xscbs.com
经　　销	全国新华书店
印　　刷	重庆友源印务有限公司
幅面尺寸	185mm×260mm
印　　张	16.25
字　　数	420千字
版　　次	2020年11月　第1版
印　　次	2020年11月　第1次印刷
书　　号	ISBN 978-7-5697-0539-3
定　　价	68.00元

编辑工作小组

主　　编：任　竞

副 主 编：汤兴华　杨新涯　张冰梅　王宁远

执行主编：宋继珍　朱　晖

编　　辑：张　骏　李丹妮　郭　洋　潘　玲

前言

为全面贯彻落实习近平新时代中国特色社会主义思想和习近平总书记给国家图书馆老专家回信精神,促进新时代图书馆事业的科学发展,做到守正创新、砥砺前行,2019年12月10日,重庆市图书馆学会第八届学术研讨会在巴南区图书馆召开。研讨会由重庆市图书馆学会与重庆市高校图书情报工作委员会联合主办,以"新时代图书馆发展与创新"为主题,来自全市公共图书馆和高校图书馆的230名代表参加了会议。研讨会邀请华东师范大学范并思教授做了题为"图书馆促进全民阅读的理论与实践"的主旨报告,设立了三个主题论坛,15位获奖论文的作者在主题论坛上进行了交流发言,与会代表与获奖论文作者进行了充分的交流、探讨。

本次研讨会共收到会议征文92篇,经过学会组织的专家评审委员会评审,共评选出一、二、三等奖论文42篇。论文的主题涉及图书馆信息资源建设、图书馆总分馆建设、智慧图书馆与图书馆智慧服务、图书馆服务与管理创新、阅读推广理论与实践、图书馆文化扶贫、文旅融合与图书馆发展、图书馆空间再造、图书馆志愿者服务等领域。论文的作者都是在图书馆从事一线工作的业务骨干和图书馆管理人员,他们结合自身服务和管理工作的经验,努力探索本领域的发展方向,这些论文是他们工作实践和理论探索的结晶。

本次研讨会的举办恰逢重庆市图书馆学会成立20周年，本书的出版，旨在更好地交流和分享论文作者的工作经验和研究成果，从而进一步推动重庆市图书馆界的学术研究，促进重庆市图书馆事业的繁荣发展。随着互联网等信息技术的迅猛发展，新时代图书馆的资源、管理及服务等方面都面临着一系列的挑战，需要我们全力去面对。重庆市图书馆学会作为学术性社团组织，组织开展学术研究、搭建业界交流平台是其核心工作任务。今后，本学会将组织更多的学术交流活动，通过经验的交流、思想的碰撞，启迪智慧，增进合作，使重庆市的图书馆和馆员们更好地应对来自各方面的挑战。

感谢本书的作者们，他们为本书的成稿付出了辛勤的劳动。感谢西南师范大学出版社对本书的顺利出版给予的大力支持。

由于我们的能力和水平有限，本书的不足和疏漏之处在所难免，恳请各位专家学者和广大读者批评指正，以便我们今后改进。

编者

目 录

1 图书馆管理与服务创新

学科集群化发展视角下的学科分馆构建探究　　　　　　　　　　刘海鹏　章　雷　3
中德两国高校机构知识库开放获取政策对比分析研究　　　　　　　　　苏建华　12
重庆市公共图书馆新浪微博服务的调查与分析　　　　　　　　　　　　万婷婷　19
高校图书馆"以美育德"教育功能新探　　　　　　　　　　　　　　　姜军委　27
公共图书馆推行"5S"管理模式的探讨　　　　　　　　　　　　　　　何　斌　35
对公共图书馆服务老年读者的探讨
　　——以重庆图书馆为例　　　　　　　　　　　　　　　　　　　赵德菊　41
浅议大数据下公共图书馆知识服务　　　　　　　　　　　　　　　　　张　娟　46

2 图书馆总分馆制建设与公共文化服务

地市级图书馆总分馆制建设与服务创新初探
　　——以重庆市南岸区图书馆为例　　　　　　　　　　　　　　　吴刘娟　53
图书馆总分馆建设下的阅读推广
　　——以重庆市渝北区图书馆总分馆阅读推广为例　　　　　　　　　黄　彩　60

1

创新总分馆制服务，助力乡村文化振兴
　　——重庆市璧山区图书馆总分馆制实践研究　　刘晓钦　杨正锋　赵兴中　68
图书馆总分馆建设与公共文化服务
　　——以江津区图书馆总分馆建设为例　　冉小梅　75

3　全媒体时代的图书馆资源建设

长久保存文献信息资源　建设人类文明的诺亚方舟　　邓光荣　81
关于图书馆纸质图书建设及管理优化的探索　　邱正阳　85
馆藏统计分析及馆藏资源建设优化策略
　　——以渝北区图书馆为例　　何珍　89
浅谈地方文献价值的挖掘与图书馆文创产品的开发利用　　廖学琼　99

4　图书馆阅读推广理论与实践

图书馆阅读推广新模式探析
　　——治愈系图书馆的建立　　黄燕　余小玲　107
议家庭图书馆建设实践助力全民阅读推广　　陈群　113
"互联网＋阅读"模式下的区县图书馆阅读推广工作探析
　　——以重庆市潼南区图书馆为例　　舒春　118
浅析乡村振兴战略中图书馆基层建设与阅读推广的措施　　朱霞　122

5　文旅融合时代的图书馆创新发展

文旅融合时代的图书馆创新发展研究
　　——以重庆市北碚区图书馆为例　　喻赛蓝　127

公共图书馆文旅融合的实践路径
——以重庆市涪陵区图书馆文旅融合为例 刘 争 132
基于新时代公共图书馆的文旅融合探析 陈 奎 136
浅谈文旅融合环境下公共文化场馆与旅游资源的融合
——以重庆市城市发展新区四个同级别区县为例 刘 格 143

6 精准扶贫视角下的图书馆文化扶贫

精准扶贫视角下的公共图书馆文化扶贫
——以重庆市江津区图书馆为例 郑玉霞 151
浅谈精准扶贫视角下的图书馆文化扶贫 涂德富 157
基层公共图书馆在精准扶贫下如何开展文化扶贫
——重庆市涪陵区图书馆红色文艺轻骑兵阅读推广案例解析 熊世琼 162

7 智慧图书馆与图书馆智慧服务

关于智慧图书馆及其智慧服务发展的探究 胡艳丽 169
物联网技术在智慧图书馆建设中的应用探究 张 琳 173

8 图书馆空间建设与空间服务

论阅读空间视角下的高校图书馆建设 江文芬 179
生活美学视域下图书馆审美初探 张学福 188

9 图书馆品牌管理与服务营销

图书馆品牌研究的文献计量与可视化分析 ············· 黄金春 197
浅议大学图书馆文化品牌建设 ··················· 刘鸿燕 205

10 图书馆志愿服务工作的运作与管理

公共图书馆志愿者服务工作探析
　　——以重庆市长寿区图书馆为例 ··············· 冉代国 213
浅谈公共图书馆志愿服务的运作与管理 ··············· 颜　兵 217

11 其他

学术迹和 CI 指数论文评价模型比较研究
　　——以高校法学学科 CSSCI 论文为例
　　　　　　　　　　　　吕俊杰　李　煜　张　旭　黄　欣　班航航 223
民办高校图书馆协同发展探索与实践
　　——以重庆市民办高校图书馆为例　　叶甬渝　曾　鸣　杨　洁　刘红霞 234
中国图书史研究之管窥 ························ 陈立新 239
重庆市公共图书馆古籍保护和利用研究 ··············· 伍　力 245

1 图书馆管理与服务创新

学科集群化发展视角下的学科分馆构建探究

刘海鹏 章 雷

(西南大学图书馆)

摘要：基于国内高校推行"双一流"学科集群化和学部制趋向的背景，本文对院系资料室实施学科化分馆整合的相关问题进行探究，首先介绍学部制的推行背景、内涵及实践，并选取"双一流"大学进行网站调研，最后对整合院系资料室为学科分馆的意义、路径进行探讨。

关键词：学院资料室；学科集群化；学部制；学科分馆

1 学部制探索

1.1 基本背景

新中国成立后，由于过度移植苏联大学模式等相关历史性原因，我国高校逐渐形成以细化的二级专业为标准设置院系的大学教学管理体制[1]，彼时国内高等教育短期内得到了迅速发展，但是随着知识科技融合的不断增强，新时代背景下实体学院设置过多、过细导致教学科研资源越来越分散，对整合教育资源、推进学科交叉造成了一定阻碍，找寻有效途径、促进学科融合发展成为国内高校待解的重要问题[2]。

近年来，为推动学科集群化发展，国内呼吁实施大学学部制改革的声音和相关探索日渐增多，并取得了阶段性成效。学部制是将院系按照学科门类或学科群进行归并，在学校和院系两个层次之间增加一级学术性组织或行政管理结构的一种大学管理制度。其有助于推动管理重心向下转移,是高等学校回归学术发展逻辑的一次主动尝试。其核心与导向旨在打破现有不合理的组织结构,整合院系层级的教育资源,促进相近学科的交融。

1.2 学部制实施概况

推行学部制的探索实践在国内已近二十年[3],虽然不同高校推行的学部分类、赋予学部的权限有所不同,但学部制作为超越学院层次的、高起点高要求的开放式跨学科组织,以及目前跨学科研究组织体系的有效平台和形式这已成为学界基本共识[4]。学部制改革是以整合校内学科资源为主要特征的重要变革,在当前国内大学组织变革进程中既是先行者也是实验者,其能否实现促进高等教育跨越式发展的理想虽有待未来的检验,但这一变革在打破院系壁垒、克服学科划分过细方面的积极作用已获得多方认可。2015年、2017年我国先后出台"双一流建设"总体方案和入选名单,以期推动一批高水平大学和学科进入世界一流行列。"双一流"的遴选充分显示出坚持以学科为基础、突出学科建设重点的特征,"学部制"与"双一流"在推动学科群建设方面的思路高度契合,且随着国家"双一流"工程的深入推进,学部制有望在高校发展中扮演更重要的角色。

1.3 资料室转型的必要性

在学部制改革和学科群建设不断推进的背景下,依托原有院系、辅助教学科研的资料室作为高校图书资料系统的重要组成部分,其未来将何去何从,裁撤取消抑或进行整合归并值得各方思索探讨。笔者认为现有的院系资料室制度及其业务质量已相当滞后,主要表现为文献资源建设无序、知识服务乏力,这使得高校图书资料"校图书馆—院系资料室"两层级的管理体制越发分散。在聚焦"双一流"建设的重要形势下,有必要以学部制为契机和趋向,以学科关联为依据,有序地对院系图书资料室进行合理归并,实施学科化的分馆改造。

2 国内高校学科分馆建设调研

总分馆制是国内高校图书馆较为普遍采用的组织形式,其中校区分馆、学科分馆是图书馆分馆的两种主要类型。图书馆分馆在多校区或规模较大的高校中起到了分散馆藏、分流读者的重要作用,并形成了集中式、分散式、混合式等若干总分馆运行模式[5]。

学科分馆一般由院系资料室转型设置而成。校区分馆则是高校中心校区外建设的配套图书馆,在院系专业比较单一的分校区;校区分馆往往也是学科化专业图书馆,如北京大学医学部图书馆。

在学科分馆的管理方式方面,依据人事、业务管理权限的不同归属,有直属型和指导型两种管理方式。图书馆对分馆行使人事、业务双重管理的,属于直属型分馆管理方式,如西北农林科技大学图书馆农科分馆;图书馆仅对分馆行使业务指导而无人事管理权限的,属于指导型分馆管理方式,如湖南大学图书馆经济学分馆等11所专业分馆。另外,部分高校总分馆体系发展比较成熟,既有直属分馆也有同院系(所)合作共建的指导型学科分馆,如北京大学、清华大学图书馆。

为考查国内高水平高校学科分馆建设情况,本文选取42所"双一流"大学进行网站调研,主要考查是否设有学科分馆、学科分馆的管理方式以及是否实行学部制管理,内容详情见表1。

表1 42所"双一流"大学图书馆学科分馆建设情况

序号	高校名称	学科分馆设立情况	学科分馆管理方式	学部制	序号	高校名称	学科分馆设立情况	学科分馆管理方式	学部制
1	北京大学	有	直属型+指导型	是	22	厦门大学	有	直属型	是
2	中国人民大学	无	—	是	23	山东大学	无	—	是
3	清华大学	有	直属型+指导型	否	24	中国海洋大学	无	—	否
4	北京航空航天大学	无	—	否	25	武汉大学	有	直属型	是
5	北京理工大学	有	指导型	否	26	华中科技大学	无	—	否
6	中国农业大学	无	—	否	27	中南大学	有	直属型	否
7	北京师范大学	有	指导型	是	28	中山大学	有	直属型	否
8	中央民族大学	无	—	否	29	华南理工大学	有	直属型	否
9	南开大学	无	—	否	30	四川大学	有	直属型	否
10	天津大学	无	—	是	31	电子科技大学	无	—	否
11	大连理工大学	有	直属型	是	32	重庆大学	有	直属型	否
12	吉林大学	有	直属型	否	33	西安交通大学	无	—	是
13	哈尔滨工业大学	有	直属型	否	34	西北工业大学	无	—	否
14	复旦大学	有	直属型+指导型	否	35	兰州大学	无	—	否

续表

序号	高校名称	学科分馆 设立情况	学科分馆 管理方式	学部制	序号	高校名称	学科分馆 设立情况	学科分馆 管理方式	学部制
15	同济大学	无	—	是	36	国防科技大学	无	—	否
16	上海交通大学	有	直属型	否	37	东北大学	无	—	否
17	华东师范大学	无	—	是	38	郑州大学	无	—	否
18	南京大学	无	—	否	39	湖南大学	有	指导型	否
19	东南大学	有	直属型	否	40	云南大学	无	—	否
20	浙江大学	有	直属型	是	41	西北农林科技大学	有	直属型	否
21	中国科学技术大学	无	—	否	42	新疆大学	无	—	否

通过调研数据，可以看出：①学科分馆在高校总分馆体系中的占比较小，调查中有20所"双一流"高校针对性地设立了学科分馆，比例低于50%；②在14所推行学部制的"双一流"高校中有8所高校图书馆设立了学科分馆，比例超过50%，这在一定程度上反映出学部制的改革推行与学科化文献资源建设存在着关联性；③从学科分馆管理方式上看，直属型学科分馆占据绝对主流，仅有3所分馆是图书馆与学部（院系）协作建设的指导型学科分馆。此外，学科分馆的专业内涵与所在学校拟重点建设的学科（学科群）并未做到较高程度的对应，部分高校的一些重点学科尚未设立相应的学科分馆。

基于上述分析，笔者认为当前学科分馆建设虽已成为主流，但图书馆方面主导学科分馆建设偏多，学科化文献信息服务系统的建设尚未引起校内管理层的充分重视，而图书馆方面与院系在学科文献资源建设上的合作比较薄弱，这在一定程度上制约了学科化分馆的构建和图书馆总分馆体系的进一步发展。

3 实施资料室分馆化改造分析

3.1 可行路径探讨

3.1.1 成立领导协调组织

实施资料室分馆化改造建设是一项系统性工程，工作量大、涉及面广，加之学部制尚未在国内普及，院系层级的学科组织、直附属业务单位等长期保持独立，形成了比较森严的资源壁垒,所以大学层面的统筹协调对于基层资料室的学科化整合改造而言是不可缺少的,需要设立校级领导协调组织或依托校内图书资料建设委员会附设工作小组。此外,从已有案例来看,在资料室分馆化改造过程中,人事、经费、用房、国有资产等都会有所变动,而相关事项在现有高校管理体系中分属人事、财务、基建、国资等多个归口单位,因此,院系资料室分馆化改造有必要在学校层面设立专项领导协调小组或委员会,以形成自上而下的组织保障和推动力量。

3.1.2 调研方案规划

各高校面临着具体的发展环境,经验借鉴不宜照搬照抄,有必要先摸清家底,从实际出发做好顶层规划。图书资料室分馆化改造是对高校总分馆体系、文献资料管理机制的优化,是在学校层面推动的、致力于学科和学科群发展建设的重大举措,在宏观上需要综合考虑校内学部设置,学科群发展状况,相关主干学科、支撑学科、基础学科的分布情况,文献资源保障现状,学科分馆运行模式,等等;在微观上还需考虑分馆地理位置、人力资源分配等一系列具体而微的细节。在文献资源配置方面需要重点考虑:①全校范围内相关学科纸质文献馆藏的调配,学科分馆以专业化资源立馆,需要将总馆内精深类型的专业文献调配到相关的学科分馆,而原院系资料室内内容比较通识、副本较多的文献则可以归集到总馆内;②文献资源购置权、推荐权的再分配,为减少重复采购,提高资源的采购效益,应收回分馆的单独采购权,并将其收归总馆或合作采购,给予分馆较大的专业文献资源荐购权。

3.1.3 分步骤、分阶段推进

校内实施资料室整合改造,工作量大、持续时间长,为保障工作效率,可以分步骤、分阶段推进[6]。

3.1.3.1 优化图书馆业务系统技术性能

图书馆集成系统(Integrated Library System,简称 ILS)是现代总分馆体系运行的核心,资料室文献资源的整理归并涉及多类型纸质文献的规范化加工、电子资源的共建共享等,更加依赖图书馆业务系统,同时对系统的整体兼容性、响应速度、存储容量等一系列技术指标提出了更高要求。目前,国内高校现行的 ILS 依然以纸质图书资源为主要目标,难以适应全媒体时代的管理需求,面临着向下一代 ILS 的转型过渡问题,考虑到 ILS 改造前后图书馆内外运行环境将发生显著变化,图书馆可以在原有系统基础上基于校园内网和 C/S 架构对 ILS 的采编、典藏、流通、统计等功能模块进行优化,扩展兼容多种资源描述需求的元数据规范或规范集合,以应对可能增加的新型资源处理需求,满足未来更多应用、更大容量的弹性需求[7][8][9]。

3.1.3.2 优先选择文献管理基础较好、学科信息需求迫切的相关学院资料室进行整合改造

截至笔者完稿时,国内实行"图书馆—学科分馆"两级管理体制的高校仅有中山大学、深圳大学等,改造实例、理论及方法较少,相关经验更少。有重点、分批次地对学院资料室进行整合改造,有助于较快地取得实效并为后续工作累积经验。

3.1.3.3 分步骤建设虚拟学科分馆和实体分馆

虚拟学科分馆即建设以校园网络为依托的学科导航,对图书、期刊、会议论文、研究报告等相关文献资源进行序化组织、回溯建库,建立课程导航、学科导航等,并结合学科分布对资源进行主题集群式编排,形成纵横向交织的网状式馆藏布局[10],提供网络化、个性化学科信息资源。完成虚拟学科分馆建设后,再逐步由虚拟学科分馆转向实体分馆的建设,或者根据高校实际需要将原院系纸质文献纳入校图书馆管理,取消实体资料室,重点建设虚拟学科分馆。

3.2 资料室分馆化转型的意义

3.2.1 归并资源,助推融合

欧美高校多以学科门类或学科群作为设置一级学院的设立标准[11],我国研究型高校一级学院的设立多以一、二级学科为准。英国爱丁堡大学第一层级设置有人文与社会科学学院、科学与工程科学学院、医学与兽医科学学院三大学院,其下又分下属23个小院系。美国高校一级学院设置数目控制在4~13个,平均为8.2个学院,而国内高校一级学院数量一般介于20~40个。在人文社科、自然科学教育方式方面,我国高校没有效仿欧美集中设立文理学院、工程应用等大学院,而是将这些学科门类下的一、二级学科分散在多个中小规模的学院中。相应地,资料室也随之在附属的院系设立,并以院系为单位对下设的一、二级学科文献资源进行管理。一级学院的细分设置在很大程度上决定着资料室的服务半径,即以本院系师生为主要服务对象或仅对本院系师生开放,容易形成资料室文献服务院系层级的保护圈,不利于相关学科门类的深度交流。

基于此,将学科关联度较高的若干院系资料室归并重组为面向学科群专业化学科分馆的首要意义就在于形成厚基础、宽专业的学科服务文献信息中心,夯实基层学科服务文献保障能力,扩大服务半径,助推相近学科、交叉学科的进一步交流[12]。

3.2.2 保障经费,提升效益

通常,在现有高校图书馆总分馆管理体制下,院系资料室仅在文献业务方面接受图书馆的指导,没有人事和经费方面的实际支持,其人事和经费由所在院系直接管辖。而学校又以业务运行经费、学科建设经费等大项为院系分配下拨总经费,也就是说在下拨院系的经费中实际上并不包括文献资源建设专项经费,每年依靠院系自行确定当年的文

献购置经费,容易受到院系领导意愿等非结构性主观因素的影响,在源头上难以形成稳定长远的资料室文献资源经费保障[13]。加之院系行政业务量大、人力资源紧张,院系资料员往往由行政职员兼任或临聘人员担任,而图书馆的业务指导也常常缺位,部分院系资料室建设规划、文献采购计划、文献集藏借业务质量等乏善可陈。文献资源采购一般只包括保障学科内重要期刊,缺乏著录加工文献信息资源的能力与动力,难以在校内共建共享资源,理工类院系资料室业务运行情况尤其令人担忧。长此以往又进一步造成相近院系间、与校图书馆资源的重复采购等问题,制约了高校文献建设经费的整体效益。

归并院系资料室为学科分馆后,由图书馆与学部或若干相关学院共建分馆,可以根据学科发展实际确定学科分馆的管理方式、功能属性、地理位置等。经费方面则可以由图书馆牵头编制年度性计划向学校申请单项或专项学科文献经费,系统性制定校内文献购置计划,并多方监督协管经费使用,保障学校文献资源建设总经费量和综合效益。

3.2.3 理顺机制,健全体系

作为学术服务性质的院系资料室,在会议资料、研究报告等专业性非正式文献的集藏阅服务方面发挥过重要作用,但随着信息化进程的不断深入和高校图书馆实力的不断提升,学院资料室的服务越来越难以满足师生对知识信息与功能空间的需求,其在院系特别是在理工类院系教学科研中的作用日益弱化,管理体制不顺、文献利用率低下、资料员定位模糊等问题日益突出[14]。从表面上看,资料室接受院系和图书馆的双重管理,但事实上资料室多处于"两不管"的真空状态[15]。而资料室又占用着人力、办公用房、经费等一系列资源,被动地成为"鸡肋",甚至陷入管理负担的尴尬境地,陷入了"衰落→被边缘化→进一步衰落→被边缘化加剧"的恶性循环,在高校文献资料管理体系中已属于非常薄弱的环节,制约了高校校内文献信息服务能力的进一步提升。

从图书馆方面看,构建融入用户科研学习过程、以用户为中心的一站式信息共享空间(Information Commons,IC)是大学图书馆未来重要的发展方向,也是图情界长期聚焦的重要议题。国外高校图书馆总分馆制发展更为成熟,特别注重学科化信息共享空间(Subject Information Commons,SIC)的建设[16][17],即强调依托学科分馆特定学科领域的资源、技术等为相关学科用户提供专业化、深层次服务。开展学科化服务是图书馆从资源存储保管转向资源开发利用服务的重要一步[18],当前我国各高校正着力推进嵌入式学科服务,但在如何嵌入院系教学科研过程方面普遍面临着渠道瓶颈,缺乏能够有效联络并熟悉院系状况的中介。将院系资料室归并整合为学科分馆可以为图书馆融入学校、院系的学科建设创造积极的条件,为构建高校学科信息共享空间提供丰富的空间、文献和人力资源,能够成为图书馆、院系开展深入合作的重要契合点,有利于科学统筹规划学校文献资源建设。重新构建总分馆馆藏框架,对于理顺校内文献资料管理机制、健全图书馆总分馆体系有着重要意义。

4 结语

学科建设是高等学校发展的核心与基础,推行基层院系文献管理机构整合、健全高校文献保障体系是完善学科建设支撑的应有之义。院系资料室分馆化建设是顺应学部制改革目标方向的教育资源改造,对于改善相对滞后的基层院系文献管理状况、提高学科服务支撑能力、健全高校图书馆体制机制有着积极的意义。诚然,资料室分馆化转型建设中存在着经费紧、人手少、业务量大等一系列问题,但从宏观教育背景看,"双一流"建设及学部制改革不啻为图书馆借力发展的重要契机。图书馆、学部院系等应树立为教学科研服务的大局观和使命感,合力推动基层图书资料室的分馆化建设,创新高校图书馆总分馆服务体系,积极为学部制改革和学科建设创造条件,为深化学科服务夯实基础。

注释:

[1]赵鑫.移植苏联大学模式对中国高校的影响研究[D].长江大学,2017.

[2]刘娜.新制度主义视角下的国内高校学部制改革[J].现代教育科学,2014(5).

[3]刘文晓."学部制"改革究竟改什么:对"跨学科"融合中"人"的透析[J].现代教育管理,2014(9).

[4]张雷,等.高等院校"大部制"与"学部制"定位分析[J].高教论坛,2015(5).

[5]李辉华,郑惠伶,张云,郑勤.我国高校图书馆分馆制运行模式的比较分析[J].情报理论与实践,2009(12).

[6]唐文惠,赵惠婷.高校院系图书资料室改造为学科群分馆探索:以三峡大学为例[J].三峡大学学报(人文社会科学版),2017(4).

[7]鄂鹤年,Jane Burke.图书馆管理系统的现状和未来[J].大学图书馆学报,2013(4).

[8]李娟,等.基于实证分析的下一代图书馆服务平台选择策略:以ALAM、Kuali OLE、OCLC WorldShare和Sierra为例[J].图书与情报,2017(3).

[9]张红芹,赵乃瑄.下一代图书馆管理系统资源管理功能探讨:基于功能映射视角[J].图书馆论坛,2015(7).

[10]金洁琴.高校图书馆学科分馆个性化资源建设的实践探索[J].图书馆建设,2013(1).

[11]杨锐.中美研究型大学学院制比较研究[D].湖南大学,2016.

[12]胡振宁.高校图书馆总分馆体系分析及建设对策:以深圳大学图书馆体系规划为例[J].大学图书馆学报,2017(1).

[13]林明.高校图书资料管理体制和人事制度改革:中山大学的实践和经验[J].高校图书馆工作,2007(3).

[14]陈永琴,张素琴.高校学院资料室与学科分馆模式分析[J].兰台世界,2010(22).

[15]刘芬.高校院系资料室管理存在的问题及对策[J].宁波教育学院学报,2010(4).

[16]安琳.学科信息共享空间:基于学科分馆的IC模式构建初探[J].图书与情报,2008(5).

[17]段美珍,赵媛.中外高校图书馆学科服务现状对比研究[J].国家图书馆学刊,2017(1).

[18]蔚海燕.搜索、导航、数据、社区:高校图书馆学科服务的深化之路[J].图书情报知识,2017(1).

中德两国高校机构知识库开放获取政策对比分析研究

苏建华

（西南政法大学图书馆）

摘要：机构知识库的可持续发展需要政策的保障，完备的开放获取政策是机构知识库持续开展服务的基础。本文通过调查中德两国高校机构知识库开放获取政策发现：德国政策起点高、体系完备，可操作性强；我国政策呈现出粗放简单、内容雷同等特点。为了保证机构知识库的可持续发展，我国高校应根据学校自身发展要求和学科特色，加大宣传开度、协调各部门责任和权利，在联盟的指导下，借助外部政策工具，制定出适合本校校情的标准化的开放获取政策。

关键词：高校；机构知识库；开放获取政策

开放获取自问世到现在已得到了大多数科研机构、图书馆及其科研人员等的认可，截至2019年7月8日，开放获取期刊目录（Directory of Open Access Journals，DOAJ）收录了131个国家的13515种期刊，开放获取知识库注册网站（Registry of Open Access Repositories，ROAR）共收录了115个国家和地区的4035个开放获取知识库。开放获取分金色和绿色两种模式，金色模式是指直接在线出版，银色模式是指传统形式出版后6～12个月再在线出版。德国开放获取大多采用银色模式，我国由于缺乏标准和规范，开放获取大多是免费的金色模式。据统计，德国在ROAR上注册的机构知识库有233个，仅次于英国（238），注册机构库中有近一半是高校建设和维护的，而我国在ROAR上注册的机构库个数为92个，高校注册的为11家，其余绝大部分是中科院系统所建，相较德国高校机构库建设，我国不论在数量还是质量方面都有很大的差距，亟须切实可行的政策指引其发展和完善。

1 两国高校机构知识库开放获取政策调查

为了更好地了解两国高校机构知识库建设方面的相关政策,本文选取两国在机构库建设方面起步较早和政策比较完备的6所高校作为样本进行分析:我国的北京大学、厦门大学和西安交通大学,德国的海德堡大学、哥廷根大学和明斯特大学,调查重点主要落在两国高校开放获取政策的制定情况和具体操作上。

表1 中德两国高校机构知识库开放获取政策体系比较

国家	大学	宗旨	责任	内容规范	技术规范	资源保存	资源使用	版权声明	隐私政策
中国	北京大学	有	有	有	有	有	无	有	有
	厦门大学	有	无	有	有	有	无	有	无
	西安交通大学	有	有	有	有	有	有	有	有
德国	海德堡大学	有	有	有	有	有	有	有	有
	哥廷根大学	有	有	有	有	有	有	有	有
	明斯特大学	有	有	无	有	有	有	有	有

2 两国高校机构知识库开放获取政策分析

初步来看,6所高校的开放获取政策均比较完备,能够代表两国机构库建设的水平,但两国政策体系的侧重点不同,操作规范和流程也不同,以下就两国的开放获取政策做一详细比较。

2.1 建库宗旨

德国高校机构知识库开放获取政策的目的主要是为高校师生提供一个出版开放获取文献的平台,实现资源的长期保存和免费获取,调查院校都强调为本校机构提供组织和技术框架,并对师生提交的成果进行严格的质量把关,哥廷根大学甚至通过一定的技术手段来保证开放获取文献的可访问性和安全性[1];我国高校机构知识库对建库的目的有所提及,北京大学和厦门大学的目的零星分散在其他标准和声明中,只有西安交通大学在总则里声明了其建库的目的和意义。

2.2 建库者责任

德国高校在制定机构知识库开放获取政策时都特别强调了建库者(图书馆)帮助解决开放获取涉及的知识产权和法律问题的责任与义务,如哥廷根大学声明图书馆在开放获取中的责任是收集、编目和储存本校师生的电子文献和纸质文献的电子版。我国的北京大学和西安交通大学规定了机构知识库的维护和运行由图书馆承担,机构知识库的责任是存缴学校师生公开发表的期刊论文、会议论文、专著等在内的署名为本校的各类资源,西安交通大学还声明向全球用户提供开放获取服务。

2.3 内容标准

德国高校机构知识库开放获取政策中的内容标准主要包括出版物类型和格式两方面:海德堡大学和哥廷根大学规定向机构知识库所提交的电子文献必须符合本机构的机构格式,同时通过OAI-PM、DINI认证、创作共用许可(CC协议)等互操作协议标准与其他开放平台进行数据交换;改动过的文献以新版本保存在服务器上,为了保证文献的可追溯性,旧版和原版都必须保存在服务器上;提交的文献需要作者撰写摘要和提取关键词(英语或德语),并按照杜威十进分类法进行分类,还需要编制内容索引,以方便检索和利用[1]。我国3所大学对提交文献的类型没有明确规定,只要是署名本机构的学术类资源都可提交,厦门大学还声明存储对象包括学术作品但不限于学术著作;北京大学对提交文献的格式没有明确要求,西安交通大学和厦门大学均推荐提交文献文本格式为PDF,其他类型文件也列出了推荐格式;西安交通大学还将收集的资源对象分为三类——核心级、扩展级和关联级,关联级资源采用共享集成元数据方式组织揭示,厦门大学对提交描述该作品的元数据(题名、作者、关键词、摘要、出处和格式等)做出了明确要求。

2.4 技术规范

德国高校机构知识库开放获取政策中都列出了具体的技术标准:采用DC进行标引,按照杜威十进分类法进行分类组织,抽取关键词对文献进行内容索引,普遍采用SGML/XML、HTML、PDF、TXT等格式保存文献。我国3所高校在开放获取政策声明中对采用的技术规范没有明确提及,笔者总结出3所高校所遵守的一些共同规范:3所高校都基于DC制定了本机构的文献提交和保存标准,并依据此规范对所提交的文献进行标引,而且列出了提交文献的推荐格式;西安交通大学声明对存储的成果有权进行格式转化,但保留所有成果的原始文件;厦门大学对提交文献的元数据格式做出了规定并要求提交者对其授权,即以存档、保存和转移为目的,机构库有权对作品进行复制和转化以及对存储的作品进行再加工。

2.5 资源保存

两国高校机构知识库都强调资源的长期保存和利用。本文调查的6所高校都在开放获取政策中承诺对作者提交的资源进行长期保存,但有权对其格式进行修改和转化,德国高校普遍明确对其的保存期限为 5 年,有些高校可达 10 年,但我国高校对保存的期限没有明确规定。两国高校一般都采用 PDF 格式保存文献,辅之 SGML/XML 格式,德国高校通过数字签名和数字时间标志来保证文献保存的安全性[2],我国高校没有发现有安全方面的保障文字。两国都通过 UNRS 和 URL 共同描述资源在网络中的位置来保证数据的唯一性和可用性,西安交通大学还通过热备份机制保持两份相同的数据 COPY,以此在最大程度上保障资源安全。两国开放获取资源一般保存在本机构的开放获取平台或者机构库中,但使用德国高校机构知识库中的资源需要在德国国家图书馆进行注册,而这些数据将被无限期地提供给德国国家图书馆[2]。

2.6 资源使用政策

资源使用政策主要包括文献的提交、使用及其各式转化等内容,两国高校都确定机构库的管理由图书馆负责,均采取免费获取的原则,但不能用机器自动收割全文,也不能用于商业目的。关于文献提交两国均采取作者自愿原则,不要求作者让渡版权,德国 3 所高校和西安交通大学都只要求作者遵循提交许可协议即可。另外,两国高校都对提交文献格式的转化做出了明确规定:为了长期保存和免费获取的需要,机构库工作人员可对所提交的文献格式进行转换。

2.7 版权声明

为了规避风险,防止侵权和减少法律纠纷,保护版权人、图书馆和第三方机构的权益,各高校都对建库过程中涉及的法律问题做了界定,总结各高校的版权声明,大概可归结为建设依据、权利归属和权利范围三个方面。两国高校机构知识库开放获取的依据是版权法和 CC 许可协议。德国高校依据本国版权法对文献提交前和提交后作者的版权做了详细列举,例如海德堡大学规定提交给机构库平台的文献必须依据 CC 协议赋予机构相应的非专属使用权,提交文献二次出版时版权所有人与出版商达成的个人协议具有优先权[2]。西安交通大学规定存缴成果版权由原作者持有,所有由第三方持有的版权也保留;任何版权的侵犯由作者全权负责,存缴成果若出现归属错误、字段错误等问题与作者本人无关。北京大学对存储作品的版权和出版商或资助方的作品禁锢期问题制定了相关条例:存储作品的版权由原作者持有,所有由第三方持有的版权也给予保留;作者只授予机构对存储作品的复制和转化权利,在所有出版商或资助方的作品禁锢期结束前,机构库将不会对所提交的内容提供公开访问获取[3]。两国高校都规定版权人有权利对自己的作品进行二次发表,但不能授予第三方独家使用权。

2.8 其他政策

网络时代大家都对个人隐私比较敏感,为此各高校在机构库建设过程中都对隐私问题做了声明,保证提交者或使用者的个人信息不被用于商业、公益目的或被透露给第三方机构。关于论文撤回,我国3所高校都做出了规定:只要版权人提供撤销的合理理由经工作人员审核通过便可撤回。但北京大学同时规定:所有撤回内容的原始条目记录将被保留,这些记录(包括所有的原始元数据)将继续向用户提供开放访问[3]。

3 完善我国高校机构知识库开放获取政策的建议

笔者通过调查发现:德国高校机构知识库开放获取政策呈现出起点高,责任目的明确、体系完整、内容全面和可操作性强等特点。德国各高校都将本校的开放获取政策作为国家开放获取计划的一部分,整个政策的制定高屋建瓴,标准统一、详细完备,具有较高的指导性和可操作性,涉及开放获取的各个层面,不仅包括宏观层面的指导原则,操作使用方面的细节也是以超链接的形式在其他文本中全部列出。和德国相比,我国高校机构知识库的开放获取有一定的差距,据ROARMAP显示,我国只有中国科学院一家实行强制开放获取政策[4]。北京大学机构知识库在笔者调查期间网页链接打不开;厦门大学机构知识库的政策相对简单,对很多细节方面没有做出规定;西安交通大学机构知识库开放获取政策则相对完备,对文献的存缴、传播、服务、权利和义务都制定了详细的条例,实践性和操作性较强,可以作为国内其他高校制定政策的参考范本。

3.1 制定从资源提交到使用的全面而详细的政策内容

德国高校机构知识库开放获取政策从资源提交到使用都有详细的条例,几乎穷尽了资源提交和使用的方方面面,而且将本校的开放获取政策作为国家整个开放获取政策的一部分来实施。近年来,我国不少高校也制定了开放获取的相关政策,但大部分体系简单、内容单薄,甚至相互雷同,虽然在CALIS的推动下成立了中国高校机构知识库联盟,但参加成员馆数量少(截至笔者完稿时,有50家成员馆,注册机构库为21个)。该联盟制定了章程,依据DC推出了元数据规范,规定成员需向联盟提交本机构学术成果元数据并承诺所提供数据的知识产权没有疑义。这大大推动了我国开放获取运动向纵深发展,但相较德国完善的政策体系,我国的政策还是显得粗放,可操作性不强,暴露出我国高校资源建设重建设轻应用的问题。笔者认为,我国高校应该在该联盟的带领下加强与政府和科研机构的合作,联合包括出版界在内的各方力量,借鉴国外先进的经验,制定出适合机构库资源建设生命周期的政策规范。

3.2 借助外界工具联合制定开放性政策体系

机构库的建设始于国外,相关政策和标准也是国外比较完善。据调查,国外许多高校机构知识库政策大多是利用Open-DOAR政策工具制定的,德国高校也是基于此制定出了适合本机构的政策体系和操作指南,元数据和数据复用政策、内容政策、保存政策、提交政策的网页[5]等都可以在Open-DOAR政策工具指导下生成,同时机构还可根据本单位需要添加一些特定元素和内容。与国外相比,我国高校机构知识库开放获取政策制定落后于机构知识库的整体建设,很多高校只顾埋头模仿,忽视了相关政策和规则的制定,这严重影响了机构知识库的可持续发展。可喜的是,我国的建设者已经意识到了该问题的严重性,决定在中国高校机构知识库联盟的带领下逐步解决机构知识库建设中遇到的各种问题,联盟章程对会员的义务做出了明确界定,上海交大和北大图书馆牵头起草了资源描述元数据方案(草案)。笔者认为,该联盟下一步可以借助Open DOAR等工具的帮助,根据国内机构知识库的发展情况制定出统一的开放获取政策框架,各高校可在框架的指导下细化完善本机构开放获取政策体系。

3.3 政策制定时要考虑可持续发展

据统计,截至2017年底,我国高校机构知识库建设数量为166个,科研院所机构知识库建设数量为159个[6]。龚亦农和朱茗对这些机构知识库的建设内容做了详细调查,并发现不少问题:大多机构知识库存在着自存储比例低、内容存储量小、开放程度低、支持语种有限、全文服务率低等问题,而且运行维护普遍陷入困境。造成这一困境的因素众多,笔者认为资金缺乏和政策缺位是重要因素,正常的建设步骤应该是在广泛深入调研的基础上制定指导政策和操作指南,而我国大多数机构库都是先上马,边建边摸索。因此,制定和发布开放获取政策时必须保证其可持续发展,即保证投入、资源建设和服务的可持续性,在政策体系中应明确机构知识库建设的责任主体、运行与维护过程中的相关费用、技术支持和责任划分,规范资源使用者的行为,界定资源合法使用的范围,切实维护版权人和机构知识库建设者的合法权益。

3.4 加大宣传力度,规范资源格式

众所周知,普及率较低、资源容量小、全文提供率低、资源类型单一、版权保护过度、访问受限(一般通过账号和IP控制)、认可度低等问题是我国高校机构知识库建设中的普遍问题。因此,高校图书馆在建设机构知识库和制定机构知识库开放获取政策的过程中,必须加强与校内相关部门的协作和与数据库商的合作,建立有效可行的资源建设策略,最好由联盟牵头设计资源格式和元数据描述标准,选用兼容性强、持续性高且利于长期保存的格式,在DC元数据基础上根据学科特点和资源类型对元数据进行适当扩展,同时兼顾元数据的互操作性,形成一套适合本校机构知识库长远发展的资源格式规范,为日后数据的关联、集成操作、可视化描述和长期保存利用夯实基础。

3.5 制定适合本机构的开放获取政策体系

据笔者调查发现,德国高校机构知识库开放获取政策除了遵循共同的标准和规范外,还具有自己的特色和侧重,但我国高校机构知识库开放获取政策内容单薄且雷同,很

多实力较弱的高校几乎都是照搬北大、清华等名校的政策框架,毫无特色可言。开放的Open DOAR等工具允许机构根据自己的学科特色扩展政策条目,因此我国高校制定政策时应考虑学校的特色和优势、存储资源的主要类型和格式、使用者的范围、传播范围、服务内容及拓展服务等,尽可能多地征求学校各个部门的意见和建议,制定出适合本校发展和学科特色的开放获取政策体系。

学校重视不够、经费缺乏、科研人员认可度低等是目前我国高校机构知识库进一步发展的桎梏,这就要求图书馆加强协作,争取获得政府、学术界和学校的大力支持,借助各种平台和宣传渠道推广机构知识库,力争将机构知识库建设纳入学校信息建设整体规划并进入主流的学术交流轨道,尽可能地从制度、经费、人员、技术等方面保障机构知识库的可持续发展,扩大机构知识库的影响力并促进其长期稳定发展。

注释:

[1][2]张伟,等.德国高校开放获取知识库政策研究[J].大学图书馆学报,2017(2).

[3]吴越,等.机构知识库相关政策研究:基于北京大学机构知识库的思考与探索[J].大学图书馆学报,2014(2).

[4]徐速,张新鹤.我国机构知识库开放获取政策体系与内容研究[J].图书情报知识,2017(6).

[5]刘莉,等.英国高校机构知识库开放获取政策研究[J].情报理论与实践,2019(3).

[6]龚亦农,朱茗.我国机构知识库建设现状调查[J].数字图书馆论坛,2018(9).

重庆市公共图书馆新浪微博服务的调查与分析

万婷婷

（重庆市渝北区图书馆）

摘要：本文以重庆市43个公共图书馆的新浪微博为研究对象，从微博开通时间、认证情况、发博量、更新频率、博文内容等方面进行调查和分析，梳理出重庆市公共图书馆在微博服务中存在的问题，并提出提高对微博服务的重视度、加大微博服务的推广力度、提升微博内容质量、增强微博用户黏性等优化对策。

关键词：公共图书馆；新浪微博；重庆市

2019年2月，中国互联网络信息中心（China Internet Network Information Center，CNNIC）发布的第43次《中国互联网络发展状况统计报告》指出：截至2018年12月，我国网民突破8亿，规模增长至8.29亿，普及率达59.6%，全年新增网民5653万[1]。随着互联网的高速发展、网民的快速增长，有"社交＋移动"特性的新浪微博（以下简称微博）也迅速得到普及。2019年8月，微博发布的《2019年二季度财报》显示，截至2019年6月，微博月活跃用户数为4.86亿，较上年同期净增约5500万，平均日活跃用户数为2.11亿，较上年同期净增2100万。

公共图书馆是由国家中央或地方政府管理、资助和支持的，免费为公众服务的图书馆。公共图书馆担负着为科学研究服务和为大众服务的双重任务[2]。由于地域条件的限制，公共图书馆通过发放宣传手册、开展线下阅读活动等传统的推广手段，难以达到广泛的推广效果，造成了一定程度的服务盲区和资源浪费。微博作为互联网大流量平台，具有受众广、传播速度快、传播内容丰富、交互便捷等特点，公共图书馆应借助微博平台推广全民阅读，共享文化资源，不断创新服务方式，做好文化传播。

1 重庆市公共图书馆新浪微博服务情况研究

1.1 调研对象

截至2019年8月22日,重庆市共有43个公共图书馆,其中包括2个省级公共图书馆和41个区县公共图书馆。本文以这43个公共图书馆为研究对象。

1.2 调研内容

重庆市公共图书馆微博的开通时间、认证情况、发博量、粉丝数量、微博更新频率、博文内容、用户互动等。

1.3 样本选择

用户认证是微博平台为了明确用户身份、避免混淆、减少他人误解而采取的身份认证政策,具有一定的权威性。重庆市43个公共图书馆中,开通微博并认证的一共有22个,为了保证数据来源的可靠性,本文以这22个公共图书馆的微博作为调研样本进行数据搜集和整理。

表1 重庆市公共图书馆认证微博服务情况统计

图书馆名称	开通时间	博文量	粉丝	关注数	自动回复	开通时长/月	更新频率/(篇/月)
重庆图书馆	2011-03-07	19661	77409	355	√	102	192.75
重庆市少年儿童图书馆	2012-05-25	805	461	184		87	9.25
渝中区图书馆	2011-01-31	548	27415	90		103	5.32
大渡口区图书馆	2017-06-27	4	8804	18		26	0.15
沙坪坝区图书馆	2017-02-17	363	50616	1764		30	12.10
九龙坡区图书馆	2014-07-17	23	66	0		61	0.38
南岸区图书馆	2017-02-14	16	60	8	√	31	0.52
北碚区图书馆	2014-05-20	69	112	15		63	1.10
巴南区图书馆	2017-02-23	2703	83039	109		30	90.10
万州区图书馆	2017-05-24	55	59	8		27	2.04

续表

图书馆名称	开通时间	博文量	粉丝	关注数	自动回复	开通时长/月	更新频率/(篇/月)
涪陵区图书馆	2017-05-24	7	21586	66		27	0.26
大足区图书馆	2017-06-11	116	31527	122		27	4.30
江津区图书馆	2017-04-14	41	23393	33		29	1.41
合川区图书馆	2016-07-27	336	52060	7		37	9.08
永川区图书馆	2017-06-24	84	20073	60		26	3.23
万盛经开区图书馆	2017-05-22	120	4138	7		25	4.80
璧山区图书馆	2017-04-05	88	40546	6		29	3.03
潼南区图书馆	2017-05-19	6	5	2		27	0.22
武隆区图书馆	2017-03-31	151	15502	2		29	5.20
垫江县图书馆	2017-05-27	32	37	52		27	1.19
巫山县图书馆	2017-04-14	101	12	62		29	3.48
彭水县图书馆	2017-03-09	123	51	10	√	30	4.10

注：表中数据截止时间为2019年8月22日；微博的开通时间以该微博发布的首篇博文时间为准；微博更新频率数据以博文量/开通时长的方式计算，结果采取四舍五入取小数点后两位。

1.4 调研结果分析

通过对调研数据的详细整理和深入分析，笔者发现重庆市公共图书馆微博服务存在以下问题：

1.4.1 对微博服务不够重视

(1)经过调查发现，2011年，仅重庆图书馆和渝中区图书馆开通了微博，约占总数的5%；16个公共图书馆在2017年才开通微博。截至2019年8月22日，重庆市开通微博的公共图书馆共26个，约占总数的60%，开通微博并认证的公共图书馆有22个，约占总数的51%。这表明重庆市大多数公共图书馆微博服务起步晚，且仍有部分公共图书馆至今没有使用微博服务。

(2)微博的关注数反映了微博获取信息的主观能动性，关注数少则表明获取信息的途径相对较少。如表1所示，有17个公共图书馆微博关注数不足100，约占样本总量的77%，其中，九龙坡区图书馆没有关注任何微博账号。这反映出重庆市大多数公共图书馆主动获取信息的意识不足。

1.4.2 对微博平台运用不充分

从表1可看出,仅重庆图书馆和巴南区图书馆博文量超过2000条,约占样本总量的10%;博文不足100条的公共图书馆有11个,占样本总量的50%;其中,更有3个公共图书馆博文不足10条。这反映出重庆市公共图书馆微博博文数量总体偏少,对微博服务的开发利用不足。

1.4.3 微博运营水平不一,分化严重

粉丝数量是反映微博运营水平的重要指标。从表1可看出,粉丝数在20000以上的公共图书馆有10个,约占样本总量的45%;粉丝数不足100的有7个,约占样本总数的32%;粉丝数量最少的潼南区图书馆,仅有5个粉丝。因此可看出,重庆市公共图书馆微博服务运营水平差异大,发展不平衡。

1.4.4 微博更新频率低

在高速发展的网络时代,时效性是考量信息是否具有价值的一个重要因素,是众多新媒体生命力的体现。如表1所示,样本数据中仅重庆图书馆微博月均发博量超过100条,月均微博达到193条,约占样本总量的5%;19个公共图书馆月均发博量不足10条,约占样本总数的86%。这表明重庆市大多数公共图书馆微博更新慢,更新频率低。

1.4.5 微博内容单一、混乱

如表2和图1所示,重庆市公共图书馆博文内容主要包括以下六个方面:通知公告、活动预告、好书推荐、新闻报道(本馆活动的新闻简讯)、用户互动、其他推送。其中,其他推送以名言警句、优美语段等为主,博文内容单一。

使用♯标签♯发布博文,可以言简意赅地反映博文主题,将博文进行分类,还可以增强博文的话题性,吸引目标用户。如表2所示,重庆市仅9个公共图书馆发布了带♯标签♯的博文,大多数公共图书馆没有对发布的博文进行细化分类,这导致微博内容混乱、主题不明,不便于用户对微博内容进行查找和搜索。

1.4.6 与用户互动不足

微博被转发、评论越多,说明微博的影响力越大,加强与用户的互动,可以有效提高微博被转发、被评论的概率。经过调查,总的来说重庆市公共图书馆微博与用户交流较少,互动不足。如表1所示,样本中仅3个公共图书馆开通了关注自动回复功能,占样本总量的14%;如表2所示,仅重庆图书馆发布了用户互动类微博;如图1所示,用户互动类微博仅占博文内容总数的4%。

表2 重庆市公共图书馆认证微博博文内容情况

图书馆名称	通知公告	活动预告	好书推荐	新闻报道	用户互动	其他推送	标签
重庆图书馆	√	√	√		√	√	√
重庆市少年儿童图书馆	√	√		√		√	
渝中区图书馆	√	√	√	√		√	√
大渡口区图书馆						√	
沙坪坝区图书馆	√	√	√	√		√	
九龙坡区图书馆	√	√		√		√	
南岸区图书馆	√	√	√			√	√
北碚区图书馆		√		√		√	√
巴南区图书馆		√	√	√		√	
万州区图书馆	√	√	√	√		√	√
涪陵区图书馆				√		√	√
大足区图书馆		√		√		√	
江津区图书馆	√	√		√		√	
合川区图书馆	√	√	√			√	
永川区图书馆		√				√	
万盛经开区图书馆	√	√	√	√		√	
璧山区图书馆	√	√	√			√	√
潼南区图书馆				√		√	
武隆区图书馆	√	√		√		√	
垫江县图书馆	√	√		√		√	√
巫山县图书馆	√	√					
彭水县图书馆	√	√	√	√		√	

注：表中数据截止时间为2019年8月22日。

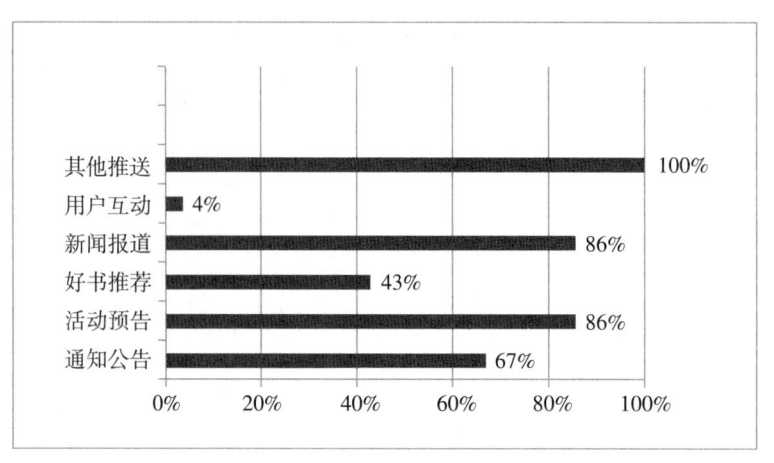

注：图中数据截止时间为 2019 年 8 月 22 日。

图 1 重庆市公共图书馆认证微博的博文内容比例

2 重庆市公共图书馆微博服务思考和建议

2.1 提高对微博服务的重视度

2.1.1 树立微博服务意识

随着网民数量的急剧膨胀，大众对新媒体关注度持续增长。作为新媒体代表的微博，其功能强大，拥有数量庞大的活跃用户，它的不断发展正逐渐改变着人们的生活习惯。因此，公共图书馆应紧跟时代发展步伐，提高对新媒体服务的重视度，树立微博服务意识。

公共图书馆可在业务交流会、职工例会等场景下，加入微博平台服务的宣传和学习；可邀请新媒体运营专业人士或行业内优秀标兵，定期到馆举办微博运营技能培训；还可通过宣传、学习、交流和培训，不断提高职工微博服务意识。

2.1.2 重视微博官方认证

一方面，微博账号通过新浪平台官方认证后，便具有唯一性和搜索优先功能，这极大地方便了用户识别和查找公共图书馆微博；另一方面，作为公共文化服务机构的公共图书馆，用户更重视其信息发布的准确性和真实性，公共图书馆微博经过官方认证后，公信力得到大大提高，更容易吸引用户关注。

2.1.3 加强微博规范化管理

公共图书馆一经开通微博，该微博账号便成为其对外展示窗口，发布的每一条博文、与用户的每一次互动都关乎着公共图书馆的形象。为保证公共图书馆微博良好、长久的运转,图书馆可设专人负责,协同各个部室参与,成立微博运营团队,必要时可借助社会力量,引进专业技术人员,加强微博规范化管理。

2.2 加大微博服务的推广力度

2.2.1 线上线下结合,多形式推广

公共图书馆可通过多种渠道、多种形式,全方位、多层次地对本馆微博账号进行宣传和推广。

2.2.1.1 线下传统推广方式

通过媒体报道、发放宣传资料、制作横幅海报等,将公共图书馆线下读者群体转化为线上种子用户,不断提高公共图书馆微博账号的群众知晓度。

2.2.1.2 线上新媒体推广方式

通过与其他公共图书馆微博联合推荐、发布关注转发抽奖类微博、举办微博读书活动等,吸引更多线上用户关注,推广图书馆微博账号。

2.2.2 借助热点和话题,及时推广

公共图书馆可关注国家图书馆、上海图书馆、东莞图书馆等业界标杆微博,及时掌握业界动向;关注中央新闻、人民日报、看天下等主流媒体微博,紧跟社会热点。及时评论、转发业界动态和社会热点的博文,更容易被微博系统推荐,优先展示在信息流的靠前位置,吸引更多用户看到公共图书馆的评论和博文,提升微博吸睛率。比如重庆图书馆结合重庆智博会发布的博文就赢得了较多读者关注。

2.3 提升微博内容质量

2.3.1 细化微博内容

公共图书馆在编辑博文时,可先对内容进行细化分类,然后再利用微博♯标签♯功能,分门别类地发布微博。比如重庆图书馆将活动通知类博文细分为"重图讲座""重图展览""格林童话之夜""亲子天地"等多个类别。微博♯标签♯功能的应用,既便于微博的查阅和追踪,节约用户时间,提升用户阅读效率,又便于微博平台对信息进行分类和推送(新浪微博会推荐有共同标签或共同兴趣的人加关注),提高微博被阅读和被关注的概率。

2.3.2 微博内容、形式创新

公共图书馆需要注重微博内容的原创性和形式的多样性。微博内容是唯一的,传播的速度就会更快,微博形式多样,就更容易吸引用户的注意。

公共图书馆在编写博文时,可以增加"小仙女""柠檬精""吃瓜"等具有趣味性的网络流行语言,合理运用文字、图片、GIF 动图、视频、音频等各种素材,采取"文字+图片""文

字＋GIF动图""文字＋视频"等多种形式,打破微博模板化,不断优化微博内容,增加微博的可读性,给用户创造良好的阅读体验。

2.4 增强微博用户黏性

2.4.1 提高微博更新频率

微博粉丝数量反映了微博的人气程度[3],决定了该微博账号发布的微博能够被多少人看到,它可以在一定程度上反映微博所拥有的传播效能和运营效果。微博长时间不更新,更新频率低,将难以维持粉丝的关注度,长此以往就会降低微博的吸引力,流失微博用户。因此,公共图书馆需要提高博文更新频率,保证微博的发博量。

2.4.2 加强与微博用户的互动

公共图书馆微博通过与用户互动可以及时了解用户需求,解答用户疑问,培养固定用户群体,提高微博影响力。公共图书馆微博可以从三个方面加强与用户的互动:

(1)及时回复、转发、点赞用户评论,主动参与用户讨论,收集用户的意见和建议,以亲切的微博形象让用户有受到重视的感觉,获得用户的情感认同,提高用户黏性。

(2)以传统节日、社会热点、线下阅读活动等为契机,不定期发布投票、问卷等互动型微博,可采取"活动＋奖品＋关注、转发、评论、@好友"的博文形式,激发用户的参与热情,提高微博的关注度。

(3)设置用户互动♯标签♯,开设互动话题[4]。比如重庆图书馆开设的♯好书推荐♯话题标签,就打破了大多数公共图书馆好书推荐类微博的固有模式:将推荐主体由原来的图书馆换成不同行业的微博用户;舍弃以往"作者＋索书号＋内容简介"的博文模板,采用"推荐理由＋用户照片＋书籍封面"的创新形式。这种将用户作为主体的互动话题♯标签♯,大大增加了用户的参与感,拉近了与用户的距离,不难发现,重庆图书馆该标签内的博文均获得了较高的阅读量,得到了用户的积极响应。

注释:

[1]国家图书馆研究院.中国互联网络信息中心发布第43次《中国互联网络发展状况统计报告》[J].国家图书馆学刊,2019(2).

[2]季墨.公共图书馆"针对特殊群体读者 提供特色服务"意识的提升与方式的改变:以大庆市图书馆为例[J].卷宗,2018(4).

[3]钱莎莎.基于H指数的新浪政务微博影响力评价研究[J].湖北工程学院学报,2018(4).

[4]马仁杰,吕美霞.安徽省高校图书馆新浪认证微博服务的调研与分析[J].图书馆学研究,2018(11).

高校图书馆"以美育德"教育功能新探

姜军委

（重庆师范大学图书馆）

摘要：高校图书馆作为高校三大支柱之一，既是高校文献信息中心，也是校园文化建设的主阵地，是以美育德培养当代大学生牢固树立社会主义核心价值观的重要场所，对其日后践行责任与担当起着不可替代的作用。本文着眼于审美环境、馆员素养、科学理念以及管理规则等，具体阐述图书馆美育功能及其特点，探讨新时代高校图书馆以美育德、美美与共，促进当代大学生人格发展的有效途径。

关键词：高校图书馆；校园文化；美育；以美育德

"美育"一词是由德国诗人席勒在《美育书简》中首先提出，它开启了"人的全面发展"和"审美生存"的重塑之路。在席勒的思想里，"美育"是一个全社会的工程，不限于学校教育，但在学校教育中体现得最为完备。在我国近代教育史上，1912年蔡元培先生在《对于新教育之意见》中首次将美育定为国民教育的基本方针，其宗旨是开发受教育者的审美感受能力和创造美的思维能力。现今，大学美育已广泛地涉及学校教育的多重元素，具有综合性和自主性的特征，这对于完善大学生的道德人格塑造，促进身心成长都具有重要的意义。在大学校园文化环境中，图书馆的美育功能具有其他部门所不能替代的作用。我国高校图书馆作为几千年文化载体的收藏者和人类精神文化的容纳者，以其特殊的方式保存、传递、整理、丰富着中国文化。它不仅是一个承担特定职能的物理空间场所，同时也是一个具备文化个性、精神品格和创新活力的文化学术殿堂；它不仅有物质因素，还有精神追求；它既是学术独立、思想自由的精神家园，也是社会良知、民族灵魂的渊薮；它不仅天然背负着历史长河的文化，更因其身居高校，是高校人文精神最有代表性的载体，是培养当代大学生德才兼备，牢固树立社会主义核心价值观的重要场所，为其日后践行三观、责任与担当起着不可替代的作用。探讨高校图书馆的美育功能，是新时代我国高等教育改革和发展的一个重要课题。学界对此已有所关注，本文主要以"以美育德"方针为研究视域，试从以下四个维度展开分析。

1 图书馆"以美育德"的育人理念

美育,亦称审美教育,广义上的美育体现为美学思想的外化功能,即将美育的理念贯彻于教育实践之中,引导人的审美情趣,培养正确的审美观念。在这个意义上来理解审美教育的内涵,其必然会与德育发生内在关系。从教育方式上来区分,德育是通过一定的强制性对善的行为进行逻辑判断,着重发展受教育者的意志约束力,将约定俗成的社会规范和行为规范灌输给具体的人,目的在于让社会成员认同普遍的社会人格,自觉地用共同的行为规范来约束自己的言行。德育的依据是现实的原则和社会的尺度。与其殊途同归的美育,则更多关注对人的情感的激发与感召,让其个性得到表现和升华。它侧重于对美的对象的直觉体验,着重培养个体的特定情感和独创性。美育具有一定的自觉性,它主要依据的是理想的原则和情感的尺度。

美育与德育有不可分割的联系。从个体角度看,道德状态是从审美状态发展而来的,道德修养是建立在审美基础之上的。美育作为德育的必要前提,同时也内在地包含着德育的因素,美育使人的心灵达到和谐,通过在个体心灵中培养起明晰的形式秩序感,为道德意志和理智的发展打下必要的基础。同时,美育借助于审美情感体验的机制,可以使人从内心自发地实现道德的善,使得道德人格的塑造不限于理智与意志,可以扩展到感觉和情感。从美育的功能上来看,审美教育活动在校园领域的展开,不同于一般的教育教学活动,它是一种潜移默化的"化育",而不是理性规范的"教育",它的实施应该通过怡情养性的途径,使受教育者在感化中完善自我人格,从这个意义上可以看出高校图书馆美育具有规范养成性的特点。德育必须借助于审美意识的介入来完成,美育不像德育那样以观念信条的方式加诸人的具体行为,而是通过心灵陶冶的方式实现道德化育,这个过程不是一朝一夕就能实现的,而是要经过长期将外在文化信息转化为主观内在动因的心理途径方能完成。

高校图书馆秉持"以美育德"的方针,并不是人们依照主观愿望强加给它的硬性规定,而是由图书馆本身特点所决定的。从高校各部门的职能上来看,图书馆不仅是一个图书阅读的服务部门,也是学校教育工作的一个职能部门,它在履行教育职能中也应对审美教育给予足够的重视。长期以来,在高校德育实践中,发挥以美育德的桥梁作用,从德育的角度发掘美育的道德教育价值,这无疑有助于提升大学德育教育的层次,增强德育工作的实效性。传统的大学德育过多注重知性教育而忽略感性的培养,在教育方式上强调外在的理论灌输,忽视内在情感的激发和引导,因此往往流于空洞的说教,使得大学德育工作难以找到有效的工作立足点[1]。长期以来,高校德育工作的面貌始终未能完全摆脱这种理性灌输模式的束缚。然而,图书馆的美育宗旨在于以美的感性召唤读者,让他们把外在的美感上升到对高尚情操和高雅行为的理性需求。如图书馆建筑、图书管理设备、阅读活动设施、雕塑牌匾设置,以及具有观赏性的环境布局等。特别是将象征高校特有的文化精神融入其中,以特有的校园文化标牌感染和激励学生,在校园文化凝聚的过程中,图书馆作为大学精神的文化窗口,能够充分发挥它的美育功能。

美育是美学思想在教育中的应用,但它不仅仅局限于"运用",它本身已经成为素质教育的重要内容之一,同时它也毫无疑问地成为学生德智体全面发展的辅助手段,因为审美教育"以美育德"原则,符合人的心理机制和作用机理,它与人自身的审美欲求和道德志向是相通的。通过认知心理学和情绪心理学我们得知,人对外在事物的接纳是个体与环境意义之间关系的心理现象,美育过程中审美主体对审美对象信息的加工,审美情感、道德情感的诱发,都与个体的切身需要和主观态度相联系,这种联系可以引申出人的内在体验和外显表情,这与人的心理认知和理性接受有明显的差别,它表现为一种整体的接纳或拒斥,是人的心理体验的产物。情绪心理学告诉我们,情绪的主观体验是人的一种自我觉察。在某一特定的环境中,情感倾向直接影响人的行为,持有积极情感的个体对周边事物一般会显示出较好的心理认同,也会较大程度地满意于环境投射的心理暗示,因而积极的心理情绪有助于人乐观能动地去面对工作对象。图书馆美育在调整人的身心素质方面具有不可忽视的作用。图书馆环境可以净化学生的心灵,化解学生紧张的情绪,让学生怀着愉快的心情读书,提高学习效率。

在中西美学史上,"以美育德"的教育思想由来已久。关于美育的内涵,德国美学家席勒将其界定为"自由",他所说的"自由"是一种超越实在、必然与理性审美关系的自由,也是审美的想象力的自由,是想象力对于自由的形式的超越。自近代西方美学思想传入我国以来,人们一直对美育持有纯艺术技能教育的认识,认为它只是一种审美技能的传授,与德育并不相关,这种认识首先在蔡元培先生那里就曾得到了修正。蔡元培认为大学教育的目的是"养成健全人格"。蔡元培强调美育是一种世界观教育,由于不同时代有不同的审美标准,因而美育在不同的时代受制于不同的伦理道德观念。又由于美育的本质在于情感性,而美感是内在的、超功利的,故此美育的最终价值还是指向"至高的善"。蔡元培先生的这一思想,揭示了学校美育以美辅德、文化育人的教育宗旨,至今仍然是大学德育实践中值得奉行的教育方针。

2 图书馆的环境美育

图书馆作为校园内最贴近人群的学习场所,它的环境富含美育元素,可以履行美育职能,这种职能范围一方面体现为图书馆环境建设的物质层面上,另一方面也体现为图书馆的精神文化层面上。与其他群体相比,高校学生对个人学习时间的支配更加自由,因而有更多的时间可以到图书馆学习和阅读。利用丰富的馆藏资源,许多大学生能有效查找专业知识,广泛阅览各种书籍,这无疑对他们的学养、成才起到极为重要的促进作用,甚至对他们毕业后的工作或终身学习,对他们人格、德行、操守的修养都将起到极其深远的影响。陶行知先生曾提出"生活即教育"的思想。他认为自有人类生活产生便有生活教育,生活教育随着人类生活的变化而变化,生活教育在种种生活中进行。"生活即教育"的基本含义包括生活即教育,社会即学校,教、学、做合一等多方面的内容,这完全符合当代高等教育培养社会实用型人才、复合型人才的教育目标。我国高等教育的任务是培养现代社会所需要的创新型人才和实践型人才,这不仅要注重对学生的专业教育,还要注重对学生的素质教育,如人的心态、修养、性情、情趣等,都需要在人的成长期内有序地加以建构和塑造。青年学生在这个成长过程中需要有良好的美育环境,每一个大学生在学校图书馆的学习生活,都是他们人生最重要的体验,图书馆环境给他们投射的心理图像,必将会伴随他们终生。

图书馆文化能够激发在校师生对自身的认同感和归属感,依此建立以大学生人格养成为旨归的科学有效的美育运行机制,是高校人格素质教育得以有序开展的基础性工程。心理学上有"人格养成"的概念,它是指通过各种措施促进个体积极、主动地按"美的规律"进行自我建构,最终达到"美的状态",即人的全面自由发展[2]。人格教育,即是针对学生的身心特征,在能力、情绪、意志、兴趣、性格、气质、价值观等方面所实施的教育。这种教育的目的是从思想和行为上把学生培养成为有坚定的人生信仰、有正确的价值观念和有良好的自我意识的人。从审美心理结构上看,人格的发展必然要突出人的主体性,因此注重抓好"人格养成"的心理途径是实施人才培养不可或缺的手段。青年学生的审美观主要有审美情趣、审美标准和审美理想,这些都是在特定的环境熏陶下形成的,高校图书馆有助于培养大学生的审美观念,提高他们的审美能力。

高校图书馆最具魅力的美感印象常常是它独特的建筑造型,因为高校图书馆是最有人文意涵的建筑,它的外形设计都蕴含着某种特定的理念。图书馆建筑是整个校园建筑群中最庄重的地标,它的知觉效果应集中体现"形式追随文化"的原则,透过心理知觉实现建筑功能的合理性。从美学的观点来看,图书馆建筑应该是一种抽象的表现艺术,它以独特的艺术语汇和象征手法,传达和表现出某种气氛和情调。在馆舍的布局上,应该考虑采取大进深的开放式结构,在空间互融性上给人一种视觉上的纵深感。在图书馆内部的布置上,也应当增加房间的进深,让人感到仿佛走进图书的海洋,感受到自然知识的无限与人类历史的深邃久远。这样的环境对读者会产生潜在的心理影响,人们在这样的环境中能够滋生对自然的敬畏和对科学的崇拜之情。

图书馆可经常举办丰富多样的人文活动,这是提升学生综合素质的有效方式。这些活动构成文化育人的精神环境,可以让人激发自身求真向善的本质力量,并在审美愉悦中提升实践能力。展览服务是高校图书馆独具的优势,有关方面可以利用图书信息和场所,有规划地举办各种文化展示活动,建立课外艺术活动平台,如结合校园文化举办书法、国画、舞蹈、歌咏、剪纸、诵读、对联、灯谜、布贴画等活动,吸引学生投入到审美活动中来。让这些活动充满师生的业余时间,提高他们对美的感受力,激发他们平常在普通事物中寻求美的尚美心理。

每所高校都具有自己独特的校园文化,它代表着这所学校的办学理念和历史形象,如校训、校歌、校徽、校风、教风、学风等,这些都应该收入图书馆的文化窗口,并得到集中展现。总之,图书馆美育的对象是本校师生,因此它应该突出校园文化的特色,把优良的校园文化作为塑造师生人格的基础,凸显全校师生精神价值的主流导向。苏联教育家苏霍姆林斯基把校园环境育人的功能比喻为让学校的每一面墙壁都会说话,这就是让校园建筑及文化设施彰显人文精神,尽量避免现代设施与人的隔离感。有研究者指出:图书馆作为高校文化品位的第一道风景线,应充分发挥环境育人的作用,通过营造美的自然环境、人文环境,使学生受到熏陶和影响,从而实现自身健康心理、健全人格的塑造。[3]

3　图书馆员的审美示范性

图书馆工作不仅是课堂教学的补充和延伸,它还是涵养学生人文素质、提高师生审美感受力的基地。大学图书馆的办馆理念重在以人为主体,以创新意识为主导,激发图书馆人崇高的使命感和工作的积极性与创造性,在本职工作的范围内完成审美教育的无声使命。美育注重知性美,美感教育是通过人的审美感知方式来改变人的精神面貌,达到全面培养人的目的,这就给图书馆工作人员提出了行为示范的要求,图书馆馆员是实现审美教育的示范载体,其工作范围十分广泛,但是就其规范性而言主要体现在以下几个方面:

3.1 图书馆馆员的以美示范

自然大方的仪态、从容自若的举止、热情周到的服务、积极饱满的风貌,这应该成为图书馆馆员必备的职业修养。从图书阅读服务的角度来看,图书馆馆员的工作示范不像德育教育那样带有强制性和灌输性,而是通过潜移默化的方式来实现。在现代图书馆管理中,图书馆馆员的言行将直接影响读者的阅读行为,因此在每一个工作环节中,图书馆馆员不仅要仪表端庄、用语典雅、服务热情,还要对读者进行阅读指导和引领,给读者带来真正意义上的审美满足。长期以来,在图书馆服务中,人们往往把图书收藏、保管和借阅活动视为图书馆馆员工作的核心,形成了以实物为服务和操作中心的传统观念,这在很大程度上淹没了其中的人文因素,忽视了其作用。如今基于网络化技术和方法的需要,图书馆工作实现数字化、智能化已是不可避免的,但是图书馆的外部环境和内部环境仍然要坚守以人为本的原则,在工作中落实人文关怀。图书馆馆员的工作不是要改变读者,而是要接纳读者,图书馆人性化策略的建构,应注重发挥管理人员的主体性功能,以培养读者的审美趣味为重心。

3.2 提升图书馆馆员的信息素养

在信息化、数字化时代,图书馆传统的简单借读工作方式已经不能满足读者需求,随着现代科技手段的运用,高校图书馆馆员的专业技能正面临着新的挑战,高校图书馆作为校园文化的科学教育和科研机构,图书馆馆员担当推进学校科研和教学工作发展的重任。图书馆人文环境的事实空间正在缩小,然而相应的服务职能却在逐渐扩大。面对工作重心的转变,图书馆馆员应广泛应用互联网、数据库等现代信息技术为读者提供信息知识,依据读者需求为不同人群解决不同问题,起到知识信息导航的作用。因此,从事图书信息管理工作的人员要及时提升服务理念,改进工作方式,用精纯的业务技能给读者以实际的示范和影响。

3.3 以人为本,完善规章制度

完善规章制度和严格的管理,是日常工作正常高效运行的保障,也是营造良好育人环境的前提。图书管理人员通过执行制度规范,可以让学生爱护公共设施、爱护图书、文明借阅,使他们养成遵纪守则的良好习惯。在现实中有人提出这样的问题,如今互联网就是最大的数字图书馆,为什么大学里还有很多人排队进图书馆?如果仅仅从看书学习的角度看问题,恐怕还找不到学生流连图书馆的真正原因。实际上,图书馆里有书香的气息,那里的环境能起到无声的育人效果,这种潜在的行为约束方式已经成为大学教育培养学生素质、知识、智慧和技能的合理结构不可或缺的必要因素。[4]总而言之,图书馆工作成效的显现,源自员工素质和能力的提升。而要实现这一目标,就必须按照"学习型组织"理论的要求,使每一位员工自觉参与到学习型图书馆的创建工作中来,切实树立全员学习、终身学习、工学结合的理念,实现员工的全面可持续发展。

4 图书馆的科学美育

科学美育,即以科学研究、科学实验、科学发现、科学发明、科学理论为内容和实施手段,着重对人们进行审美教育,其目的是提高审美能力和审美文化水平,陶冶性情和塑造心灵,开拓精神境界。

4.1 科学精神的引领

科学美育是从科学审美的角度来培养人们的审美、创美能力,其中首要的一点就是科学精神的引领。图书馆职业是一种建立在科学理念基础上的职业,它不仅有自己专门的学问和学术研究,更重要的还在于这个工作能够给人带来精神文化价值,不同需求的人群都能够通过图书馆获取自己所需要的知识信息,在这里树立崇拜科学和敬仰知识的信念。随着知识经济时代的到来,人类社会已进入信息化时代,作为保存、传递知识信息专门机构的图书馆也面临新的机遇和挑战。图书馆的文化建设首先要树立一种科学精神,在图书馆工作领域谈科学精神,就是要提倡崇尚科学,尊重科学,积极研究并利用各种先进的技术设备与手段来提高图书馆的工作效率,展望图书馆工作的未来,以科学精神为引领,让科学精神与人文精神相融合,这应该成为 21 世纪图书馆发展的新方向。[5]

4.2 科学信息的引导

图书馆是高等学校的知识信息中心,互联网的信息服务业已成为高校图书馆服务的主流,因此图书馆馆员必须是一名具备信息管理、信息检索,以及信息传递能力的出色文献导航员,针对读者的阅读倾向和借阅需求,提供有效的信息咨询并培养他们的信息检索能力。特别是研究型图书馆馆员应及时跟踪学术课题的学科前沿动态,掌握国内外同行的研究信息,做好课题研究的信息资源保障。文献信息是图书馆实施审美教育的媒介,图书馆应该充分利用自己的多媒体设施,为广大师生提供普遍的公共服务。

4.3 科学管理的规范

高校图书馆的管理应该建立学生联络和办公制度,吸引学生走入图书馆制度建设中来并参与阅读管理工作。定期组织召开例会,研究分析共建中的问题,发挥学生的主观能动性,结合实际提出合理化建议和解决问题的办法。图书馆应定期举办"优秀读者"评选活动,可以根据读者年借阅量、年进馆数、参加图书馆的读书报告会数等情况,进行综合评定,这样的评选活动有助于促进馆读共建。在员工内部规范管理上,树立以读者为中心的理念,围绕读者的要求展开各项服务工作,培养员工对图书馆工作的荣誉感、归属感,大力营造诚实守信、爱岗敬业等自觉践行社会主义核心价值观的工作氛围,充分调动馆员的积极性和创造性,促进员工不断提升服务水平。

注释:

[1]王云涛.以美育德:美学实用化在大学德育中的作用与实现[J].河南工业大学学报(社会科学版),2010(1).

[2]金昕.美育与大学生人格养成关系论析[J].学校党建与思想教育,2009(5).

[3]蒋文晖.图书馆美育与学生的人格发展[J].社会科学家,2005(1).

[4]石亚军.人才成长岂止在课堂:论大学潜在课程的育人价值[J].中国大学教学,2003(5).

[5]肖希明.图书馆呼唤科学精神与人文精神的融合[J].图书馆,2000(1).

公共图书馆推行"5S"管理模式的探讨

何 斌

(重庆市涪陵区图书馆)

摘要：本文简要介绍"5S"管理的内涵,阐述公共图书馆推行"5S"管理的意义,探讨公共图书馆推行"5S"管理的内容以及保障措施。

关键词：公共图书馆；图书馆管理；"5S"管理模式

随着科学技术的迅猛发展,公共图书馆事业取得了长足的进步,实现了自动化、网络化。创新成为各项事业发展的源泉和动力,公共图书馆管理模式的创新成为公共图书馆建设的一个课题。

"5S"管理是一种先进的现代企业管理模式,是对现场环境进行整理和整顿,从而提高工作效率的一种管理方法,其在生产领域已得到广泛推广和应用[1]。"5S"管理的目的和公共图书馆建设的价值取向高度统一。公共图书馆作为公益性文化服务机构,其虽然不是企业,但与服务型企业非常接近,即通过清洁有序的环境来提高服务效率的企业管理思路完全适合图书馆[2]。因此,公共图书馆管理也适用"5S"管理模式,将"5S"管理运用于图书馆管理,也是近几年业界所倡导的[3]。在公共图书馆推行"5S"管理有利于培养员工良好的习惯,调动员工的工作积极性,提高整体服务水平和工作质量,更好地为广大读者提供便捷高效的文献信息服务。

1 "5S"管理的内涵

"5S"管理是指对生产现场各生产要素不断进行合理配置和优化组合,以达到改善生产环境和产品质量,以及培养员工思维方法的目的的管理方法。"5S"来源于日本,日文SEIRI(整理)、SEITON(整顿)、SEISO(清扫)、SEIKTSU(清洁)、SHITSUKE(素养)的第一个字母都是"S",所以统称为"5S"。

整理是将物品按工作需要分为必需品和非必需品,清除非必需品,相应增加工作场所的面积和空间。整顿是将留下的必需品进行定物、定量和定位放置,并对其进行有效标识,从而减少寻找物品的时间。清扫是清除工作现场的脏污,做到无垃圾、无灰尘、无污垢,防止污染,防止安全事故的发生,保持工作环境的整洁有序。清洁是将前"3S"进行到底,使其制度化、规范化,以制度来维持成果。素养是每个员工应养成的良好习惯以及需遵守的规则,通过前"4S"最终达到提高员工素质、改善员工精神面貌、培养员工团队精神和进取上进精神的目的。这5个环节相辅相成、缺一不可,"5S"管理是一种精细的管理方法,在企业生产和产品服务等方面发挥了巨大作用,能使企业能有效地迈向全面质量管理。实践证明,"5S"管理能有效地提高工作效率,避免时间浪费,可使生产秩序化、标准化,使现场整洁有序,对节约生产成本、提高产品质量有积极的促进作用。

2 公共图书馆推行"5S"管理的意义

2.1 减少浪费,提高工作效率

如果物品到处搁置,图书馆随处可见与工作无关的物品,各场所拥挤混乱,环境脏乱差,员工服务质量差,必定会产生效率低的弊端。整洁、明亮的环境,标准、规范的工作流程,整齐的书架,排列有序的图书,醒目的标识,便捷的设施,这一切使读者能在最短的时间内找到自己所需要的文献资料。通过"5S"管理节约成本、优化配置,减少时间、物品和人力资源的浪费,做到人尽其才,物尽其用。

2.2 提升公共图书馆的社会形象,提高公共图书馆的核心竞争力

通过"5S"管理,员工以饱满的工作热情、专业的业务技巧为读者提供便捷高效的信息服务。员工及时处理和化解各种矛盾和纠纷,使读者满意而归,取得良好的声誉和口碑,赢得一大批忠实的读者。公共图书馆环境的优化、服务质量的提高可以提高读者的阅读兴趣和学习效率,吸引更多的潜在读者走进图书馆、利用图书馆,从而扩大公共图书馆的影响力,提升公共图书馆的社会形象,提高公共图书馆的核心竞争力。

2.3 提高员工素养,培养员工和读者的良好习惯,为提高国民素质作贡献

通过"5S"管理,改善员工的精神面貌,培养员工精益求精的业务素质和遵守规章制度的良好习惯。培养员工的团队精神和部门协作能力,使员工更有尊严和成就感。同时,培养读者良好的阅读习惯,使其成为优美环境的缔造者和维护者。员工和读者共同践行"5S"管理理念,相互配合、共同进步、和谐发展,共同提高综合素质。

2.4 提高服务质量和社会效益，"5S"管理既是品质的保证又是安全的保障

通过"5S"管理，公共图书馆窗明几净、秩序井然，读者置身于整洁有序、轻松安全的阅读环境中，工作人员愉悦、热忱地为读者提供高效便捷的信息服务。公共图书馆各种布局应以人为本，通道和休息场所不被占用，阅览室宽敞明亮，各种设备摆放位置合理，危险操作警示明确，消防设施齐备，灭火器放置合理，逃生路线明确。防患于未然，消除安全隐患，减少和杜绝安全事故的发生。

2.5 激发员工的竞争意识和创新意识，开创公共图书馆发展的新局面

"5S"管理要求不断地改善，形成良性循环，在客观上能激发员工的创新意识、积极进取的精神，使其不断提出合理化建议并在工作中加以实施。

3 公共图书馆推行"5S"管理的内容和保障措施

3.1 公共图书馆推行"5S"管理的内容

3.1.1 整理

按照是否使用，以及使用的频率对图书馆的办公用品、设施设备、文献资料等物品进行区分，将其分为必需品和非必需品。工作场所除了要用的物品以外，其他与工作无关的物品都要清除。长期不用的物品可放保管室，要用时再取，腾出空间，相对增加工作场所的面积。经常对文献资料进行清查和剔旧工作，清除知识陈旧、损坏严重的文献资料，整理对象包括图书馆网站上失效的信息等。图书馆各办公室、借阅室、大厅和走廊按工作要求合理布置物品，创造一个整洁有序的工作环境。

3.1.2 整顿

通过整理，对公共图书馆的开放场所和工作区域进行合理布局，对必需品进行定物、定量、定位。坚持以人为本的原则，一切以方便工作人员和读者为出发点，所有必需品按规定的位置摆放整齐，数量明确，并设有醒目的标识。各通道畅通无阻，视野开阔，加强安全管理，提高员工安全意识，防止水电火盗等因素造成的安全事故。流通部门要做好图书、报刊的上架、排架工作，做到定位合理、准确，经常巡查，发现乱架现象及时整架、归位。各种文献存取方便、查找快捷，让读者能不浪费时间查询文献、信息服务工作始终处于节约、高效、便捷的状态。采编工作要遵循优化馆藏结构、提高馆藏质量、合理配置资源的原则细化采访条例，如复本量的设置，避免重复建设、造成不必要的浪费，用有限的购书经费满足更多读者的需求，提高文献资料的利用率。

3.1.3 清扫

清除图书馆的脏污,防止污染和安全事故的发生。清扫过程也是检查设备及文献资源状况的过程,对仪器设备加强维护、保养,使之始终处于良好的运行状态,确保能便捷高效地使用。对破损藏书进行修补或剔除。图书馆整体环境的清洁度与读者的满意程度密切相关。一个清洁的环境能给读者一个愉快的阅读环境,在感染读者的情绪和行为方面具有重要意义[4]。通过清扫,保持图书馆洁净明亮、环境优美,为员工和读者提供一个赏心悦目的工作和阅读环境。

3.1.4 清洁

将前"3S"进行到底,使整理、整顿、清扫做到制度化、规范化,通过制度化来维持成果。制定和完善各部室的管理规则、规章制度和工作标准、条例等,比如书库管理规则要有防火、防尘以及温湿度的具体规定。采编部的规章制度应优化馆藏结构,优化文献加工处理流程,缩短文献加工处理周期,提高文献加工处理效率。涉及图书馆服务的规章制度必须按国家质量监督检验总局、标准化管理委员会发布的《公共图书馆服务规范》(GB/T28220—2011)的要求来制定。各部室各项工作都能做到有章可循。如果一个公共图书馆的环境脏乱差,服务质量也不高,读者不满意,反过来会给读者一个不良的示范,产生"破窗效应",形成恶性循环,读者在阅览室进食,果皮纸屑到处扔,图书资料凌乱堆放,污损、撕毁图书,大声喧哗等各种不文明现象就会出现。

3.1.5 素养

素养是"5S"管理的核心和精髓。没有人员素质的提高各项工作就无法有效地开展。改善员工的精神面貌,提高员工的团队精神和积极向上的进取精神,使其认同图书馆文化,爱岗敬业,遵守职业道德,提升员工的素质,成为对工作认真负责、能为读者提供优质信息服务的高素质人才。

"5S"管理中的5要素是紧密联系、相辅相成,逐步递进、缺一不可的。整理是整顿的基础,整顿则是对整理的巩固,清扫体现了整理、整顿的效果,清洁是对前"3S"的进一步完善,素养则是核心和精髓。

3.2 推行"5S"管理的保障措施

有计划、有步骤地进行"5S"管理,宣传和教育在循序渐进、潜移默化中发挥作用。牢牢把握常组织、常整顿、常规范、常自律四原则,使"5S"管理能够不断强化和循环运行。

3.2.1 成立推广管理机构

一是成立推广委员会,一把手亲自任第一负责人,确保"5S"管理有坚强的组织领导并能长期推行和坚持下去。二是成立督查小组,按管理标准、目标进行检查、验收,促进"5S"管理深入、持久推进。三是明确职责,小组成员应分工明确,落实具体任务。

3.2.2 制定推行计划和实施细则

推行计划和实施细则要有明确的发展方向、预定目标、实施步骤。制度设计要具体、明确,具有可操作性和针对性。规定每个员工的岗位职责。首先,制定"5S"管理的总体目标、方针;再根据总目标制定活动计划,确定"5S"管理每个阶段的任务,并规定期限;最后,分阶段制定活动步骤。

3.2.3 开展形式多样的宣传、培训活动

推行"5S"管理,对全员开展形式多样的宣传、培训活动。可以通过学习、座谈、参观等形式,让"5S"在每个员工心里生根发芽,形成自觉意识。从根本上改变各种不良习惯,增强全体员工的向心力和归属感,营造一个清新明朗、合理有序、朝气蓬勃的工作环境。此外,在推广过程中要努力取得广大读者的配合和支持,宣传和培训也包括对读者的宣传和培训,使其配合"5S"管理要求的规章制度和工作流程,爱护公共财产,爱惜图书。

3.2.4 检查和总结

根据检查标准对"5S"管理结果进行全面检查,督促员工更好地做好整理、整顿、清扫工作,开展自查自纠,找出存在的问题及薄弱环节,不断克服工作中的短板。将"5S"管理成果进行汇总,通过总结,提出问题,不断改进,积累经验,促进"5S"管理的持续有效运行。

3.2.5 考核评定和奖惩

考核评定和奖惩标准应科学、合理、先进。根据检查标准制定考核评定标准,引入竞争机制,激发员工积极进取的工作热情。将监督的途径和方法作为评定和奖惩的依据之一,比如设立意见箱、公开监督电话、设立投诉通道、定期召开读者座谈会,以及进行读者满意度调查。

4 推行"5S"管理应注意的问题

4.1 领导重视,全员参与

"5S"管理要求调动员工的积极性,厘清认识误区,克服畏难情绪,正确全面地理解"5S"的内涵。如果领导不够重视,员工不支持、不配合,抱有应付心态,虎头蛇尾,"5S"管理就会流于形式,收不到实际效果。

4.2 掌握相应的工作方法和技巧

环境的美化、标识的使用、安全保护用具的使用以及接待读者等各项工作,需要员工

掌握相应的工作方法和技巧。在实践中不断总结经验,创新工作方法和技巧,挑战新目标,把"5S"贯彻到工作的方方面面。

4.3 建立并完善各项制度和奖惩措施

具体任务和职责落实到个人,避免员工相互推诿。通过完善的规章制度和奖惩措施来激励与督促员工,持续改善管理质量。

4.4 坚持定期检查考核,常抓不懈,促进"5S"管理的持续有效运行

严格执行5S管理,持之以恒,常抓不懈,坚持定期检查考核。如此才能让员工和管理人员都得到考验和锻炼,成为能独立思考、从全局着眼、具体着手的改善型人才。

4.5 定期进行全员消防培训和消防演练,做好突发事件应急预案

公共图书馆作为重点消防单位和文化公共场所,其安全工作尤为重要。必须定期进行全员消防培训和消防演练,做好突发事件应急预案。

5 结语

公共图书馆人要坚持创新精神,勇于实践,让自己立于不败之地,以新思路、新视角开拓公共图书馆的管理工作,提高公共图书馆的服务效能和管理效益。通过"5S"管理,夯实内部管理基础,提升员工素养和执行力,边推行、边实践、边完善,使各项工作有条不紊地进行。营造轻松愉悦的工作环境和阅读环境,塑造出卓越的图书馆形象,使公共图书馆成为藏书布局合理、设施齐备先进、环境舒适温馨、服务贴心优质的公共文化服务场所。

注释:

[1]王佳佳.5S在企业行政管理中的应用研究[J].创新科技,2016(2).
[2]范军."5S"管理法在图书馆管理中的应用探讨[J].江西图书馆学刊,2012(5).
[3]吴丽君.基于5S管理的图书馆流通管理探索[J].科技视界,2014(36).
[4]韦锦.图书馆大流通服务5S管理体系的构建[J].图书馆学刊,2013(1).

对公共图书馆服务老年读者的探讨
——以重庆图书馆为例

赵德菊

（重庆图书馆）

摘要：目前，我国已经成为世界上老年人口最多的国家，也是老龄化发展速度最快的国家之一，公共图书馆如何贯彻文化养老、生态养老、智慧养老？如何守好社会基础性的文化服务的重要阵地，积极发挥公益和服务的职能，积极发展老年文化，提高老年读者的精神文化及生活质量，满足他们"求知、求乐"的需求？本文以重庆图书馆为例，通过对老年读者的证件注册有效期的统计、心理特点及多元需求的调查，对服务老年读者遇到的问题、如何更好地服务老年读者及更好地践行文化养老进行了探讨。

关键词：文化养老；老龄化；公共图书馆；老年读者服务

1 文化养老与公共图书馆

"文化养老"是一种能体现传统文化与当代人文关怀的养老方式，以基本保障老年人的物质生活需求为前提，以满足精神需求为基础，其将成为文化自信的重要支撑之一。据国家统计局发布的2018年人口数据，我国65周岁及以上人口136645万人，老年人口抚养比16.8%。目前，我国已经成为世界上老年人口最多的国家，也是老龄化发展速度最快的国家之一。公共图书馆作为社会文化机构，应该在为老年人提供社会活动场所和机会方面做出努力。[1]积极发挥公益和服务的职能，积极发展老年文化，提高老年读者的精神文化及生活质量，满足他们"求知、求乐"的需求，是公共图书馆义不容辞的社会责任。

2 公共图书馆服务老年读者的现状

2.1 法律法规不健全

我国针对老年读者的图书馆服务指南、工作标准处于暂时缺失的状态。虽然在2017年开展的第六次全国县级以上公共图书馆评估定级工作中,省级(副省级)图书馆、地市级图书馆及县级图书馆的等级必备条件和评估标准均将"老年人服务"作为基本分项;2018年1月1日开始实行的《中华人民共和国公共图书馆法》第三十四条,也提到政府设立的公共图书馆应当考虑老年人、残疾人等群体的特点,积极创造条件,提供适合其需要的文献信息、无障碍设施设备和服务等。但总体而言,我国针对老年读者的图书馆服务指南、工作标准仍处于暂时缺失的状态。

2.2 公共图书馆的硬实力和软实力有待进一步加强

随着老龄化进程的不断推进,社会各界对图书馆服务老年读者的关注度提高,越来越多的老年读者走进图书馆,这对图书馆的硬件设备、文献资源、馆员服务质量等提出了更高的要求。以重庆图书馆为例,从2007年到2019年9月,61岁以上的老年读者数量从2264人增长到28549人,这对图书馆馆员服务意识、服务方式,老年阅览室环境、书目检索区电脑配置等都提出了新的要求。

2.3 服务定位不明确,服务形式单一,服务内容局限

我国老年读者结构复杂,其年龄阶段不同、受教育程度不同及地区差异大,目前总体上缺乏对用户的了解,忽视了对老年群体分龄分众的研究。

2.4 老年读者对现代技术不熟悉

随着现代技术的发展,各种现代化的存储检索技术及声像技术设备在图书馆中得到广泛利用,给广大读者在浩如烟海的文献中获取信息带来了极大的方便,而老年读者因记忆力、动手能力、视力等下降,对计算机使用频率不高,不能熟练地利用图书馆的各种现代设备,成为通过网络获取信息的弱势群体。

3 服务老年读者的调查——以重庆图书馆为例

3.1 重庆图书馆对 60 岁以上的老年读者服务调查

表 1 重庆图书馆对 60 岁以上的老年读者服务调查表

调查内容	满意率
工作人员服务态度	90%
馆舍交通方便，馆内标识清晰	95%
为有需要的老年读者提供放大镜、老花镜	90%
设置柜台，提供办理查询、借阅服务	95%
有工作人员帮忙找书、找资料	85%
设备设施及对空间的利用	92%
开设老年读者喜爱的专题讲座	85%
开设培训班	85%
有工作人员指导如何使用数字资源	88%
通过海报、宣传栏发布活动信息	90%
通过微信、网站等线上平台发布信息	85%
面对老年读者提供志愿者服务岗位	80%

注：本数据从发放的 200 张问卷表中统计出调查的重点内容及满意率。

3.2 老年读者对图书馆的多元需求

结合笔者十余年在一线服务工作中对老年读者的观察和对老年读者的访问结果，笔者发现，老年读者进入图书馆阅读不仅是为了满足精神生活、文化娱乐的需求，也是为了满足他们对社会交往的需求，保障了充实、健康、有尊严的老年生活。

4 对服务老年读者工作的探讨——以重庆图书馆为例

4.1 立足国情，借鉴国外，建立老年读者的保障制度，完善服务体系

在国外，特别是发达国家，针对老年读者服务的相关制度系统而全面。如美国图书馆协会和英国情报专业协会均制定了《图书馆老年读者服务指南》。我国应借鉴国外图书馆老年读者服务指南，结合我国国情，制定专门的图书馆老年读者服务指南及规范，并引导各级各地图书馆制定老年读者服务指南，以相互响应；[2]尽早建立完善的老年读者保障制度，完善服务体系。

4.2 提高图书馆的"硬实力"与"软实力"，做好老年读者服务的后勤保障

"硬实力"指的是图书馆必不可少的物质条件，包括馆舍与技术设施、阅读设施，如椅子、沙发、灯光等。"软实力"指的是工作人员的政治素质和业务素养，以及适合老年读者的图书资源。"硬实力"方面，我国对文化服务的高度重视，加大了财力支持，许多公共图书馆的馆舍条件等都得到了很大提高。如重庆图书馆，结合老年读者的心理特点和多元需要，优化图书馆空间，专门为老年读者提供了软沙发、放大镜等，设置了老年阅览专区和老党员活动区，设有视障阅览室，为视障读者提供先进的视听设备供他们学习。"软实力"方面，一是加强对馆员的培训，提高其敬老意识，加强对老年人的精神关怀。二是根据图书馆老年读者的需求，对热门的报纸期刊加大了复份量，专门设置了老年专架，并不定期地为他们推荐好杂志。在图书采购上，不定期为老年读者发放图书、期刊、报纸荐购表，根据老年读者需求来采购。

4.3 智能设备和人工服务相融合，为老年读者智慧养老

科技的发展和技术的进步为养老服务资源的整合提供了崭新的前景。智慧养老是利用信息化手段，整合各类养老服务资源，构建综合信息平台，并在此基础上提供实时、高效、互联化、智能化的养老服务[3]。公共图书馆中的服务设备不断升级，网络技术高速发展，各类传感器融入图书馆空间，图书续借、在线借阅、借还渠道网络化、智能化。老年读者信息获取渠道狭窄、途径单一。自重庆图书馆开通自助办理读者证、自助借还图书、自助检索等功能以来，在自助设备的语音提示和字幕的设计上都考虑了老年读者，设立了读者服务台和导读咨询台，工作人员积极主动了解老年读者需求，掌握他们的阅读动机、阅读修养和阅读效果，并给予相应的指导服务。如教老年读者如何使用检索系统，如何查书，如何办理续借等。服务台专门开通了人工电话，方便老年读者咨询。重庆图书馆通过智能设备与人工服务的有效结合，解决了老年读者的后顾之忧。

4.4 守好阵地服务，拓展延伸服务，丰富老年读者的服务内容，提高服务手段，拓展服务空间

守好阵地服务方面，在充分利用馆藏的纸质资源和数字资源，做好文献的普通借阅的同时，充分发挥馆里的活动平台，为老年读者开展讲座、培训等丰富多彩的读者活动。如重庆图书馆的重图讲座、读者俱乐部利用馆内传统的展架、海报、纸质宣传册，同时借助传统媒体和新媒体的力量全方位宣传图书馆的老年服务项目，不定期地为老年读者开展丰富多彩的老年活动。

拓展延伸服务方面，重庆图书馆实行九大区馆通借通还服务，流动图书车定期为各流通点送书服务。重庆图书馆的线上借阅服务，让老年读者足不出户就可以借阅图书。重庆图书馆为"合展天池老年养护中心"和"重庆沙坪坝区福利院"定期送图书。另外，2019年开通的轨道交通环线，更是方便了那些偏远的老年读者。

5 结语

人口老龄化加速的今天，要发展好老年公益事业，做好老年读者的服务工作，既是公共图书馆工作的职责之一，又是社会和时代赋予图书馆工作者的崇高使命。公共图书馆应结合自身实际，积极践行文化养老，优化空间，创造条件，逐步完善"老有所教""老有所学"的环境，最终实现"老有所为""老有所乐"。而图书馆工作人员应当共同努力，坚持不懈地为老年读者提供优质服务，创新老龄文化，践行文化养老，为公共图书馆事业作出贡献。

注释：

[1]李瑜,车凯龙.图书馆老年服务工作[J].图书馆学刊,2006(1).

[2]肖雪.国外图书馆协会老年服务指南的质性研究及对我国的启示[J].中国图书馆学报,2014(5).

[3]于一凡,田菲.面向老龄化社会的城市应对[M].北京:科学出版社,2019:103.

浅议大数据下公共图书馆知识服务

张 娟

(重庆三峡学院图书馆)

摘要：通过对大数据技术的运用，公共图书馆得以对读者提供以信息增值与知识创新为本质特征的知识服务。我国宜立足于国内大数据产业发展现状并借鉴欧美经验，拓展图书馆在传统的信息服务中的职能，同时规范知识创新的秩序并充分回应读者对知识的专业化与个性化需求，以此来提升服务质量并实现图书馆的核心价值。

关键词：图书馆知识服务；大数据；读者的知识需求

1 公共图书馆知识服务的意义

1.1 知识服务的内涵

随着云计算与区块链等大数据技术的推广运用，公共图书馆得以对图书情报领域的海量数据与信息资源加以获取、存储与分类，再以深层次挖掘、智慧分析与关联集成等方式进行增值处理与创新，从而将信息上升为知识并提供给图书馆读者利用，以此来满足读者的专业化与个性化需求。在情报学视野中，前述过程即为公共图书馆的知识服务。这一点在欧盟委员会工作组颁布的《关于公共机构信息的再利用和个人数据保护的7/2003意见书》中已得到确认。

较之于公共图书馆传统的信息服务，知识服务具有如下特点：第一，整合性与动态性。图书馆需要对具体与零散的信息进行挖掘、集成，并总结出系统的知识，其内容可以根据时间、场所等因素的变化而推陈出新。第二，专业化与个性化。信息服务主要满足读者大众化和一般化的要求。图书馆可以通过知识服务，满足不同读者的不同需求[1]。

1.2 促进公共图书馆知识服务的必要性

大数据技术的推广运用给公共图书馆为读者提供知识服务创造了条件,但与此同时,这也改变了图书情报资源共享与知识服务的关系,阻碍了服务功能的实现。我国有必要通过合理措施推进知识服务的开展,具体而言:

一方面,区块链是大数据的核心技术,这在工信部《中国区块链技术与应用发展白皮书》以及《促进大数据发展行动纲要》等文件中已得到确认。在区块链下,公共图书馆各部分可以分节点地存储与处理情报与信息资源。管理人员在维护信息安全时难免有疏漏,这容易为黑客攻击图书馆数据库提供便利。在有效的馆内监管机制与馆际协作机制欠缺的背景下,前述风险很难得到有效应对。

另一方面,云计算技术在图书馆大数据建设中的作用不可忽视。提供云计算服务平台的经营者(如百度、谷歌与亚马逊等,以下简称"云服务商")利用集中优势,对图书情报信息进行集中收集与获取,并向不同的公共图书馆进行有偿提供。云服务商利用垄断信息的优势,可以任意破坏信息的真实性与完整性,并向公共图书馆抬高情报信息资源的价格以谋取暴利。这不仅破坏了信息的质量,而且阻碍了知识创新,不利于知识服务的开展。[2]

2 欧美公共图书馆知识服务的相关经验

为规制图书馆知识服务的秩序,从而促进服务的开展,美国与欧盟进行了学理研究并采取了相应措施,这对于我国有借鉴意义。

2.1 美国

为预测图书馆发展趋势,美国大学与图书馆研究协会于 2010 年发布了一份报告。该报告显示,图书馆应根据读者个性化与专业化的需求,通过技术手段有效整合图书情报与信息资源,以对资源进行科学分析与增值创新。在此基础上,美国图书馆纷纷采取相应措施来促进服务的开展。从 2010 年起,美国先后有近 20 所大学实施了一项名为信息共享空间(information commons)的建设计划,该计划旨在促进图书情报资源在校内外互通[3]。根据该计划,图书馆有必要通过完善内部管理、提高馆员信息能力等途径来优化情报资源获取、知识创新的效果,以此来提升服务质量。

2.2 欧盟

国际图书馆协会联合会在 2002 年发布的格拉斯哥宣言中指出:维护读者的教育文化权利,提高其对图书馆服务的满意度,是图书馆的核心价值之一。欧盟及其成员国正是从提高读者对图书馆服务(包括知识服务)满意度的角度,梳理服务工作开展的思路。譬如,根据欧盟委员会数据保护工作组制定的关于互联网上公共数据处理的工作文件指出,信息与知识得以被共享和创新的前提,是各成员国通过合理措施提高档案机构与公共图书馆信息管理人员的信息素养,同时提高读者接受信息与知识创新的能力。英国不列颠图书馆在21世纪初发布的图书馆知识与情报政策中进一步声明,图书馆出于优化读者服务等目的,除了向读者传输情报与数据,还应当向其提供系统的知识。

2.3 比较与取精

通过比较我们不难发现,欧美在促进图书馆知识服务当中,都是强调通过完善馆内的技术与管理手段,加强馆际协作,通过对图书情报资源加以有效利用,知识创新,来实现知识服务功能。

3 立法促进公共图书馆知识服务的具体思路

3.1 通过完善图书馆的治理结构来完善其在服务中的职能

图书馆知识服务的重要特征是,将数据、计算机、网络与技术等资源加以整合,从而发挥图书馆的整体优势,以实现信息情报增值与知识创新[4]。尤其是在区块链等大数据技术推广运用的背景下,图书馆通过有效的管理与技术手段来整合其内部资源,通过提高情报信息增值利用的效率来促进信息服务向知识服务的转变,同时通过提供多种检索渠道、整合借阅信息、收集并分析读者查询痕迹等途径,以此来满足大数据时代中读者获得知识资源的需求。为此,我国图书馆(尤其是具有事业单位属性的公共图书馆)有必要通过治理结构的完善,适当改变过往科层式的馆内组织结构,转变为服务性质的机构。如联机计算机图书馆中心就要求,图书馆有必要在向各节点的部门传输信息时对用户提供技术服务。

3.2 通过强化图书馆联盟的引导作用,鼓励服务中的馆际协作

知识服务的另一个重要特征是,服务机构(包括图书馆在内)通过彼此协作,提高情报信息增值利用的效率,从而向接受服务的读者提供能满足其专业与个性的知识[5]。我国图书馆应从以下方面加强在知识服务中的馆际协作:第一,加强信息素养教育工作的交流,提升馆员在情报数据获取、信息增值利用与知识创新中的能力与素养。第二,优化图书情报知识数据库的建设。图书馆之间可以建立访问权限的交换机制,使读者能接受不同图书馆的情报知识。第三,云服务商恶意抬高知识与信息价格时,图书馆通过彼此协作来维护自身权益。为实现有效协作,图书馆除了拓展自身的职能外,图书馆联盟等行业组织也应当发挥引导作用。

3.3 严格规制云服务商等知识权威在服务中的行为

云服务商在信息共享与知识服务中,一方面集中收集与传输信息,同时经营并管理着重要的情报知识数据库(如万方、维普等);另一方面通过对信息深层次挖掘加工进行知识创新。因其具有垄断信息与知识的优势而被情报学家称为"知识权威"[6]。云服务商为了追求自身利益最大化,倾向于任意披露读者信息隐私、抬高信息与知识的价格,这一行为很难通过云服务商完善自身内部管理的方式来规制。对此我国宜借鉴欧美经验,由立法机关、行业主管机构通过强制手段,纠正云服务商的不良偏好并拓展其有限理性,促使其与图书馆、读者通过合作来优化知识服务的效果。具体而言,这些手段包括:对参与知识服务的云服务商的资格进行审查,对云服务商处理传输信息及其参与知识创新的行为进行监督,对其在知识服务过程中破坏信息安全、阻碍知识合理流通的行为进行纠正,等等。

注释:

[1]何春滨,等.信息化下高校图书馆知识服务的构建[J].内蒙古科技与经济,2019(6).

[2]周玲元,王雪,卜千才."985"高校图书馆数字资源分类调查研究[J].图书馆学研究,2017(7).

[3]李仪,张娟.高校图书馆读者个人信息共享的促进研究[J].图书馆建设,2015(3).

[4]贺德方,等.数字时代情报学理论与实践:从信息服务走向知识服务[M].北京:科学技术文献出版社,2006:55.

[5]贺德方,等.数字时代情报学理论与实践:从信息服务走向知识服务[M].北京:科学技术文献出版社,2006:54.

[6]梁祺,等.知识治理研究综述[J].情报杂志,2012(12).

2 | 图书馆总分馆制建设与公共文化服务

地市级图书馆总分馆制建设与服务创新初探
——以重庆市南岸区图书馆为例

吴刘娟

(重庆市南岸区图书馆)

摘要: 图书馆总分馆制建设是公共文化领域重点改革任务之一。本文拟以重庆市南岸区图书馆总分馆制建设的经验与服务成效为切入点,浅析其不足之处,寻求解决策略,从而对地市级公共图书馆总分馆制向纵深发展提出建议,助推公共文化事业融合协调发展。

关键词: 图书馆;南岸区;总分馆制建设;创新服务

总分馆制是图书馆运行和管理机制改革的一个重要方面。《关于推进县级文化馆图书馆总分馆制建设的指导意见》(文公共发〔2016〕38号)提出:推进以县级文化馆、图书馆为中心的总分馆制建设,是构建现代公共文化服务体系的重要任务,对于有效整合公共文化资源、提高公共文化服务效能、促进优质资源向基层倾斜和延伸具有重要的推动作用。可见,图书馆总分馆制具备统一采购、统一编目、统一配送、统一服务的特征[1]。

重庆市南岸区依托国家公共文化服务体系示范项目——"南岸区社区图书馆标准化服务"项目,按照"创新性、带动性、导向性、科学性"的要求,以总分馆制为基础构建公共文化服务体系,以合作共享为核心理念打造服务平台,在本区域内构建了"图书馆+街(镇)文化站+社区服务网点"三级服务体系,有效推进了总分馆制创新发展。目前,南岸区已建成100家标准化社区图书馆(其中体制内分馆86家,体制外社会分馆14家),实现了重庆图书馆、南岸区图书馆与社区分馆之间的"通借通还"一卡通服务,促进了文献资源、数字资源以及活动资源的共享,满足广大市民就近休闲阅览的多元化需求。

1 总分馆建设模式

重庆市南岸区辖区面积262.43平方千米,常住人口89.1万人。截至目前,南岸区依托国家公共文化服务体系示范项目——"南岸区社区图书馆标准化服务"项目,建有100家分馆、3个24小时自助图书馆、100个"南书房"自助书吧、17家有声图书馆,平均每个公共文化服务点服务常住人口为4050人。总体上,通过标准化、智能化等多方面建设,南岸区图书馆事业取得了较好的成效。

中图学会副理事长倪晓建曾将总分馆服务体系分为联盟性质的总分馆、准总分馆、纯粹总分馆三种模式[2]。这是一种对图书馆总分馆制建设模式较为宏观的分类。然而在具体的实践中,各个图书馆根据各自差异,逐渐探索出了符合自身发展现状的总分馆制模式。重庆市南岸区从2006年开始积极构建区域服务网络平台,2011年探索总分馆制,通过多年探索,整合体制内资源、引入社会力量、主动融入区域联盟,形成了符合地区实际的总分馆服务模式,建立起覆盖全区的图书文献资源服务网络体系。

1.1 社区分馆模式

重庆市南岸区采取社区联盟总分馆模式,以街道和社区图书馆为基本细胞,在不改变原有行政隶属、财政、人事等关系的前提下,区图书馆作为总馆,为各街道、社区分馆提供文献资源,并对社区分馆的管理员进行相应的技术培训、业务指导,街道和社区提供分馆馆舍、设备、专兼职管理员等,实现分馆和区图书馆图书的统一采购、统一编目、统一流通、统一服务。据此,南岸区按照"小型化、分散化"的布局规划,对原有的社区书屋、农家书屋、工会职工书屋、党群服务中心、学校图书室等进行改造,打造了86家社区分馆,全区15个街镇基本实现分馆全覆盖目标。

1.2 社会分馆模式

习近平总书记指出:"要推动公共文化服务标准化、均等化,坚持政府主导、社会参与、重心下移、共建共享,完善公共文化服务体系,提高基本公共文化服务的覆盖面和适用性。"[3]重庆市南岸区以购买服务与互惠协议等方式引入社会力量参与办馆,打造社会分馆14家。

1.2.1 购买服务模式

采取向社会力量购买公共文化服务的方式,将文化资源丰富、服务能力强的社会单位吸引到图书馆的建设发展中,将其打造为社会分馆,为市民提供高品质、多元化的公共文化服务。

《关于加快构建现代公共文化服务体系的意见》提出鼓励和引导社会力量参与、建立健全政府向社会力量购买公共文化服务机制。因此,通过公开招标购买公共文化服务的形式,重庆市南岸区图书馆首次尝试与文化氛围浓厚的少数花园咖啡馆合作,签订购买公共文化服务的合同,对双方的权、责、利进行了明确的界定,创办了南岸区图书馆第一家社会分馆——少数花园分馆。随后,重庆市南岸区图书馆与文化底蕴深厚的书店合作,打造了精典书店分馆。自合作以来,重庆市南岸区图书馆与少数花园分馆、精典书店分馆联合开展了诸多内容丰富、形式多样的阅读推广活动,如"梦想沙龙·城市慢阅读"系列活动、"精典讲堂"系列活动、音乐分享沙龙、亲子阅读活动等,满足了广大市民差异化的文化需求。

1.2.2 互惠协议模式

图书馆与社会力量采取协议合作模式,即重庆市南岸区图书馆与相关企业签署以公共文化服务为共同目的的协议,双方利用各自资源优势进行合作,实现互惠双赢的目标。

重庆市南岸区图书馆与多家热衷于公益文化事业的企业广泛开展合作,打造了多家古色古香、独具特色的分馆,如下浩里、龙门书院等社会分馆。这种互惠协议型的分馆,一方面,企业需要在经营场所免费为广大市民提供图书借阅、阅览服务;另一方面,图书馆需要根据企业特色及其顾客群体的需求对图书进行差异化、精准化的配送,协议双方围绕顾客文化需求和消费倾向进行合作,满足他们休闲娱乐文化消费需求,营造共赢局面。如在下浩里分馆聚集的顾客大多是休闲旅游群体,所以区图书馆为其配送休闲旅游类杂志、历史文化类书籍。这种针对性较强的图书配送方式,提高了图书的利用率,在一定程度上促进了企业经济发展,满足了不同群众的文化需求,增强了图书馆在公共文化中的影响力。

1.2.3 馆际资源共享模式

学校图书馆社会化服务功能逐步增强,特别是部分高校图书馆渐渐对社会人士开放,为公共图书馆与其开展合作、实现资源共享奠定了基础。重庆市南岸区图书馆积极主动与学校合作,突破行业壁垒,打造了学校分馆。

双方秉承"突出特色、互利共赢、资源共享"的原则,在资源共享的形式、内容、途径等方面达成共识,打造了文峰小学分馆、南山书院分馆(重庆工商大学),实现了文献通借通还"一卡通"服务、活动资源共享,全方位地满足广大市民群众的阅读需求。

2 创新服务

2.1 以"图书馆＋"服务模式，满足市民差异化需求

充分发挥社会分馆的优势，采取政府购买公共文化服务的模式，积极培育特色阅读活动。一是"图书馆＋实体书店"，在精典书店分馆开展"你选书、我买单"读者荐购服务；二是"图书馆＋老街文化"，在下浩里等分馆举办以"存念下浩"为主题的展览活动，让市民对重庆历史文化有更形象的了解；三是"图书馆＋文化交流"，在少数花园分馆、龙门书院文史分馆，开展诗歌分享、古琴、书法等文化交流活动；四是"图书馆＋文化培训"，在资武道院分馆、南山书院分馆开展武当功夫、太极拳、国画、乐器等培训。社会分馆开展的特色阅读活动，拓展了公共文化服务内容，提升了公共文化服务的品质。据统计，重庆市南岸区图书馆与社会分馆合作，年均开展全民阅读活动100余场次，营造了"多读书、读好书、善读书"全民阅读的良好氛围。

2.2 以智能服务平台为手段，实现公共文化不打烊

一是打造100个"南书房"自助书吧。在辖区人流聚集的轻轨、商场、电影院、旅游景区等公共场所设置可摆放50本左右图书的小型"南书房"自助书吧。市民扫描二维码，即可从书架上免费借阅图书、推送图书，实现图书漂流，分享阅读乐趣，深得广大市民的喜爱。二是打造17家社区有声图书馆。市民扫描二维码就能在线收听、免费下载喜欢的图书，用"科技＋文化"的方式，打造耳朵里的图书馆，让琅琅读书声弥漫在城市生活中的每个角落。

2.3 以"南图联盟"为基础，探索实践法人治理模式

为构建辖区内图书馆特色文献信息资源共享服务体系，让更多的读者接触图书，将图书馆这样一个传统的文化载体，在保持整体性的同时，化整为零，进入到社会的各个细胞里去，重庆市南岸区成立了区域性图书馆信息服务联盟理事会——"南图联盟"。该联盟以南岸区图书馆为龙头馆，"少数花园""精典书店""资武道院"等14家社会分馆为成员馆，构建了法人治理模式的雏形，制定《"南图联盟"章程》《"南图联盟"绩效考评方案（试行）》《重庆市南岸区图书馆法人治理章程（试行）》激发联盟成员的积极性，促进了重庆市南岸区公共文化事业的繁荣与发展。

3 基本成效

3.1 多元化服务模式，增强群众文化获得感

一是充分利用各分馆的资源优势，采取总馆与分馆的有效互动方式，满足广大市民就近休闲、娱乐、阅读的多元化需求。二是南岸区在100家社区分馆中，实行统一平台管理，实现了一馆办证，多馆借书；一馆借书，多馆还书。三是分馆建成以来，年均接待读者约30万余人次，借还图书18万册次，有效提升了广大群众对公共文化服务的满意度。

3.2 实现经费效益最大化，提升公共文化服务效能

经费严重缺失是长期以来制约公共图书馆发展的直接原因，南岸区通过"政府主导，社会参与"的方式，一方面将体制内原有的图书室资源升级成社区分馆资源，另一方面又引入社会力量打造了社会分馆，这既减少了新建一个分馆所需的人员、场地、经费，又在较短的时间内建成了数量众多的分馆。总分馆间实现了文献资源、活动资源的共建共享，提升了文献的利用率和活动的参与率，实现了财政经费利用的最大化。

3.3 充分引入社会力量，促进文旅有机融合

南岸区在总分馆制的探索与实践中，积极解决公共文化服务发展不平衡不充分的问题，不仅满足了群众的精神文化需求，提升了南岸文化的影响力，而且带动了南岸区旅游产业的发展。如南滨路上的精典书店分馆，自纳入分馆后，其营业销售增加了23.6%，客流量上升了38.2%，同时也带动了该区域旅游、美食、娱乐休闲消费，为南岸区南滨路创建国家级公共文化产业示范园区增强了文化内动力，在一定程度上促进了文化、产业、旅游多方繁荣发展。

4 存在不足

4.1 运行资金紧缺

引入社会力量参与总分馆建设是图书馆总分馆发展的必然趋势之一。南岸区在总分馆推进进程中通过多种方式与社会力量合作，打造了14家特色社会分馆，然而，即使部分社会分馆开展的阅读推广活动深受广大市民的喜爱，其也无法避免因资金匮乏出现

搬迁、倒闭的情况。可见,充足的经费是保障总分馆制持续有效运行的前提与基础。

4.2 人才队伍短缺

在不改变原有行政隶属、财政、人事等关系的前提下打造的总分馆制,其人才队伍的打造标准以及管理上存在一定的不足。加之,分馆数量多、体制内外分馆招聘要求不统一、馆员兼职的现象较为普遍,导致人才队伍素质参差不齐,这必然影响分馆服务效能与服务品质,在一定程度上难以满足市民对公共文化服务的高标准要求。

4.3 考核体系不健全

规范考核管理是总分馆制高效运行的制度保障。分馆,特别是社区分馆与社会分馆在开放时间、阅读场次、文献借阅等服务上存在一定差距,部分分馆无法满足新时代背景下市民新的精神文化需求,如错时开放、阅读品牌。目前,总分馆大部分的制度主要偏向于开放时间、借阅管理制度、办证管理等,对分馆运行考核还缺乏一套系统完备的考核体系。

5 策略研究

5.1 整合经费来源

持续稳定的经费投入是总分馆制有序推进的前提,是保障基层群众享有普遍均等的公共文化服务的基础。针对总分馆制后续建设与服务存在资金紧缺的问题,按照增加投入、转换机制、增强活力、改善服务的原则[4]:一方面,政府要高度重视,加大财政投入,保障总分馆制实施的连续性与持续性,充分发挥政府在公共文化服务中的主导作用,完善公共文化服务。另一方面,要积极引入社会资金,增强社会力量,《关于推进县级文化馆图书馆总分馆制建设的指导意见》明确规定了,分馆的建设或者承担主体是开放多元的,既可以是公共图书馆等体制内的公共设施,也可以是社会上任何机构或个人[5]。

5.2 打造高素质人才队伍

加强人才队伍培养,强化馆员标准化管理是提升总分馆服务效率,缩小分馆馆员服务质量差距的举措之一。首先,加强现有人才队伍的专业培训与考核,强化服务意识。其次,加快引入图书情报专业、高素质人才,激发创新意识。最后,积极引入志愿者,充实人才队伍,培养志愿服务意识。多渠道、全方位、系统化地加强人才队伍培养,从而为广大市民提供标准化、差异性、高质量的公共文化服务。

5.3 制定有效考核管理体系

科学有效的考核体制是分支馆常态化运行的基础保障。[6]首先,制定分馆考核指标体系。将开放时间、文献借阅册次、阅读推广活动场次、接待读者数量等指标纳入考核体系,强化分馆日常管理。其次,完善激励机制。将考核结果作为激励依据,如在同等条件下,考核为优秀的分馆,可享有优先购买公共服务权益。可优先享有文献配送等服务。最后,推进法人治理。以深化总分馆制为契机,吸纳有关专家代表、专业人士、读者参与管理,进一步提升总分馆制的管理水平与服务效能。

6　结语

地市级总分馆制多元化建设已成为图书馆满足人民群众对美好生活的向往的重要举措,其创新了公共文化服务方式,营造了政府、社会单位、读者"三方共赢"的良好局面,开辟了文旅融合新局面。然而,总分馆制在不断深入发展的过程中也存在一定的不足与束缚,需从拓展经费来源、人才队伍建设、考核管理体系等方面进一步改进完善,从而有效促进图书馆事业的发展。

注释:

[1]倪晓建,等.公共图书馆总分馆资源整合模式研究[J].图书馆,2014(6).

[2]张娟,倪晓建.我国公共图书馆总分馆体系建设模式分析[J].图书与情报,2011(6).

[3]习近平:举旗帜聚民心育新人兴文化展形象[N].人民日报(海外版),2018—08—23.

[4]陈诚.区域协作与图书馆总分馆制建设探究:以松江区图书馆为例[J].上海高校图书情报工作研究,2018(4).

[5]刘宇飞.地级市图书馆总分馆制建设研究:以保定市为例[J].科技资讯.2019(13).

[6]廖玲.县域图书馆总分馆制度建设初探:以平桥区公共图书馆为例[J].河南图书馆学刊,2019(6).

图书馆总分馆建设下的阅读推广
——以重庆市渝北区图书馆总分馆阅读推广为例

黄 彩

（重庆市渝北区图书馆）

摘要：图书馆具有阅读推广的重要职责和文化传承的使命担当。在总分馆建设中，要想开展好阅读推广工作，就应及时发现推广工作中存在的问题，积极思考应对策略和推广措施。

关键词：阅读推广；渝北区；图书馆总分馆制

1 重庆市渝北区图书馆总分馆阅读推广的背景

1.1 国家政策层面

2016年，《中华人民共和国国民经济和社会发展第十三个五年规划纲要》将全民阅读工程列为"十三五"时期文化重大工程之一，将全民阅读提升到国家战略高度。同年，《关于推进县级文化馆图书馆总分馆制建设的指导意见》指出：推进以县级文化馆、图书馆为中心的总分馆制建设，是构建现代公共文化服务体系的重要任务，对于有效整合公共文化资源、提高公共文化服务效能、促进优质资源向基层倾斜和延伸具有重要的推动作用。2017年7月，《"十三五"时期全国公共图书馆事业发展规划》明确提出：将公共图书馆事业发展纳入现代公共文化服务体系，统筹推进区域之间和城乡之间公共图书馆均衡发展，建立覆盖全社会的公共图书馆服务体系，把优质公共文化服务向城乡基层延伸。

1.2 区级政策层面

重庆市渝北区为深入贯彻中央关于全民阅读推广的文件精神，加快构建现代公共文化服务体系,提升公共文化服务水平,更好地保障人民群众基本文化权益,建设了"书香渝北",制定了《渝北"十三五"时期全民阅读规划纲要》《渝北区加快推进"书香渝北"建设实施方案》《2019年渝北区全民阅读工作实施方案》,为全区全民阅读工作的可持续发展提供了政策引导和科学指向,为全民阅读活动工作的稳步推进奠定了良好基础。

1.3 重庆市渝北区图书馆自身层面

2017年,重庆市渝北区图书馆为提升自身的服务效能,让更多市民享受到公共文化服务体系建设成果,实现公共文化服务体系建设的均等化、标准化,努力建设"书香渝北",借第六次全国公共图书馆评估定级的有利契机,积极构建公共文化服务体系,全面推进总分馆制建设,坚持重心下移、资源下移、服务下移。截至2019年9月,渝北区图书馆建成以区图书馆为核心总馆,桃源居社区、空港企业孵化园、龙塔街道3个直属分馆,21个镇街文化服务中心分馆,龙脊广场等5个24小时城市书房的服务网络体系,实现了渝北区"15分钟文化圈"的目标,并率先在重庆市实现了图书馆分馆"一馆办证、多馆借书、通借通还"服务。

2 重庆市渝北区图书馆总分馆阅读推广的必要性

2.1 文化融入的需要

根据《2018年渝北区国民经济和社会发展统计公报》,重庆市渝北区常住人口为166.17万人,是重庆市仅次于万州区的第二大人口区,其中常住城镇人口137.59万人,占总人口的82.80%。渝北区原为农业大区,在新型城镇化建设过程中,常住城镇人口从2011年138.64万人增至到现在的166.17万人,增长率为19.86%;户籍农业人口从原来的44.53万人,减少到现在的33.63万人,减少率为24.48%。

大量的农村人口在城市化浪潮中走进了城市,政府为保障他们的经济权益和法律权益,推出了相应政策,在促进他们"社会融入"方面起到了明显效果。但要真正融入城市,光有"社会融入"是不够的,还必须有"文化融入"。文化融入是新时代城乡建设一体化融入城市的根本标志。由农民转变为市民,由过客转变为主人,只有实现了文化认同和融入,才能实现价值观念、行为规则、生活方式的转化[1]。

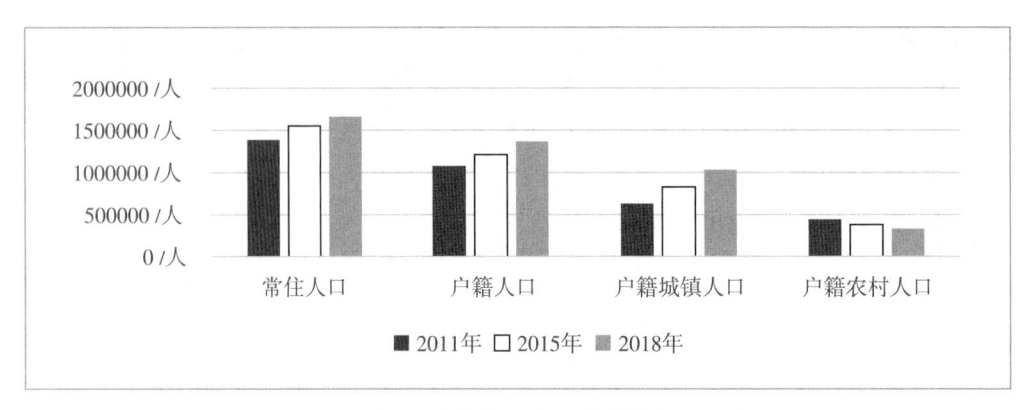

图 1　渝北区人口变化图

2.2　人民日益增长的精神需求

2015 年和 2018 年的渝北区国民经济和社会发展统计公报显示,城镇常住居民人均可支配收入分别是 30819 元、39546 元;农村常住居民人均可支配收入分别是 13766 元、17950 元。2018 年与 2011 年城镇居民人均可支配收入 21954 元相比,提高了 80.13%;与 2011 年农村居民人均收入 8319 元相比,增长了 115.77%。[6]

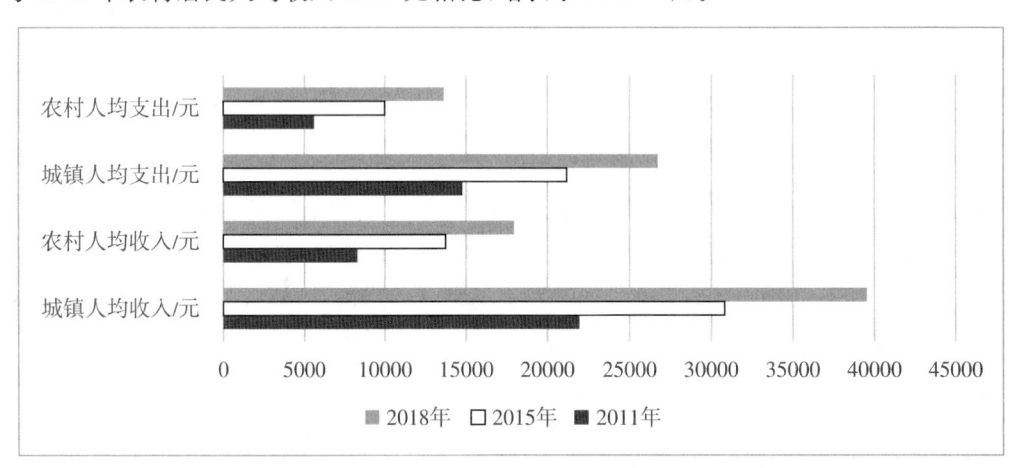

图 2　渝北区人均收入与支出对比图

根据图 2 中的收入和支出对比可以看出,随着社会的进步,重庆市渝北区社会生产力水平提高,经济发展迅速,人民收入显著提高,人民可支出部分也不断增加,在物质性需求得到满足的同时,对知识的向往也越来越迫切。

阅读是满足人们精神世界需求、获得知识的最好的手段和方式。重庆市渝北区图书馆作为全民阅读推广的重要文化机构之一,要发挥好自己的社会职能,就必须以建设"书香渝北"为目标,以满足人民群众多层次多方面的阅读需求为出发点和落脚点,调动社会力量共同参与全民阅读推广,促进城乡一体化建设中的"文化融入",建设以总馆为核心,各镇街图书馆分馆为端口的公共图书馆服务网络,打造具有自我特色的阅读服务体系,用阅读潜移默化的影响力,让从农村进入城市的居民尽快适应城市文化生活,更好地推动本地区的全面发展。

3 重庆市渝北区图书馆总分馆建设中阅读推广存在的问题

重庆市渝北区图书馆总分馆制度的实施,不仅创新了服务手段,延伸了服务范围,还提高了公共文化设施和图书资源的利用率,有效解决了基层群众看报难、读书难、上网阅读难的问题,实现了基层群众享受城乡均等化、标准化服务的基本文化权益,但各图书分馆在阅读推广上仍然存在一些问题。

3.1 阅读推广经费不足

重庆市渝北区财政每年拨付镇街图书分馆的免费开放经费为 5 万元,适用范围包括图书购置、人员工资、各类阅读活动开展、阅读活动宣传品购置、分馆环境打造、分馆运行费(水、电、物业)等,而有限的经费很难开展阅读推广活动。

3.2 阅读推广宣传力度弱

重庆市渝北区图书馆镇街分馆除了几个直属分馆在城区,其他均设在镇街文化服务中心内,阅读推广宣传多采用贴海报的方式,内容多以服务时间、服务地址等信息为主,很少有基于服务项目、服务内容的阅读推广宣传内容。

3.3 专职阅读推广人员少

重庆市渝北区图书馆原没有专门的阅读推广部门,2017 年重调部门时,新增了阅读推广部门,配工作人员 3 名,但由于组织需要,其中 1 名被抽调到其他单位。每年总馆的阅读活动多,分馆阅读活动辅导任务重,想要高质量完成阅读推广任务,很是吃力。镇街文化中心编制 6 人,其中免费开放人员 2 名,他们身处基层,任务重,工作范围广,处理事务多,一人身兼数职,对于分馆图书借阅、阅读活动开展,力不从心。

3.4 分馆馆藏结构老化,阅读资源单一

因免费开放资金有限,分馆馆藏图书种类少,图书陈旧老化,借阅方式不灵活,所以读者即使到馆,大多也不愿意进去借阅。

3.5 阅读推广活动少，造成到馆读者严重不足

重庆市渝北区图书馆总分馆制度实施后，各镇街分馆积极响应，由于免费开放工作人员不足，阅读推广活动内容单一，活动次数少，大多数读者不知道图书馆的藏书结构，不知道图书馆的功能，导致读者到馆阅读效果不甚理想。现将2016年至2018年，重庆市渝北区图书馆总分馆和24小时城市书房借书读者、图书外借册次统计如下：

表1　2016—2018年重庆市渝北区图书馆总分馆借书读者、图书外借册次统计表

类型	2016年	2017年	2018年
总馆借书读者	104148	20628	100918
总馆图书外借	225685	46476	228556
直属分馆借书读者	22235	18696	13257
直属分馆图书外借	79658	90642	50321
分馆借书读者	4289	1113	21772
分馆图书外借	4326	2366	45817
24小时借书读者	—	64228	29250
24小时图书外借	—	137339	68174

2013年重庆市渝北区图书馆着手建设直属分馆，由图书馆统一购买图书、统一配备工作人员、统一编目，经过5年的打磨，已经初见成效，取得良好的社会效果。21个镇街分馆从2016年开始建设，2017年第六次评估时全部建设完成，经过三年的运行，虽略见成效，但也不尽如人意。以人次和册次最多的2018年为例，到馆借书读者平均一年不足60人/天，如果平均分摊到21个镇街分馆，每个分馆不到3人/天，外借图书则每个分馆不足6册/天。

4　重庆市渝北区图书馆总分馆建设下阅读推广的措施

重庆市渝北区22个镇街，各个分馆都位于本辖区文化经济中心，是市民来往办事的必经之地，可为什么图书分馆门可罗雀？为什么市民路过那里都不愿进去阅读呢？重庆市渝北区图书馆是总分馆制度实施的主要部门，深刻意识到自己的阅读宣传工作没有做

好、自己的阅读推广工作没有做到位。2019年,重庆市渝北区图书馆决定结合分馆实际情况,改变分馆建设的工作思路,通过扎实推进阅读推广,提高分馆的影响力,以满足人民群众文化融入的需求和日益增长的精神文化需要。

4.1 拓宽宣传手段,加大宣传力度

4.1.1 立足阵地,做好馆藏资源宣传

重庆市渝北区图书馆充分利用各种媒介向读者展示总分馆的馆藏资源,如区图书馆网站、微信公众号、图书查询机、图书馆APP、馆内电视屏、馆办刊物等,充分发挥图书馆网上导读的作用。读者也可通过区图书馆网站、微信公众号、查询机、图书馆APP等媒介查询所需图书,节约时间。

4.1.2 面向全区,拓宽阅读推广宣传渠道

重庆市渝北区图书馆提前一周将分馆下月要开展的阅读推广活动进行收集整理,通过展架、网站、微信公众号的方式向广大市民推送活动信息,在活动正式开始的前三天,还会提前将活动的主题、名称、时间、地点、内容等信息,通过海报、网站、微信公众号等进行推送。图书馆总分馆优秀的阅读推广活动还会通过渝北区电视台、渝北区文旅委公众号、渝北头条向广大市民宣传推送,扩大图书馆总分馆阅读活动在时间、空间和深度上的影响力,为阅读活动创造了良好的舆论环境。

4.1.3 及时跟进阅读推广后期宣传

重庆市渝北区图书馆总分馆阅读推广活动完成后,及时形成通讯稿,通过各类媒体,如华龙网、重庆日报、渝北日报、重庆图书馆网站、重庆文艺网推送信息;优秀的阅读推广活动将邀请重庆电视台、渝北电视台记者现场录制播放,以便更好地向群众宣传图书馆的社会职能、教育职能及免费开放服务,引导他们了解图书馆,走进图书馆,利用好图书馆。

4.2 丰富图书种类,丰富阅读方式

4.2.1 充实各分馆馆藏资源

文献资源是图书馆开展阅读推广活动的基础。随着社会的发展,分馆读者对阅读资源需求不断提高,图书资源不再局限于农业养殖、世界名著,分馆的读者对家庭育儿、儿童早期阅读培养日渐重视,也热心于流行时尚、政治热点、热播电视等。重庆市渝北区图书馆2019年为各分馆更换相关图书500册,人口密集地区的分馆会达到1000册左右,以丰富分馆图书内容,改善馆藏结构。

4.2.2 丰富镇街分馆阅读方式

随着智能手机的普及,阅读方式也不再局限于书本。为此,重庆市渝北区图书馆首先为偏远的乡镇图书分馆配备了移动图书馆,丰富当地读者的阅读方式,他们只需用手

机轻轻一扫,好书、热报就可带回家。其次,向镇街居民推广图书馆微信公众号,引导他们关注微信公众号里的各类数字资源,如少儿数字图书馆、超星少儿绘本、维普考试服务平台、畅想之星电子图书、易趣少儿图书馆等,让阅读不再受时间和空间的限制。

4.3 加强图书分馆的阅读推广培训

图书馆的阅读推广工作除了图书借还,还包括图书导读、展览、讲座、诵读、演讲、征文、读书会等形式多样的阅读推广活动。2019年1月起,重庆市渝北区图书馆开始实施分馆阅读推广培训计划,针对镇街分馆和直属分馆阅读推广工作的不足,安排辅导研究部每月必须对2个或以上基层分馆进行业务和阅读推广培训,学习图书结构和种类、阅读技巧、阅读推广案例等,以便帮助分馆解决阅读推广中遇到的各类问题,达到共同促进全民阅读的目的。截至9月,已完成20个镇街和直属分馆的阅读推广培训。

4.4 创新阅读推广模式,促进图书馆总分馆建设

4.4.1 依靠社会力量,助力阅读推广

重庆市渝北区图书馆在总分馆建设中,积极与社会力量合作,致力于阅读推广,拓展全民阅读服务功能;积极营造良好的全民阅读氛围,搭建优质、开放的阅读和服务平台,为全民提供终身阅读服务。

桃源居图书分馆是重庆市渝北区图书馆和重庆桃源居社区公益事业发展中心共同兴建的,同时也是本地区第一家与社会机构合作兴建的图书分馆。重庆市渝北区图书馆提供文献资源、管理人员、图书管理系统、参考咨询、阅读推广等服务;重庆桃源居社区公益事业发展中心提供场地、图书排列架、电脑、桌椅等硬件设施。桃源居图书分馆选在溜马山公园内,那里环境优美,来来往往锻炼、闲逛的居民较多,为附近的居民提供了学习的地方。经过两年的运营,桃源居图书分馆服务效能明显,得到广大市民的认可。龙塔街道、渝北区孵化园产业基地、巴渝乡愁博物馆等分馆和24小时自助图书馆也纷纷采用这种合作模式,极大地解决了附近居民阅读难的问题。

4.4.2 打造阅读活动品牌,促进分馆阅读推广

重庆市渝北区图书馆总馆以镇街各分馆为服务端口实施"书畅渝北"阅读推广活动进分馆项目,旨在通过打造阅读推广品牌,解决分馆免费开放资金不足,促进分馆阅读推广,同时争取到2023年,基本形成与全面建成小康社会发展要求相适应的以人为本、面向基层、惠及全民、兼顾重点的城乡一体化阅读推广服务体系。

"书畅渝北"阅读推广活动进分馆项目针对不同群体,采取分级、分层、分众形式,开展贯穿全年的总分馆全民阅读活动。临空文化讲堂主要以家庭教育、阅读人生、健康保健、人文历史、热点关注等为切入点,博古通今,开阔视野,助力健康;节日民俗体验结合春节、元宵节、清明节、中秋节等节日的由来及现实意义,诵读节日经典诗词歌赋,重温节日传统民俗活动,唤起民众对传统文化的热情;绘玩故事会通过绘本阅读、舞台剧表演、

手工制作、科学实验等丰富的阅读形式,提高孩子的阅读兴趣,养成阅读习惯;"慢滋养"读书会选择人们最感兴趣的话题或者图书,由一位领读者组织牵头,采用领读—共读—讨论—分享模式,让读者在交流中获取真知灼见,精进思想,获得成长;悦读家庭则是组织家庭图书馆联盟,开展阅读活动,让爱读书、会读书、读好书成为家风;"爱心树"志愿服务主要由志愿者组成爱心服务队,通过讲故事、才艺表演、爱心图书接力、互动游戏等活动,为特殊学校、敬老院送温暖。该项目自实施以来,已先后在洛碛镇、龙兴镇、龙溪街道、大湾镇、茨竹镇、古路镇、统景镇等开展活动11场,活动参与者满意度达90%以上,社会反响强烈。

5　结语

提进全民阅读,建设书香中国是一项普遍而持久的公共事业,重庆市渝北区图书馆作为本地区重要的文化机构,要全面落实全民阅读这项公共事业,必须坚持全民阅读"公益普惠,深入基层"的原则,加强图书馆总分馆建设,加快全民阅读推广服务体系城乡一体化建设,面向基层、面向群众,推动本地区的文化建设。通过营造浓郁的阅读氛围,整合丰富的阅读资源,开展多彩的阅读推广活动,让阅读成为广大市民日常的生活方式,让"全民阅读"不再只是一种声音,一个口号。

注释:

[1]邱家洪.城乡文化冲突视角下农民工文化价值观的塑造[J].南方论刊,2015(5).

创新总分馆制服务，助力乡村文化振兴
——重庆市璧山区图书馆总分馆制实践研究

刘晓钦　杨正锋　赵兴中

（重庆市璧山区图书馆）

摘要：为建设美丽乡村，助力乡村文化振兴，重庆市璧山区图书馆以总分馆制建设为抓手，以"流动图书车+"为服务方式，以乡镇分馆为着力点辐射整个农村区域，广泛开展了讲座展览、我们的节日、文化宣传等阅读活动，为乡村居民带来了丰富多彩、文明健康的精神文化生活，对提高乡村居民的文化素质、净化乡风文明有积极的促进作用。

关键词：乡村文化振兴；总分馆制建设；阅读推广活动；公共图书馆

乡村振兴战略提出的"产业兴旺、生态宜居、乡风文明、治理有效、生活富裕"的内涵中，"乡风文明"是乡村建设的初心、旗帜和方向。[1]

遵循这样的指导思想，重庆市璧山区图书馆总分馆制建设以创新分馆服务为抓手，以"流动图书车+"为服务方式，叠加"免费赠书、讲座展览、阅读推广、扫码看书、文化宣传、业务指导"等内容，把15个镇街分馆作为"着力点"辐射整个农村区域，广泛开展丰富多彩的阅读活动，为乡村居民带来文明健康的阅读服务，在乡村营造良好的阅读氛围，对净化乡风文明也起到了积极作用。本文拟通过对重庆市璧山区图书馆总分馆制建设概况和近一年来总分馆服务创新实践进行分析，探讨公共图书馆参与乡村文化振兴的方法与路径。

1 重庆市璧山区图书馆总分馆制建设概况

1.1 重庆市璧山区图书馆简介

璧山区位于重庆市西部,面积 915 平方千米,辖 15 个镇街,常住人口 73 万人。重庆市璧山区图书馆成立于 1992 年,是璧山区唯一一家公共图书馆。现有老馆面积 1702 平方米,馆藏约 27 万册(件),有效读者 52108 人;新馆面积 25100 平方米,设计藏书 135 万册,目前正在进行室内装修。就正常开放的老馆而言,无论是以前,还是现在,它的服务能力是有限的,辐射人群也是局部的。

1.2 总分馆制发展情况

2009 年 8 月,重庆市璧山区图书馆在重庆市所有区县公共图书馆中率先使用集群管理系统 Dlibs(1.0 版),为构想"璧山区总分馆制建设",实现"图书通借通还"打下了软件基础。

2011 年,重庆市璧山区图书馆开始思考并实践总分馆制建设,在本馆技术人员的构想与摸索,Dlibs 公司的技术支持下,解决了"馆馆之间的书籍入藏、读者证号、条码数值"等的技术困难,成功在 Dlibs 系统里创建了第一个真实意义上的分馆——丁家街道分馆,实现了"分馆藏书可以与总馆的藏书通借通还,分馆读者与总馆读者互借互还"的目标。同年 8 月,重庆市璧山区图书馆还与璧山新华书店合作开展了"您选书,我买单"活动。

2011—2015 年,逐步形成了以重庆市璧山区图书馆为总馆,镇街文化服务中心图书室为一级分馆,社区或社会机构建立的基层服务点为二级分馆的服务网络。此时,总分馆服务主要是配送图书与业务指导。

2016 年 2 月,重庆市璧山区图书馆将业务软件 Dlibs 升级到最新的 2.2 版本,可以线上管理分馆,图书通借通还更加便捷。在 2016 年第四季度,重庆市璧山区图书馆创造性提出了"总馆包干、主动服务、菜单点菜"的工作思路,转变总分馆制服务理念,以输出阅读资源与文化宣传为主,重点加强图书馆服务下沉力度,达到丰富璧山乡村居民精神文化生活的目的。

2017 年 3 月,重庆市璧山区文化委员会、重庆市璧山区发展和改革委员会、重庆市璧山区财政局联合印发了《关于推进区文化馆区图书馆总分馆制建设的实施方案》,明确了我区图书馆总分馆建设的原则和目标。同年 4 月,在重庆市璧山区图书馆三楼多功能厅举办了重庆市璧山区图书馆总分馆成立仪式,对 15 个镇街分馆统一授牌,这标志着我区图书馆总分馆制度正式运行了。

2018年,为了积极响应且贯彻落实好中央政策,助力乡村文化振兴,重庆市璧山区图书馆在2016—2017年总分馆制服务基础上,优化服务方式,调整服务方法,提炼出更符合乡村文化振兴内涵的举措,继续为广大乡村居民提供实实在在的、多样化的阅读活动。

截至2018年12月31日,重庆市璧山区图书馆共建立了19个一级分馆,19个基层服务点。19个一级分馆包括:15个璧山区二级行政机构的文化服务中心图书室、1个党群服务中心、2个咖啡厅、1个企事业单位。19个基层服务点主要是学校图书室、社会培训机构与企事业单位阅览室。

1.3 总分馆制运行管理情况

1.3.1 形成了"上下联通、协同管理"的机制

在璧山区文化和旅游委主导下,总馆分馆不改变原有行政隶属及人事、财政关系,总分馆之间实行经费独立核算、行政分级负责、文献资源共建共享的管理机制。

区总馆负责统筹制定全区公共图书馆服务体系共同执行的建设标准、服务标准及技术标准,为全区图书馆建设提供业务指导,开展业务培训,并定期对各级分馆进行业务考核。

1.3.2 制定了"基础设施、业务培训标准化、常态化"的建设要求

按照科学布局、兼顾实际的原则,对分馆、基层服务点的场所面积、功能、资源、人员、设备等建设标准进行了详细的规定。其中,分馆场地面积不少于100平方米(基层服务点不少于20平方米),总馆免费向分馆提供不少于1000册的图书和期刊(基层服务点不少于200册),并且可适时更换。

周开放时间不低于56个小时,至少配备1名专(兼)职图书管理人员或2~3名社会志愿者组织开展阅读活动,并实现业务系统自动化管理。由总馆担任中心编目小组,负责实现全区文献资源的统一编目和共建共享。总馆对分馆实行日常业务指导和定期业务培训。每年对分馆、基层服务点的业务骨干集中培训不少于2次,日常指导则通过实地调研、QQ、微信、电话等方式进行联系或答疑,有效提高了分馆的业务水平。

2 总分馆制服务创新的背景及思路

由于人、财、物统筹的具体困难,总馆并未实现对分馆的人、财、物进行集中统一管理,分馆开展活动时偶尔会处于被动地位,致使总馆对分馆的服务效能不能做到整体把

控。特别是乡镇分馆,在开展全民阅读活动方面,由于活动经费短缺、人手不足、专业受限等原因,市民群众往往兴趣不高,主动性不强。

在 2016 年第四季度,重庆市璧山区图书馆创新地提出"总馆包干,主动服务,菜单点菜"的工作思路,依托"流动图书车",巡回到璧山区各个乡镇开展阅读活动。总馆包干,是指总馆包揽到分馆开展活动产生的全部费用,包括下乡车辆租赁费、展架制作费、老师授课费等。主动服务,是指主动对接各个分馆,主动满足分馆的各项需求。菜单点菜,是指总馆用"菜单"的形式直接呈现展览题目、讲座题目、阅读推广和业务指导等内容,分馆只需勾选相应的内容即可。

转变思路后的总分馆制服务,得到全体分馆的一致欢迎,也成功扭转了"总馆安排分馆开展活动"的固有观念。总馆直接把选择权交给了分馆,让熟悉当地乡情的分馆自主安排。这样不仅降低了分馆开展阅读活动的困难度,也充分调动了分馆参与活动、开展活动的积极性。据统计,2016 年至 2018 年期间,全区 15 个镇街分馆开展了 95 场次阅读活动,共计吸引了 2 万余名乡村居民参加。

3 助力乡村文化振兴的具体做法

3.1 固定模式,精心实施

3.1.1 资源梳理

首先,总馆在年初就把可调配的阅读资源(如展览、讲座)列成"菜单",上传至"璧山区图书馆总分馆"QQ 工作群中,让分馆挑选。分馆根据当地乡情,选择相应的阅读活动。其次,分馆把选择的活动内容反馈给总馆后,总馆就会在相应的时间,带着相应的活动准时到达指定地点开展活动。

3.1.2 负责确定活动场所和受众

比如,分馆选择了展览类活动,就需负责寻找村民集中又利于摆放的地方;如果选择了幼儿绘本讲座,就需联系学校组织学生参加。

3.1.3 服务方式

以"流动图书车+"的服务方式,打造一座流动的微型图书馆。围绕满载图书的流动图书车,我们可以添加免费赠书、讲座展览、阅读推广、扫码看书、文化宣传、业务指导等活动项目,充分利用好每次下乡镇的机会,灵活满足偏远乡村居民对文化阅读的需求。

3.1.4 专人负责

重庆市璧山区图书馆明确要求认真对待每次下乡镇工作,全年须对标全区15个街镇分馆,督促落实每个街镇分馆每年至少选择1项活动,满足当地群众的阅读需要。

3.1.5 强化考核

将镇街分馆每年选择的活动项目和实际开展情况纳入璧山区文旅委每年对各镇街"三馆一中心"免费开放绩效评价考核内容。

3.2 尊重需求,供需对接

农村地区有大量的妇女、儿童、老人,因各种因素造成阅读兴趣、阅读能力不足[2],公共图书馆更应该把各项阅读服务向他们倾斜,照顾他们的阅读特点,尊重他们的阅读需求。除了做到主动了解各个分馆服务人群的阅读喜好、开展活动的条件,还应尽量安排贴近乡村居民喜闻乐见的内容,如政策法规、卫生保健、儿童阅读等,切实满足村民多样化的阅读需求。

3.2.1 免费赠书

从总馆整理出过刊,带到乡村,直接免费赠送给村民。

3.2.2 讲座、展览

讲座类型以"如何写好作文""健康知识讲座""少儿绘本阅读"等主题为主,侧重于偏远学校的课外辅导。展览类型比较丰富,一般有摄影类、美术类、时政类、传统文化类等。

3.2.3 阅读推广

结合乡村传统节日,开展"我们的节日"庆祝活动。如开展"写春联送春联""猜灯谜领奖品(百分百中奖)"系列活动,实实在在地为老百姓送上节日的祝福。

3.2.4 扫码看(听)书

智能手机的普及,带来了乡村阅读方式的改变。总馆也与时俱进地新增了数字阅读,将电子图书资源的二维码印在图书馆服务宣传折页上,村民用微信扫取二维码即可听赏与阅读。

3.2.5 文化宣传

将重庆市璧山区图书馆的服务内容等做成宣传资料,每到一个乡镇就面向村(居)民发放。如在2018年,就向老百姓讲解宣传过公共图书馆法等。

3.2.6 业务指导

在创新总分馆服务内容的同时,重庆市璧山区图书馆没有忘记对分馆业务工作的管理和指导。每次下乡,工作人员都会抽时间到分馆实地了解图书借阅情况以及读者的阅读需求,并帮助分馆工作人员正确掌握读者的潜在阅读需求。

3.3 突出主题，关注儿童

重庆市璧山区图书馆除了向分馆提供常规活动外，还会和分馆共同开展大型全民阅读主题活动。比如春节主题活动、世界读书日系列活动等。这些活动主题明确、互动性强，深受村民的喜爱。

针对乡村留守儿童的阅读问题，重庆市璧山区图书馆格外注重培养他们的阅读兴趣与阅读能力：与三合镇三合初中联合创建了璧山区诗歌教育特色学校，为学校的孩子们送去了与诗歌相关的图书、杂志，并邀请重庆市著名诗人海烟现场签名赠书；在健龙镇龙江小学、三合镇小学、河边镇小学等偏远学校持续开展"书籍进校园"活动；与文风小学合作开展"故事爸妈静静讲"亲子阅读活动；把"小学生课外阅读讲座""儿童诗歌欣赏讲座"送到八塘镇小学、大兴镇小学；在元宵节走进福禄小学、七塘镇初中，开展"猜灯谜学传统文化"活动，并特意为孩子们发放了 200 份文具用品。

3.4 加强学习，强化考核

虽然目前总馆能克服自身困难，安排专人专职负责全区总分馆制服务工作，但也只能解决一时之急，要想长期在乡村土地上开展各项服务，特别是阅读活动，还得依靠当地的图书馆分馆工作人员，提高乡村基层文化自我发展能力。因此，重庆市璧山区图书馆作为总馆一直强调学习的重要性。首先是线下培训，总馆每年至少举办 2 次集中培训，培训内容为图书管理、活动推广、阅读案例分析等；其次是线上培训，按照中国国家图书馆、重庆图书馆布置的网络培训学习内容，各分馆组织人员参加学习，并填写学习反馈表和提交观看照片，以此作为年度免费开放考核依据；最后是总馆到分馆实地开展活动时进行业务指导，工作人员现场交流，促进双方互动学习。

4 公共图书馆助力乡村文化振兴的前景展望

从 2016 年 10 月到 2018 年 12 月，重庆市璧山区图书馆逐步实施总分馆制服务创新，效果明显。2016 年乡镇分馆开展了 19 场次活动，2017 年开展了 36 场，2018 年开展了 44 场。重庆市璧山区图书馆将"乡村文化振兴"作为图书馆事业不断发展和创新的源头活水，不断自我思考与探索——对于总分制建设，我们还能创新什么？笔者认为可从以下两点思考：

一是以丰富的形式弘扬优秀传统文化。通过形式多样的全民阅读活动，打造耕读文化主题阅读，讲述民俗用品、农耕物品中的文化与故事，举办"记住乡愁"诵读大赛等。

二是大力发展乡村文化旅游产业。通过文旅融合,本着"宜融则融,能融尽融"的原则,将本区域的旅游景点、古迹遗址、非物质文化遗产与全民阅读结合在一起,联合区域内的文物管理所、文化馆、旅游发展中心等相关单位,设计每个乡镇的特色浏览路线,在学校、机关单位、旅行社等宣传推广,以"走读乡村"活动振兴乡村。

总之,我们要大力发挥公共图书馆的作用,不断提升乡村居民的道德水准和精神文明程度,繁荣乡村文化,促进乡村振兴。

注释:

[1]刘忱.乡村振兴战略与乡村文化复兴[J].中国领导科学,2018(2).

[2]金武刚.论县域图书馆总分制建设的十大要点:兼及《关于推进县级文化馆图书馆总分馆制建设的指导意见》解析[J].图书馆建设,2017(5).

图书馆总分馆建设与公共文化服务
——以江津区图书馆总分馆建设为例

冉小梅

（重庆市江津区图书馆）

摘要：图书馆作为公共文化服务体系的重要组成部分，如何构建布局合理、发展均衡、覆盖面广、全面开放的公共图书馆服务网络，以实现公共文化服务公益性、基本性、均等性、便利性的基本要求；如何加强图书馆总分馆建设，完善公共文化服务体系，提高公共文化服务效能，使全民享有便捷、高效的公共文化服务。本文将以重庆市江津区图书馆实现区、镇街、社区、村，以及社会分馆建设为例对此进行简要分析和探索。

关键词：公共文化；公共图书馆；总分馆体系；总分馆制

2019年3月，文化和旅游部、财政部公布第三批国家公共文化服务体系建设示范区名单，重庆市江津区是西部地区唯一获评"优秀"等级的示范区。区图书馆的总分馆建设作为江津区创建第三批国家公共文化服务体系示范区公共文化服务体系的重要组成部分，充分挖掘自身优势，于2015年起在全区范围内实施图书馆总分馆建设方案。目前已形成以1个区图书馆为总馆＋30个镇（街道）分馆＋6个社会分馆＋1个24小时自助图书馆＋182个基层服务点的图书馆总分馆服务体系。

1 全面建设图书馆总分馆网络服务体系

1.1 政府主导，保证总分馆基础设施建设

随着政府对公共文化服务工作日益重视，财政支持力度不断加强，图书馆公共文化

服务的硬件环境得到极大改善,按照"一个总馆＋多个分馆＋若干服务点"的模式,将图书馆总分馆制作为带动公共文化服务体系建设的有力抓手。新建成的区图书馆位于滨江新城行政中心广场,地理位置优越,硬件环境一流。各分馆和各特色分馆成为总馆的有机组成部分,各特色分馆主要为特殊群体服务,如留守儿童、农民工、老年人、企业职工等。让农家书屋(社区图书室)、基层文化中心户、文化大院成为分馆的延伸补充,逐步达到基础设施标准化、文化资源共享化、服务系统网络化,全面形成城市10分钟文化服务圈和农村20分钟文化服务圈。其中,各镇街分馆平均面积为790平方米;藏书量共13万册,平均每馆藏书0.5万册,实现了乡镇(街道)分馆全覆盖。区、镇两级配备了1台流动服务车,年均出车次数达到50次以上,把图书资源送到社区、农村和企业,基本满足了城乡居民的借阅需求。

1.2 社会参与,文商互补,实现合作共赢

重庆市江津区图书馆与重庆宽田文化创意孵化运营有限公司、风马牛书吧、江津大酒店等社会力量签订共建江津区图书馆分馆的合作协议,由社会力量提供100平方米以上的独立房间,配置专职管理人员。重庆市江津区图书馆根据当地群众文化需求,科学规划布点,将符合条件的白沙"宽读"公共图书馆、风马牛书吧、大脑壳城市书架等作为图书馆分馆,并根据规模为其配送2000～30000册图书、图书馆自动化管理系统和图书借阅卡。经营者通过商业经营活动,取得一定的经济效益,确保图书馆分馆正常运转。

1.3 将农家书屋纳入区图书馆总分馆建设,打通公共服务的"最后一公里"

创建第三批国家公共文化服务体系示范区期间,重庆市江津区图书馆已将全区182个农家书屋纳入区图书馆总分馆建设和"一卡通"服务范围。充分利用各农家书屋现有的硬件设备、设施,严格按照区图书馆总分馆建设和"一卡通"借阅管理办法,将农家书屋所有图书统一编目录入区图书馆管理系统。将农家书屋出版物进行整理、登记、分类、编码,并全部纳入"一卡通",实现图书资源共享。对全区镇街、村(社区)、文化中心户(大院)图书实行统一编码上架。在镇街、村(社区)和部分条件适合的文化中心户(大院)实行"一卡通"。同时,按片区划分,制定图书资源的定期交流制度,实现四级网络间图书资源共享,提高图书的利用率。充分利用"互联网＋",实现资源实时共享,促进农家书屋数字化建设。

充分考虑农村阅读群体的实际情况,结合各农家书屋图书借阅数据,各村产业发展特色,利用"互联网＋",打通"最后一公里",实现农家书屋数字化建设。

2 八个"统一",确保服务效能

2.1 统一设备资源

按照统一设备资源配置标准,图书馆总馆达到国家一级馆标准,并建成市少儿馆江津区特色分馆。完善 6 个特色分馆设施设备;完善 29 个街镇分馆设备,各分馆具备图书外借、报刊阅览、网上阅读、开展文化活动等基本功能。各分馆和分馆图书阅览室面积应为 50 平方米以上,有条件的分馆应配备电子阅览室,并向公众免费开放(部队分馆除外)。

2.2 统一文化服务

按照统一文化服务标准,区图书馆大力开展免费服务和公共数字文化服务。统一图书采购、编目、配送和管理平台,在江津主城区内实行图书通借通还。利用文化资源共享工程和数字图书馆推广工程,实现区域数字化资源共享。统一开展流动阅读、讲座、培训及读书活动。

2.3 统一形象标识

区级总馆、市少儿馆分馆、特色分馆统一制作相关标识标牌,做到层级有区别,同级有统一。统一规范的标识系统是总分馆制的整体形象,各分馆须统一使用"江津区图书馆 XX 分馆"名称,馆内各项标识系统要规范统一。

2.4 统一岗位培训

各分馆派工作人员到总馆培训学习,总馆工作人员不定期到各分馆进行业务指导,并聘请专业教师对分馆管理员进行业务辅导,实现总分馆之间业务工作的有效衔接和管理。

2.5 统一协调

各级主管部门作为责任主体,为图书馆总分馆体系建设提供经费、人力等保障,实行行业监管,形成工作合力。区图书馆、镇街综合文化站(文化中心)积极转变职能,切实履行总分馆职责。按照总分馆制建设要求,由区、街镇分级统一落实图书馆总馆、分馆所需运行经费。

2.6 统一管理

根据创建工作要求,重庆市江津区图书馆将成立理事会。理事会将邀请相关协会代表、专业人士、图书馆读者以及图书馆各分馆代表人参加。重庆市江津区图书馆总分馆制度与图书馆理事会制度统一发展规划，完善现代公共文化服务体系，创建群众文化活动品牌，繁荣文艺创作，促进江津文化蓬勃发展。

2.7　统一考核

建立图书馆总分管制工作考核评价体系，细化、量化各项考核指标，奖优罚劣，促进公共文化服务规范高效。

2.8　统一例会

重庆市江津区图书馆总馆每两个月召开一次总分馆工作例会，由总馆负责人主持，各分馆馆长参加。每年定期召开两次图书馆理事会工作例会。

3　强化日常管理，提升服务效能

重庆市江津区图书馆定期派出专业人员对分馆管理人员进行业务培训和指导，协助分馆管理人员做好图书分类编目、流通管理等方面的工作；总馆指导分馆适时开展读书活动，如风马牛书吧与樊登读书会合作，每周四晚 7 点至 9 点，采用视频的方式，为读者解读工具类书籍；区图书馆与"宽读"书屋合作，适时组织开展了以机关、企事业单位青年为主体，以丰富精神文化生活、增强学习乐趣、提升理论水平为目的"江畔读书会"。2018年 3 月 17 日，中央电视台七套对"江畔读书会"作了相关报道。

图书馆总分馆是重庆市江津区公共文化服务体系建设的重要载体，也是公共图书馆建设事业的有益补充，其能满足社会日益增长的阅读需求，进一步促进社会主义精神文明建设。同时，其不仅极大地丰富了城乡群众的文化生活，还拓展了城市休闲空间，激发了群众的读书热情，在全社会形成了良好的阅读氛围和文明风尚，对于打造文化强区具有十分重要的现实意义。

3 | 全媒体时代的图书馆资源建设

长久保存文献信息资源
建设人类文明的诺亚方舟

邓光荣

（重庆交通大学图书馆）

摘要：本文从历史发展的曲折性，社会和地球环境的不确定性出发，探讨人类文明成果保护与保存的必要性，并对战略定位、协调合作、资金保障、大馆责任、技术要求等方面进行分析，提出文献信息资源保护与保存的初步方案。

关键词：图书馆；文献信息资源；保存

目前，各图书馆数字资源的规模已经非常庞大，并且，几乎所有的纸质文献资源都进行了数字化转换，还有更多的资源只有数字版，没有纸质形式。从纯粹技术和利用的角度而言，数字资源大有代替纸质资源的趋势。但是，从文化传承、深度阅读和健康生活等角度考虑，纸质文献资源的存在具有重大的价值和意义。

1 资源保护与保存现状

随着文献信息资源价格的不断上涨、采购总量的增加和读者阅读习惯的变化，各图书馆将工作重点转移到数字资源建设方面，而纸质资源的采购品种和复本量都有一定程度的下降，特别是在保证品种的前提下，采购的复本下降严重。因为复本太少，保护、保存和利用之间的矛盾就很难解决。

数字资源在利用上具有巨大的便利性，但在保护和保存上可能存在更大的不确定性和风险。特别是数字资源增长迅速，各图书馆已经难以独立自主地完整保存自己采购的数字资源,而且,随着计算机技术、电子存储技术、通信技术的发展,远程访问具有节省图书馆硬件购置与维护、数据维护、资源管理等方面的巨大优越性。于是,各图书馆对所采购的数字资源通常只有使用权,没有所有权。如果保存到本地,又面临存储成本、数据维护成本、人力成本等巨大负担。

2 长久保存文献信息资源的意义

2.1 历史经验

文明的成果本身和创造文明的方法都是非常重要的内容,是人类进步的阶梯。在人类历史发展的长河中已经遗失的非物质文化何其多,其中必然存在大量的先进文化和科学技术,但没能得到有效保存,这是人类文明史上的重大损失。

所以,从历史的经验来讲,尽我们最大的力量保护和保存文献信息资源,是保护和保存人类文明的重要举措,对于文明的传承具有极为重大的意义。

2.2 国家战略需要

2017年以来,我国相继颁布和实施了《中华人民共和国公共文化服务保障法》和《中华人民共和国公共图书馆法》,使公共图书馆的发展有了法律保障。《中华人民共和国公共图书馆法》第二十二条规定,国家设立国家图书馆,主要承担国家文献信息战略保存、组织全国古籍保护等职能。《普通高等学校图书馆规程》第四条规定,图书馆的主要任务是建设全校的文献信息资源体系,为教学、科研和学科建设提供文献信息保障等。

2015年9月23日,《数字文献资源长期保存共同声明》指出,图书馆拥有对所采购的数字文献资源进行本土长期保存的权利。

程焕文教授等指出,中华古籍保护计划、非物质文化遗产保护等中华优秀文化传承发展工程是与图书馆和图书馆学教育相关的国家文化发展战略和国策主要方面之一[1]。

3 长久保存文献信息资源的方案

程焕文教授强调,高校图书馆发展的根本在于资源。一个图书馆需要坚守使命,真正做好资源建设工作。没有保存,传播就成了无源之水,没有传播,保存就成了死守,就失去了价值和意义。保存的方式要多种多样,传播的方式也要多种多样,两者都要与时俱进，运用先进的理念与技术提高效率和效益。

目前图书馆纸质文献利用率低，除开发新服务项目外，应借机加强资源的保存、研究等工作。需要长久保存的文献信息资源主要包括经典资源，即资源中的经典。

第一，协调合作。在国家文化主管部门主导下，以国家图书馆为中心，各省级单位在与国家图书馆和省级文化主管部门协调的基础上，组织文献资源的长久保护与保存工作。国家图书馆的协调作用在于制定统一的标准进行建设。

第二，专项经费。国家要拨专项经费长期支持，地方要有配套资金支持，各责任馆要专款专用。

第三，制度保障。各级管理部门和责任馆要制定相对统一的工作规范和规章制度，如经费及管理办法、文献资源范围、开放管理办法等。

第四，队伍建设。培养一批专门人才。

第五，空间保障。文献保护与保存需要足够的物理空间，而且对物理空间有特殊而具体的要求。

第六，设备保障。设备主要包括符合要求的书刊架、服务器、存储器、终端电脑、稳定电源、信号发射装置等。

第七，大馆责任。文献信息资源的保存涉及内容多，对技术也有很高的要求，大馆之间需要采用地区分工、逐级保存等措施。

文献信息资源的保护与保存主要应考虑不同极端环境下不同的保护保存方法和方案。对每一种文献资源都要研究其有效的战略保护方法，并随着科学技术的进步不断完善[2]。如超导材料、纳米材料、智能技术、3D技术等新材料、新技术。如果条件许可，可以考虑用银行金库、核电站或空间站的建设标准来建设国家级文献保存基地，并且要建设多层次多级别的保护保存体系，层次防护[3]。

4　结语

图书馆人应当深刻理解图书馆的责任和任务，深入研究文献信息资源的保护与保存方法和技术，在充分利用的同时有效保护和保存现代文明成果，建设好人类文明的诺亚方舟，履行自己的历史使命。文献信息资源的长久保护与保存是一项浩大的、繁杂的、持久的国家工程，本文仅作了一些粗浅探讨，迫切需要行业统一认识，争取得到国家决策层、权威专家等各方支持，该项事业方可取得相应成效。

注释：

[1]程焕文,等.新时代中国图书馆学教育的发展方向[J].中国图书馆学报,2019(3).
[5]康素敏.纸质文献保存和修复方法专利技术综述[J].中国造纸,2016(4).
[6]闫智培.不同塑料保存装具对纸质文献耐久性的影响[J].图书馆论坛,2019(7).

关于图书馆纸质图书建设及管理优化的探索

邱正阳

(重庆科技学院图书馆)

摘要：本文分析了2017年重庆科技学院纸质图书结构及使用情况，介绍了重庆科技学院图书馆为助推学校发展，优化图书结构、确定图书建设基本原则以及取得的效果，并针对纸质图书建设及管理中存在的问题，提出应对措施，为高校图书资源建设提供参考。

关键词：图书馆；资源建设；纸质图书；管理；优化

重庆科技学院是2004年由两所专科学校合并组建而成，以工为主，立足两业两域（石油和冶金行业，安全和重庆地域），有石油与天然气工程、材料科学与工程、机械工程、控制科学与工程、安全科学与工程等5个省部级重点学科，石油工程、冶金工程是国家级特色专业和重庆市一流本科专业，石油工程、冶金工程、油气储运工程、无机非金属材料工程、自动化专业是国家卓越工程师教育培养计划专业。学校近3年本科专业平均每年增加4个，研究生和留学生人数逐年增多。2018年7月，学校图书馆、档案馆、校史馆合署办公，更名为图书馆（档案馆、校史馆），共有员工41人，其中从事图书工作的33人。现有纸质图书185万册。2018年7月以来，重庆科技学院图书馆（档案馆、校史馆）结合新媒体环境下创新服务能力提升的需要，进一步助推学科发展和教学科研工作，在优化纸质图书资源建设和管理中进行了有益的探索。

1 纸质图书建设及管理优化探索

1.1 优化结构，适应学校发展

2017年底，我馆分析了纸质图书结构和利用情况。结果显示：工业技术类册数占馆藏总册数 25%,其部分子类在工业技术类图书册数占比分别为:自动化技术及计算机 25.1%、石油与天然气工业 6.0%、机械与仪表工业 5.4%、冶金工业 1.5%。图书借阅次数前三名依次是工业技术(T 类)、文学(I 类)、语言文字(H 类),分别占到总借阅次数的 27.2%、26.6%和 9.7%。

2018 年初,我馆通过分析发现:作为以工为主的学校,读者最喜爱工业技术类图书,为了适应学校快速发展和读者需求,此类图书比例应该增加,而且重点学科、特色专业图书也需要增加。因此决定在图书采购方面遵循"满足读者基本需求,侧重重点学科需要,关注新建专业、研究生和留学生所需"原则,争取 2021 年工业技术类图书册数比例达到 32%。

2018 年以来的工作中,我馆采取多种措施落实馆内目标。一是在图书建设中对于石油、冶金和安全方面出版和捐赠图书基本上是全部接纳,二是特别关注重点学科方面出版的新书,三是征求重点学科师生、校级科研团队意见。通过一年半建设,工业技术类册数占比 29%,提高了 4 个百分点,并且学校重点学科相关图书占比及排名得到优化(见表 1)。

表 1 重点学科相关图书册数在工业技术类图书中的占比及排名

专业	2017 年 12 月 比例	排名	2019 年 5 月 比例	排名
自动化技术及计算机	25.1%	1	27.2%	1
石油与天然气工业	6.0%	4	7.4%	3
机械与仪表工业	5.4%	8	7.2%	6
冶金工业	1.5%	12	1.9%	11

1.2 全面盘点,了解图书实有情况

在图书馆采取对读者开架借阅模式下,图书丢失是一种普遍又现实的问题,但高校图书丢失比例多少比较合理,对此国家和行业没有统一的标准。国际图书馆界认为:开架借阅服务中,书刊的丢失率如果能够控制在 5‰ 以内属于可忍受范围。南京理工大学图书馆的教师、研究生阅览室中文科技图书 1993 年丢失率为 0.8‰ 左右,1994 年为 0.6‰ 左右[1]。安阳师范学院图书馆 2000 年图书丢失率为 1.82%(不包括教师丢书)[2]。云南大学洋浦校区图书馆在闭馆期间,根据不同类别(中图法分类)图书馆在图书馆藏书总量,抽取各类藏书总量的 1%作为各类藏书量样本,算出图书总丢失率为 9.2%[3]。北京科技大学图书馆对其 200 万余册图书,采用按馆藏地、按类逐批清点方案进行清查和数据分析汇总,得出馆藏丢失率为 0.83%[4]。

我校2008年图书馆从老校区搬迁时全面盘点过图书,10年来没有再进行过盘点。图书丢失情况如何,心中没底。2019年,我馆决定全面盘点纸质图书,用2个月时间,馆内全体人员参与,以流通部人员为主,馆内其他部门人员为辅,人人承担具体任务,借助部分勤工助学学生力量,对每本图书进行扫码统计。结果按照2019年5月185万册为基数计算,10年间总丢失率为2.1%。按图书类别统计,丢失率高的是艺术类5.61%,文学类4.67%,经济类2.42%,语言、文字2.08%,工业技术2.05%;按机关教辅部门统计,藏书册数丢失最高的达到100%,最低0,平均47.9%;按二级学院统计,丢失最高12%,最低0,平均3.0%。

1.3 精准排架,方便读者

2018年底,流通阅览部人员采用固定岗位、固定楼层的工作方式,员工的责任心大大提高,但仍有读者反映有的图书电脑检索系统有但却找不到的情况,我们定下排架精准率目标达到98%以上(即图书乱架率2%)。根据我们近年图书数量快速增加等现实情况,我们重新对图书类别典藏区域进行布局,并组织读者流通部全体职工耗时3个月进行倒架、排架。之后,流通部、图书馆、学校4批次抽查图书约500本(包括各楼层、各类别图书),平均98.8%的图书都找到了(包括典藏在学院的图书)。

2 问题及应对措施

2.1 图书结构不合理,总量偏少

工科图书比例偏低,一些需求较大的图书因价格高昂无法购买。为了弥补图书资源不足,改善图书结构,及时更新图书,结合2019年7月《教育部办公室关于进一步支持高校校园实体书店发展的指导意见》和《关于支持实体书店发展的指导意见》,重庆科技学院准备建设具有特色的实体书店以补充图书资源,即由国内有管理经验的书店来经营学校实体书店,协调与重点学科紧密相关的出版社参与,打造校园书香环境。此外,建立定期分析和测评馆藏机制,及时调整资源购置策略,以适应学校发展。

2.2 丢失图书的处理不规范

如何处理十余年来丢失的几万册图书是一个问题。这些书是固定资产,金额大,注销程序复杂,且学校不愿轻易减少资产总额。但图书丢失后不注销,学生在检索系统看得到又借不到,势必会引起不必要的麻烦。针对这一问题,我们现在准备就丢失图书在借阅系统中进行标注,提醒读者。

2.3 二级单位图书管理不到位

图书丢失严重,尤其是机关部门藏书。主要原因是校内机构重组、调整移交不到位,二级单位领导、教师意识不强,图书馆对二级单位图书疏于管理等。另外,二级学院图书资料室管理混乱,没有规范排架,没有信息化系统,借阅完全靠人工登记,没有借阅到期提示信息,师生不按时归还。

为了强化对二级单位图书馆的管理,增强师生保护文献信息意识,探索建立派驻学院服务馆员制度。派驻学院服务馆员的目的是强化典藏在二级学院图书馆的管理,加强图书馆与学院的联系,提高学院师生的信息素养,提高资源的利用率和服务满意度。其主要职责是负责对口学院分馆(图书资料室)建设和日常运行管理,保证每周开放时间;分析对口学院图书数据及使用情况;负责征求对口学院的师生对图书馆文献资源建设和服务方式的意见与要求;协助对口学院师生进行相关课题的文献检索,与各学术带头人建立联系,逐步做到有针对性地为教学和科研提供咨询服务;深入了解对口学院的教学科研情况和发展动态,为学院(或学科)师生提供咨询服务;承担对口学院预约专题讲座。目前,我们已经在藏书量最大的学院(工商管理学院)开展试点。

2.4 智能化水平较低

移动智能盘点车、24小时自助借还机还没有应用,RFID图书管理系统还未建立,管理方式较为落后、工作效率较低、管理人员劳动强度较大。为此,我们准备首先尽快应用RFID技术,采取分步实施方式,以提高馆图书资料处理的效率。

注释:

[1]唐美华,张建初.图书丢失原因及预防对策[J].图书情报论坛,1996(2).

[2]袁琳.高校图书馆丢失图书情况分析及对策[J].安阳师范学院学报,2002(3).

[3]谢林.图书馆图书丢失率抽样调查方案及其统计分析[J].黄冈师范学院学报,2010(3).

[4]王瑜,牛雪峰,王彬.图书资产清查的组织实施与过程管理:以北京科技大学图书馆为例[J].图书情报导刊,2017(4).

馆藏统计分析及馆藏资源建设优化策略
——以渝北区图书馆为例

何 珍

（重庆市渝北区图书馆）

摘要：本文根据渝北区图书馆 2012 年馆藏数据，分析了馆藏文献结构、数量及文献利用等情况，提出了优化馆藏文献质量的方法和策略。

关键词：统计分析；资源建设；优化策略

图书馆作为不可或缺的文化传播机构，在人类文明历史的保护传承、知识科技的交流传播、多元文明的交流融合中发挥着越来越重要的作用，因此，政府和社会各界都对图书馆的建设和发展提供了大力支持。馆藏作为图书馆必备的物质基础，是满足广大读者阅读需求的最根本保证。文献资源是设立公共图书馆的必备条件之一，馆藏资源建设是公共图书馆存在和发展的基础，文献资源的数量、质量和结构比例尤为重要，馆藏分析与馆藏文献利用率是衡量一个图书馆馆藏资源建设合理与否的重要依据。

张凯勇[1]对上海电力学院图书馆进行馆藏分析，提出了文献资源建设质量优化方法。索传军[2]教授认为馆藏优化应该从馆藏互补性和馆藏资源利用率两个方面来考虑。针对数字馆藏，索传军[3]提出了以网络信息为基础的第三方评价方法。邱燕燕[4]总结了 7 种典型的馆藏评价方法及对应的适用范围以指导馆藏资源建设优化。潘家武、陈香珠[5][6]论述了在网络环境下常用的多种方法，并且指出了每种方法的优势与可改进之处。蔡迎春、贺霞[7][8]等利用已有的评价方法，以苏州卫生职业技术学院图书馆为实例，根据馆藏评价结果提出了相应的建设意见。张惠君、李娟[9]提出了以计算机为辅助手段来适应当今信息爆炸的时代。

为了提高图书馆对阅读者的服务质量，李浩凌[10]等讨论了用户舒适度调研法在数字馆藏评价中的运用。随后，胡振华[11]通过研究读者的需求，提出了馆藏服务质量的普遍性适用方法。另外，雷顺利[12][13]也对读者满意度评价研究进行了实例分析。随着信息时代的来临，王居平[14][15]基于模糊理论提出了解决不完全信息下的馆藏评价问题。张秀华[16]等也针对数字图书馆提出了基于神经网络的资源优化配置方法。

虽然目前众多馆藏资源建设优化方法百花齐放,但是基于实体图书馆的真实数据分析而提出的针对性的优化策略还是较为欠缺。所以,本文对渝北区图书馆2012年通借通还以来的馆藏数据进行统计,特别是对新馆开馆以来的馆藏数据的变化,进行了对比和分析,分析了馆藏结构及各类文献利用情况及存在的问题,并以此为据,调整馆藏发展政策,为优化馆藏资源建设质量提供方法和策略。

1 馆藏数据统计分析

1.1 文献资源总藏量统计

表1 渝北区图书馆2012—2019年馆藏总量统计表

文献类型	馆藏总量 种	馆藏总量 册	文献数量占比	文献经费占比
纸质图书	318995	475958	35%	75%
电子文献	409035	819076	60%	15%
期刊报纸	1354	78084	5%	10%
合计	729384	1373118		

注:文中所有统计数据截止时间为2019年8月31日。

从以上统计分析,渝北区图书馆的馆藏主要是纸质图书、期刊报纸和电子文献,馆藏经费主要以购置纸质图书为主,纸质图书475958册,占馆藏总量的35%,采购经费占比最高;电子文献819076册,占馆藏总量的60%,经费占比为15%;期刊报纸占馆藏总量的5%,经费占比为10%。文献总量超过137万。

1.2 文献入藏量统计

表2 渝北区图书馆2017—2019年文献入藏量统计表

文献类型	年份	入藏数量 种	入藏数量 册	馆藏总量比
纸质图书	2017	135710	173117	27%
	2018	109562	146107	
	2019	31028	49470	

续表

文献类型	年份	入藏数量 种	入藏数量 册	馆藏总量比
期刊报纸	2017	834	10008	2%
	2018	720	8640	
	2019	775	9300	
电子资源	2017		70000	28%
	2018		182389	
	2019		132000	
合计			781031	57%

以上数据均为电脑统计数量,渝北区图书馆文献资源在2017—2019年快速增长,是政府高度重视和财政大力支持的结果。新馆开馆后,馆藏总量达到1373118册,馆藏量增长率达到57%,特别是纸质图书和电子资源增幅最大,增长率分别为27%和28%,期刊报纸基本持平。

1.3 各分馆文献入藏总量统计(纸质图书)

表3 渝北区图书馆分馆文献入藏量统计表

分馆	册数	种数
空港企业孵化基地分馆	2029	2307
仙桃分馆	1271	1333
统景镇分馆	5549	5791
两路街道分馆	6422	6864
悦来分馆	7886	12671
古路镇分馆	8333	8537
木耳镇分馆	2444	2511
龙兴镇分馆	2879	3891
龙溪街道分馆	8452	8834
宝圣湖街道分馆	20877	31957

续表

分馆	册数	种数
洛碛镇分馆	5845	5947
石船镇分馆	9490	11609
玉峰山镇分馆	5729	5844
茨竹镇分馆	3482	3701
大湾镇分馆	3897	4025
兴隆镇分馆	4236	4478
龙山街道分馆	5937	6509
双龙湖街道分馆	2194	2315
大盛镇分馆	4166	4603
巴渝乡愁分馆	3059	3958
回兴街道分馆	4466	4933
龙塔分馆	10560	11522
双凤桥桃源居分馆	28542	31591
王家街道分馆	7114	9115

渝北区图书馆总分馆建设于2016年正式启动,桃源居分馆最先建立,是与企业联合建立的第一个分馆,目前运行较好,馆藏纸质图书达到3万余册。馆藏量达到3万册以上的有2个分馆,馆藏量5000册以上的有13个分馆,馆藏量在5000册以下的有11个分馆,馆藏量上万的有4个分馆。其中,宝圣湖分馆下面包括的社区图书室图书全部录入一卡通。总之,分馆馆藏量分布不均衡,大部分分馆图书质量不高,利用率也较低。

1.4 纸质图书类型入藏统计表

表4 渝北区图书馆纸质图书类型入藏统计表

类型	册数	占比
成人图书	450504	82.6%
少儿图书	53364	10.0%
保存本	27986	5.0%

续表

类 型	册数	占比
工具书	5646	1.0%
艺术图书	6071	1.1%
地方文献	2005	0.3%

从表4可以看出,成人图书占了整个纸质图书的82.6%,由于分馆图书没有区分成人和少儿图书,均计入成人图书,所以成人图书比重相对高一些;保存本的比例相对较少,由于经费和书库面积受限,目前主要保存的是社会科学类的图书;占比最低的是地方文献,仅占0.3%。综上所述,纸质图书类型比例有待调整。

1.5 纸质图书入藏类别及借阅统计

表5 渝北区图书馆各类别图书入藏量及借阅统计表

类别	种数	册数	平均复本量	册数占比	借出种数	借出册数	平均每册借阅次数
A 马恩列斯毛	1145	1543	1.35	0.27%	1435	3365	2.18
B 哲学宗教	21670	31842	1.47	5.54%	28032	77807	2.44
C 社科总论	6805	9528	1.40	1.66%	8413	128732	13.50
D 政治法律	14411	25667	1.78	4.46%	11240	112743	4.39
E 军事	3449	5047	1.46	0.88%	5072	17075	3.38
F 经济	19399	24884	1.28	4.33%	17995	78641	3.16
G 文教体育	29145	37051	1.27	6.44%	41166	227756	6.15
H 语言文字	12476	27104	2.17	4.71%	19851	80683	2.98
I 文学	150890	208780	1.38	36.31%	289606	1224199	6.83
J 艺术	25303	29382	1.16	5.11%	26280	139278	4.74
K 历史地理	34659	51435	1.48	8.95%	37319	102164	1.99
N 自科总论	1777	2470	1.39	0.43%	3125	34838	14.10
O 数理化学	1987	2680	1.35	0.47%	2920	9006	3.36
P 天文地球	2852	4378	1.54	0.76%	3994	15437	3.53
Q 生物科学	4733	6463	1.37	1.12%	8022	31105	4.81

续表

类别	种数	册数	平均复本量	册数占比	借出种数	借出册数	平均每册借阅次数
R 医药卫生	12643	18514	1.46	3.22%	15442	79735	4.31
S 农业科学	3976	4617	1.16	0.80%	3689	17899	8.18
T 工业技术	17842	70369	3.94	12.24%	17846	70395	1.00
U 交通运输	1883	1957	1.10	0.34%	1522	8119	4.15
V 航空航天	532	747	1.40	0.43%	774	5368	7.19
X 环境科学	1502	2349	1.56	0.41%	1508	4500	1.92
Z 综合类	5671	8185	1.44	1.42%	7517	34943	4.27

从表 5 可以看出：入藏量居首是的 I 文学类，共 150890 种，208780 册，册数占比为 36.31%，复本量为 1.39；其次为 T 工业技术类，70369 册，册数占比为 12.24%；然后是 K 历史地理类，51435 册，复本量为 1.48；其他类别如艺术、航空航天、环境科学等入藏很少，占比不到 5%。借阅量居前三位的分别是：文学、文教体育和艺术类图书。借阅量最高的是 I 文学类图书，借出种数为 289606 种，借出册数 1224199，平均每册借阅 6.83 次；其次是 G 文教体育类，借出册数 227756；然后是 J 艺术类图书，借出册数 139278。

表 6　2017—2019 年渝北区图书馆纸质图书各类别借阅量统计表

类别	馆藏总量	借阅量及流通率							
		2017 年			2018 年			2019 年		
		种数	册数	流通率	种数	册数	流通率	种数	册数	流通率
A	1543	403	403	0.26	168	447	0.28	187	527	0.34
B	31842	3895	11411	0.36	6375	20386	0.64	5995	15161	0.48
C	9528	806	8873	0.93	1513	4853	0.51	1414	4178	0.44
D	25667	873	9347	0.36	2026	4943	0.19	2866	6898	0.26
E	5047	645	1800	0.36	954	3152	0.62	973	2661	0.53
F	24884	2483	12136	0.49	4269	11189	0.45	3840	8829	0.36
G	37051	6005	24253	0.65	8031	33610	0.91	7689	23135	0.62
H	27104	2428	9015	0.33	3638	14046	0.52	3609	11029	0.41
I	208780	40960	168124	0.81	58252	265450	1.27	53871	172941	0.83

续表

| 类别 | 馆藏总量 | 借阅量及流通率 ||||||||
| | | 2017年 ||| 2018年 ||| 2019年 |||
		种数	册数	流通率	种数	册数	流通率	种数	册数	流通率
J	29382	4224	21750	0.74	6008	28589	0.97	5237	17809	0.61
K	51435	4652	12812	0.25	7723	21617	0.42	7024	17459	0.34
N	2470	441	2804	1.14	600	2497	1.01	508	1667	0.67
O	2680	548	1417	0.53	712	2549	0.95	789	2216	0.83
P	4378	625	2277	0.52	990	3885	0.89	943	3036	0.69
Q	6463	1369	5783	0.89	1953	9829	1.52	1852	6592	1.02
R	18514	1783	7107	0.38	2853	7871	0.42	3063	6835	0.37
S	4617	321	2616	0.57	464	1248	0.27	499	1182	0.26
T	70369	2458	8410	0.12	3425	10449	0.15	3536	8237	0.18
U	1957	172	620	0.32	224	863	0.44	205	663	0.34
V	747	111	337	0.45	176	582	0.78	133	410	0.55
X	2349	282	968	0.41	282	1208	0.51	286	856	0.36
Z	8185	1043	3737	0.46	1331	5968	0.73	1373	4192	0.51

从表5、表6可以看出,借阅总量最高的是I文学类图书,而且逐年上升,借阅总量2017年168124册,2018年265450册,2019年截至8月底达到172491册,超过2017年全年的借阅量。三年中,借阅总量居前五位的分别是I文学、G文教体育、J艺术、K历史地理、B哲学。入藏量最高的仍然是I文学类,A类、V类、U类、X类和S类每年的入藏量较少。

1.6 电子文献入藏量及利用数据统计

表7 2012—2019年电子文献入藏量及利用数据统计表

数据库名称	数量及内容	访问量	下载量
CNKI中国知网	报纸全文库,中国精品文艺作品文献库,精品文化期刊文献库,法律总计2232155条目,知网少儿期刊库、工具书库。少儿期刊507种,少儿工具书4027册,		789
超星	电子图书180000	9511	4998

续表

数据库名称	数量及内容	访问量	下载量
畅想之星	电子图书 7345 册	96512	
西信天元	期刊 9800 种,报纸 450 种		
万方数据	万方科技视频数据库(镜像版)35000 分钟 897 部,1000 多种中小学电子期刊,科普视频 1.8 万分钟 311 小时 45 分钟 628 部		
鼎森世纪	期刊 400 种,报刊 50 种		
武汉缘来	科普知识视频库 500 小时 1030 部,武汉知识视界 300 小时,送 50 小时 560 部		
博看	期刊 3500 种		
中文在线	网站电子书 105300 万册,听书 6 万集,期刊 3500 种,电子图书 74541 册	10012	112
维普	维普数字资源大众文化服务平台维普平台资源量是 10090,640 篇	5531	
重庆耀图	电子图书 4 万余册,有声资源 13 万小时,连环画 2000 册	3748	1575
成都贝图	精品电子图书 21000 册,镜像安装 11.4 万		

截至 2019 年 8 月底,共计电子文献 819076 册,访问量共计 125314 次,下载量 6682 篇。

2 优化馆藏文献资源建设的策略

2.1 优化馆藏文献结构及比例

应保证纸质文献稳步发展,大力加强地方文献资源和古籍文献或者古籍文献的影印本的收集。保证艺术类、工具书、保存本重点文献入藏,提高地方文献的收藏比例。电子文献和期刊报纸保持稳定。

文献资源的入藏要体现延续性、实用性及收藏性。根据读者利用情况,适当增加 A 类、C 类、N 类、V 类文献,适当减少 T 类和 K 类文献。

渝北区图书馆整体入藏图书的复本量控制在 2 册以下,在以后的采购中,复本控制在 2 册,工业技术类的复本量必须控制在 2 册或 2 册以下。为了更好地满足读者的需要,热门畅销图书的复本量应读者需求不能超过 5 册,保证整体图书的复本量不超过 2 册,保证图书的品种。

2.2 提高文献资源质量

纸质图书、电子图书都应尽可能采购当年一版一次的图书,读者特别需要或者具有收藏价值的可放宽年限。

应当采购全国大型出版社的图书,尤其是居全国前100的出版社。

电子资源应采购市民喜欢及易于接受的,比如听书、讲座、绘本有声读物等,学术论文、会议论文等学术性的数据库适当减少。

及时采购各类优秀出版物,获奖出版物。

根据数据分析,分馆的图书质量不高,分馆图书采购必须统一标准,更换老旧图书,清理复本量过高的图书。

2.3 优化采购渠道

目前,渝北区图书馆纸质图书的采购方式是政府公开招标,电子文献是馆内招标,期刊报纸是邮政订购。做好招标文件是关键,严格控制低折扣的图书,供应商的数量不低于3家,年限不低于2年。

多渠道收集信息,及时了解出版动态。各个公共图书馆可以互相交换书目,或者制作联合目录,建立采购微信群,分享目录或者互相推荐图书,实现信息资源共享。

2.4 优化采购方式

若有一个平台能将国内所有出版社出版的图书目录收集齐全,每个出版社将新出版的重点图书及时上传目录,馆员根据馆藏选择需要的图书,读者根据需要选择,这样就能优化馆藏结构,满足读者需要。

2.5 宣传推广

加强读者荐购推广力度。利用微信、移动图书馆、网站等,让读者了解荐购的好处。

开发文化创意产品,能更深层次地宣传图书馆,展示图书馆,扩大图书馆的社会影响力。

3 结语

公共图书馆应不断调整馆藏结构,优化资源类型,研究利用更好的采购模式以改善馆藏质量,满足读者需求,为科研服务,为当地政治经济服务,为百姓服务。

注释：

[1]张凯勇.上海电力学院图书馆馆藏统计分析及文献资源建设质量优化[J].上海电力学院学报,2017(A1).

[2]索传军.论数字馆藏利用绩效分析与评价[M].图书馆,2005(3).

[3]索传军.论数字馆藏的质量评价[J].中国图书馆学报,2004(4).

[4]邱燕燕.数字环境下的馆藏评价标准和方法[J].情报资料工作,2005(3).

[5]潘家武.馆藏资源质量评价方法研究[J].农业图书情报学刊,2005(10).

[6]陈香珠.基于网络环境下的馆藏评价研究[J].江西图书馆学刊,2009(4).

[7]蔡迎春,康红.基于馆藏结构分析和文献利用统计的藏书质量优化策略研究[J]图书馆建设,2009(9).

[8]贺霞.高校图书馆馆藏文献资源质量评价研究[J].图书馆论坛,2009(1).

[9]张惠君,李娟.基于OPAC的馆藏评价方法研究[J].图书与情报,2010(4).

[10]李浩凌,等.用户满意度调查法在数字资源评估中的运用[J].大学图书馆学报,2007(1).

[11]胡振华.馆藏资源质量的适用性评价研究[J].图书馆杂志,2009(1).

[12]雷顺利.基于用户满意度的高校图书馆馆藏资源评价模型构建[J].情报科学,2010(1).

[13]雷顺利.基于用户满意度的高校图书馆馆藏资源评价模型应用研究[J].图书情报知识,2010(4).

[14]王居平.不确定信息环境下的数字图书馆馆藏的群评价方法[J].情报理论与实践,2009(6).

[15]王居平.基于区间直觉模糊信息的数字图书馆馆藏的评价方法[J].情报理论与实践,2010(8).

[16]张秀华,赵伟.基于径向基神经网络的数字馆藏质量评价研究[J].情报理论与实践,2009(5).

浅谈地方文献价值的挖掘与图书馆文创产品的开发利用

廖学琼

（重庆市潼南区图书馆）

摘要：本文从馆藏资源开发、服务模式创新、联编出版、创意空间服务、建设共享平台等方面，提出图书馆文创产品的开发方向，让地方文献的价值真正得到利用，让馆藏资源"活起来"。

关键词：图书馆；地方文献；价值挖掘；文创产品；开发利用

地方文献是图书馆馆藏资源最重要的一部分，通常以图书、报刊、光盘、磁带、图片等形式表现出来，记录、保护和传承着地方历史、经济和文化，具有连续性和广泛性，是特定历史时期的人类文化遗产[1]。地方文献工作就是地方文献的收集、整理、创造，向社会提供地方信息和史料，是文献建设的一项重要内容。

1 地方文献的价值和开发利用的意义

地方文献是社会群众了解和研究历史的主要信息来源。图书馆为更好服务社会，服务各阶层人群，迫切需要加大地方文献的建设力度。

1.1 区域经济的发展要求加大对地方文献的开发利用

地方文献资源丰富，可重复利用，具有独特价值，特别为地方制定决策、计划提供依据，为促进地方经济发展贡献力量。

1.2 图书馆事业发展要求加大对地方文献的开发利用

图书馆的馆藏具有共性和个性特点,其中特色馆藏资源建设更是图书馆区别于其他馆藏的亮点所在。做好地方文献的收集整理工作,是图书馆的社会教育职能,同时可以丰富和充实图书馆馆藏,更好地为读者服务。

1.3 地方文献能为本地区的教学、科研、修志、文化旅游等提供丰富的资料和历史依据

近来,查阅文献的读者日益增多,如纂修地方志、编写地方剧目、研究地方人物和地方史资料的读者等。读者的需求使图书馆地方文献工作有了新的目标和方向。

2 地方文献开发利用的方式

地方文献的馆藏信息是地方经济发展的有力支撑,要加大地方文献的开发力度。

2.1 普及地方文献知识,提高认识,加大宣传力度

可利用各种场合进行宣传,比如播放宣传片、公益广告,开办专题展览、文献展阅等。2017年11月29日至12月2日,文化共享工程潼南区支中心于区图书馆三楼多功能厅举办2017年潼南籍作家作品暨地方文献展。展览展出文献373种、520册,其中地方文献253种,潼南籍作家作品120种。文化共享工程潼南区支中心每年都会开展此项活动,旨在让广大群众进一步认识、了解、走近潼南。同时,也呼吁更多的读者、本土作家、单位能够将有关潼南的地方文献资料捐赠出来,丰富我区文献储藏资源,发挥其最大价值。

2.2 与当地政府部门协同合作

争取地方政府和职能部门的协同合作,完善地方文献制度是做好地方文献工作的保障。

地方文献涵盖门类广,不限题材、时间、体裁。必须运用征购、捐购相结合的方式,不断扩展采集途径,充实地方文献资源库。

2.3 建立地方文献数据库

在互联网环境下,地方文献数据库的建设,就是使地方文献实现网络化、便捷化,实现资源共享,拓展服务,充分发挥文献的使用功能,全方位地满足用户需求。

2.4 馆际协作,资源共享

特色馆藏是优势,也是局限,要广泛满足读者的需求,只有开展馆际互通,才能提高

文献的利用率。

目前,在区域文化建设视野下,如何挖掘区域文化的内涵和外延,传承地方记忆,促进地方发展,是公共图书馆地方文献工作的关键所在。图书馆要挖掘地方文化的内涵和外延,开发特色地方文献信息产品,就迫切需要开发利用文创产品,发展文创产业。文创产品的开发又是新时代地方文献工作发展的方向。区县级公共图书馆从实际出发,发扬、传承地方特色,"立足本地,服务地方"成为区县馆立馆之本。

2019年1月11日,潼南区图书馆在塘坝镇天印村农耕文化陈列馆建设地方文献阅读展示点。现场规划设计、精心布置书画作品7幅,地方文献书籍50册,线装书籍20册,并配置笔、墨、纸、砚,为农耕文化陈列馆增添了一份雅致厚重,彰显了文化底蕴。

3 图书馆文创产品的开发利用

所谓文创,就是文化创意,文创产品则是这个创意过程所产生的结果。

3.1 图书馆文创产品的开发

3.1.1 文创产品开发的时机

《关于推动文化文物单位文化创意产品开发的若干意见》为图书馆开发文创产品提供了指导意见,其要求图书馆充分发掘馆藏资源,努力开发出更多更好的文创项目,积极促进文创工作的开展[2]。同时,深入挖掘民间文献资源,创新传播方法,运用文创产品宣传,是文献生命和意义的进一步延续。

3.1.2 图书馆文创产品的开发内容

3.1.2.1 馆藏资源开发

图书馆文创工作的重要信息来源就是地方文献。因此,要利用馆藏资源,挖掘和制作产品,整理、发掘、创造出新的馆藏资源。

3.1.2.2 馆藏资源数字化建设

馆藏资源数字化建设使馆藏资源、存储、管理服务系统化,特别是古籍的整理、分类数字化。

3.1.2.3 业务技能的创新

业务技能的创新包括:古籍修复业务技能培训、绘本阅读服务培训、故事大赛、征文比赛、藏书票创意作品展等。

2018年7月27日下午,第十一届"阁公杯"朗诵大赛在潼南区图书馆三楼多功能厅举行。大赛共吸引来自全区的51名学生参赛,100余名学生及家长观看了比赛。此次活动是区图书馆全民阅读品牌之一,旨在用中国梦激扬青春梦,为少年儿童点亮理想的灯,照亮阅读的路,激励他们自觉将个人的理想追求融入国家和民族的事业中,勇做走在时代前列的奋进者。

2019年2月,区文化旅游委组织区图书馆举行了"文字无声·吟诵怡情"——朗读者活动。本次活动吸引全区青少年50余人参加,大家精神饱满、活力十足,用流利的普通话、抑扬顿挫的语调诠释出一篇篇经典美文的风韵。此次活动旨在进一步展示全区青少年的朗读能力,营造浓郁的读书氛围,促进区图书馆数字朗读亭的推广使用,推动我区全民阅读工作的有效开展。

3.1.2.4 开展文化旅游

在人民物质文化生活中,旅游是其中重要的组成部分[3],而文化旅游更是旅游中的精髓,如地方文献资料室、文献展览厅、家风文化宣传册、特色文化休闲厅。而提供行业用户数字化旅游资源,可增值文献显性和隐性知识,实现知识的有价传播。张鹏翮廉政教育基地就是根据古籍《施公洞庭传》,发掘潼南籍清初廉臣张鹏翮事迹,其是在实地走访、观察、联合相关部门的基础上建成的。

2018年2月,潼南区江北24小时自助图书馆正式面向市民开放,在自助图书馆可以体验自助式办卡、借书、还书等一站式服务。该自助图书馆监控系统24小时不间断运行,实现全年365天免费开放。位于潼南老城梓潼街道书院街的首个24小时自助图书馆于2017年开放,一年多来,到馆读者130000余人次,外借图书8000余册。

3.2 创新业务模式和开发服务软件

3.2.1 开发文创产品是时代所迫,读者所需

随着信息化时代的快速发展,业务内容的拓展催生了文创产品的开发,如APP、微信公众号、QQ群等,其为文创服务提供了充足的空间。

3.2.2 文创产品开发的重要动力来源是图书馆工作模式的创新

近年推行的总分馆模式,要统一资源配置和服务,提高运行效率,这给文创工作创造了机会。

3.2.3 图书馆自动化集成系统就属于典型的文创产品

图书馆自动化集成系统利用大数据分析,将图书馆的采访、管理、流通、统计等工作通过信息技术实现自动化,提高了工作效率和馆藏质量。

3.3 图书的出版与发行

出版社与图书馆通过出书、藏书联合创办馆社一体,是图书馆最早的文创产品。

3.4 创客空间服务

创客空间服务是图书馆社会教育职能的升级,体现了公益、平等和创新教育原则。

同时，其为文创工作服务，搭建了平台和空间，实现了信息互通、资源共享，进一步提高了文创产品的创意水平。

3.5 馆藏、读者数据发掘分析与智库服务

图书馆要想实现科学采购资源、优化馆藏、方便资金管理等，就必须通过图书馆数据发掘分析。它会准确显示馆藏借阅情况、读者类型及借阅行为，并为出版发行、信息咨询、决策部署提供可靠依据、文创价值和智库服务，搭建文创工作交流服务平台。这样，既服务了读者，让文献资源真正得到利用，"活起来"了，又发挥了工作人员的聪明才智，使图书馆工作氛围更加愉悦。

3.6 建立文创工作资源共享平台

信息工作发展的必然趋势是资源共享，地方文献独特的信息资源具有完整性、系统性、延续性，在市场环境下有很强的竞争优势。搭建特色馆藏资源共享平台，互通有无，便于开发共性和个性产品，促进合作共赢，实现共同发展。

4 领导重视是推动文创产品开发利用的重要条件

文创产品的开发利用离不开地方文献的资源管理，而图书馆工作人员兼职多、变化快、经费保障不力、管理条件不完善和领导缺乏意识等，都是基层图书馆的现状。近年来，随着评估定级工作的推动和地方特色资源建设，领导逐渐改变了对这项工作的看法，逐步改善了管理条件，加大了经费投入，加强了对专业人员人才的培训和培养，使地方文献工作逐步规范化。

5 结语

加强地方文献的整理、利用，对传承地方记忆、促进地方发展有着重要意义。文创产品的开发是地方文献工作发展的新方向。它以无限的创意、多样的形式，揭示地方珍贵资料的价值，让地方文化资料真正"站起来""动起来"。

注释：

[1] 舒春.浅谈地方文献的开发和利用[C]//中国图书馆学会.文化强国建设中的中小型图书馆服务.北京:中国民族摄影艺术出版社,2013:820—822.

[2] 向霓虹,杨红.论基层公共图书馆地方文献工作[C]//刘格,杨毅.蕴籍:重庆市区域性公共图书馆联盟论文集.北京:知识出版社,2016:11—17.

[3] 田利.图书馆文创产品开发项目的构想[J].河南图书馆学刊,2016(10).

4 | 图书馆阅读推广理论与实践

图书馆阅读推广新模式探析
——治愈系图书馆的建立

黄 燕 余小玲
（重庆图书馆）

摘要：本文通过对治愈系文化特点和影响进行剖析，提出了创建治愈系图书馆的构想，指出了治愈系图书馆文化创建需要注重四项原则，提出了五种建立方案，并强调在创建过程中的三个注意事项，以期通过治愈系文化建设，实现图书馆用知识和真诚去帮助目标受众走出困顿和迷惑，重塑美好人生。

关键词：图书馆；治愈系；心理；帮助

主持人白岩松曾坦言自己得过抑郁症，主持人崔永元与抑郁症对抗5年才得以恢复，而知名影星张国荣则因抑郁症从高楼一跃而下结束生命。随着城市化、现代化、市场化的来临，越来越多的人倍感压力、身心疲惫，各种心理疾病，如抑郁症造成的不幸事件频繁发生。这部分人，除了寻求医院的治疗、亲人的帮助和朋友的开导，更需要进行自我引导和重新定位。

治愈系文化源于19世纪的日本。经历过泡沫经济的洗礼，日本政府财政缩紧、经济萎靡、百姓压力剧增、生活节奏加快、人情关系日渐淡漠疏离，民众陷入了自我的迷失和认知的混乱。治愈系文化在这种背景下应运而生。图书馆作为文化行业的标杆，有着帮助人们重塑信心、净化心灵的责任，用知识去打动、用文化去感染、用情感去帮助、用信心去点亮读者，帮助他们走出困顿和迷惑，重塑美好的人生。图书馆进行治愈系文化创建的构想由此而生。

1 治愈系文化的特点和影响

1.1 治愈系文化的特点

1.1.1 受众

改革开放以后,治愈系文化渐渐传入中国,最初多表现为图书等形式。随着网络的普及,治愈系文化迅速传播开来,音乐、电影等各种文化艺术表现形式都可以带上治愈系的色彩。各年龄层的人试图通过治愈系文化来抚平心灵、舒缓情绪。

1.1.2 表现形式

治愈系文化表现形式多样,既可以是富于知识性的书本,也可以是蕴含艺术性的音乐和绘画,还可以是充满烟火气息的游戏和食物;既可以是有形的、可触摸的实体,也可以是无形的、让人印象深刻的感受。治愈系文化多带有软萌的外在、暖心的内里,通过舒缓的音乐体验、优美清新的画面或者温馨的语言,抚平人们焦躁的内心,使人积极向上,享受充满阳光的人生。

1.1.3 传播方式

从外在看,治愈系文化是借助文化实体进行传播,书籍、漫画、影视是视觉上的传播形式,音乐是听觉上的传播方式,食物是味觉上的传播途径。治愈系文化可通过纯良的思想与社会规训相较量来体现其思想主题,可通过充满哲理、富含诗意的表达方式来透露个性。

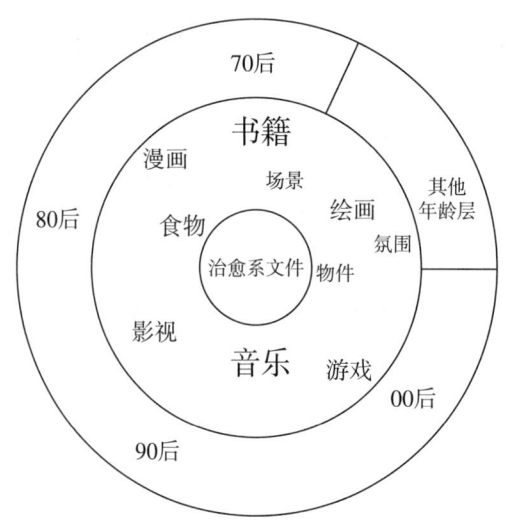

图 1 治愈系文化的受众和传播方式

1.2 治愈系文化产生的影响

1.2.1 在大哭大笑中释放压力

治愈系文化无论以何种形态出现,都能引发受众的无尽想象,让人们脱离自身融于治愈系实体的精神内涵中,无论是须臾的感受还是持续的停留,总有那么一瞬间想哭或想笑,释放出内心的情绪,借助情境的变化放松身心。

1.2.2 在感同身受中得到满足

文学和影视作品是治愈系文化最常见的表现形式。在治愈系作品里,读者或观众将想象加诸于身,获得满足。

1.2.3 在群体感染中战胜矛盾

治愈系文化的受众群体彼此之间有类似的境遇和共同的话题,治愈系文化将他们联系在一起,也因为这种互通和联系,让治愈系文化更具感染力和扩展性,也让迷惘的人们可以相互帮助,实现对现实矛盾的超越和自我人格的重塑。

2 治愈系图书馆的建立

2.1 建立的原则

2.1.1 分析读者群体,提供分类服务

公共图书馆是为读者提供阅读场所、营造学习氛围、丰富文化生活的机构,是不分高低贵贱、不论贫富差距、不管男女老少的大众文化活动场所。对少儿读者,可以培养其对阅读的兴趣;对老年读者,可以提供多角度、多层次的阅读指导。治愈系图书馆的创建,主要以治愈系文化本体的充实为依托,以中、青年群体为主要服务对象,以进行心理建设为主要内容,达到舒缓大众情绪、促进社会和谐的效果。

2.1.2 融入文化解析,倡导文化治愈

治愈系文化涵盖面广,图书馆能引入的形式也多种多样[1]。治愈系文学作品、影视推介、音乐欣赏剖析、绘画解析和摄影展示等,是图书馆推行治愈系文化常见的形式。治愈系文学作品蕴含着爱意或者哀愁,用柔和的笔触言说感情,比如东野圭吾的《解忧杂货铺》、村上春树的《海边的卡夫卡》、张嘉佳的《从你的全世界路过》。治愈系影视多以亲情、励志为主题,比如《千与千寻》《翻滚吧,肿瘤君》,情节温暖治愈,让人回味。治愈系音乐的代表人物有久石让、林海、赵海洋等,他们的曲子让人心生温暖,透露着对美好生活的向往和无尽希望。治愈系绘画和摄影作品,通过对各种人物、动物或者食物、风景的捕

捉和刻画,表达情感、分享情绪。治愈系作品的汇集和推广,是治愈系图书馆文化建设的主要内容。

2.1.3 动静适当结合,关怀特殊群体

图书馆要形成治愈系文化体系,除了有多种形式的治愈系文化作品,还应注重平面、立体的结合,动态和静态的结合。沙龙、故事会、经典文艺赏析等活动是图书馆重要的文化推广形式之一,治愈系文化的传播也可以沿用这些常见的形式。真人图书馆则是打破以往的单调感,可以面对面地坦言真心,真诚倾听,这种新鲜的阅读体验和畅所欲言的交流模式,让治愈系文化借助双向交流的形式,提升受众的参与感和体验性,以此达到更高的契合度和认同感。

2.1.4 健全服务体系,关注反馈效力

治愈系文化受众最大的需求是对自我心理的疏导和对现实与理想之间距离的均衡。图书馆可以通过各种途径开展治愈系建设,努力营造轻松和谐的氛围,传播积极向上的精神。治愈系文化实体的提供不可或缺,治愈系情感体验的服务更显重要。只有细致入微的深切关照、真情实意的亲切引导,才能打开读者的心扉、打通受众的心结,完成治愈系文化的输出和转换,实现图书馆治愈系文化建设的价值。

2.2 建立治愈系图书馆的方法

2.2.1 开设治愈系文化讲座

讲座作为图书馆传统的阅读推广模式能一直受到读者的青睐,自有它存在的价值和意义。治愈系文化讲座是通过引入治愈系作品,专门针对需要心理疏通的人群而开设的。或源于所介绍的作品本身的治愈特性让人感同身受,或因讲师的面对面启发开导,或因为身边受众的同病相怜,参与者最终与社会言和、跟自己和解。

2.2.2 推介治愈系文化作品

文化作品推介可以治愈系主题展板的传统推介方式,进行系统化、系列化、细节化的展示;也可借助微博定期更新,发布治愈系书目、曲目、影视目录;还可以利用微信公众号,将信息及时、主动推送给关注的人群。这一系列的治愈系文化推介是建立在图书馆人对治愈系文化的深刻感悟、对流行的治愈系作品的动态掌握、对需要惠及人群的真切理解的基础上的。

2.2.3 开发治愈系文创产品

治愈系文化的书籍、绘画、音乐、影视甚至食物等形式,都承载着让人轻松愉悦的意图。图书馆进行治愈系文化创意产品的开发,用创意吸引大众的关注,用治愈系文化拉近与读者的距离。

2.2.4 设立治愈系活动空间

图书馆可以开设一个独立的空间专门供人们倾吐不快、倾诉压力。图书馆可以邀请

心理咨询师从旁听取、开导指引。

2.2.5　参与治愈系文化体验

以前人们希望成为办公室的白领，现在人们渴望逃离生活的困境返璞归真。图书馆可以征集志愿者从事图书馆日常事务，让他们接触雕版印刷技艺、了解古籍修复流程、学习采编知识等，通过转移注意力，达到重拾信心、找回自我的目的。

2.3　治愈系图书馆建立的注意事项

2.3.1　准确区分"丧文化"和"治愈系"，不让"靡靡之音"消磨人心

治愈系文化积极向上、催人上进。图书馆形成治愈系风格要把握治愈系的界限，将治愈系与"丧文化"严格区分开。丧文化通过自嘲和戏谑的方式表达出人们在面对人生困境时的无力感和挫败感，丧文化成为他们的保护伞，却不能成为人们的防身器，不似治愈系文化强调其治愈的能力和目标。丧文化通过反式鸡汤文来消解治愈系文化的价值和意义，比如"当上帝给你关上一扇门，顺便也把窗户给关了"传达出的是消极的情绪，与治愈系文化完全相悖。治愈系文化推崇努力走出困境、重拾信心重塑自我。这也是图书馆进行治愈系文化建设最关键的定位。

2.3.2　注重治愈系的现实意义，关注它的艺术、审美特质

图书馆进行治愈系文化建设最显著的意义在于为中、青年阶层在现实生活中建立起焦虑和疲惫的疏通口，通过治愈系文化的浸润、治愈系氛围的营造和治愈系空间的设置来疏解人们内心的郁结。同时我们也应注意到治愈系文化作为文艺本体的艺术和审美特质。治愈系文学作品多对细处的生活和动人的生命进行刻画，治愈系影视通过诗意唯美的画面和温馨感人的场景来打动人心，治愈系绘画通过线面的组接、色彩的变幻来引发人们的深思，治愈系文创产品则是将人们对治愈系文化的体验附加于作品之上。图书馆治愈系文化建设应遵循以人为本的原则，体现文化本身的艺术美感和审美价值。

2.3.3　创建治愈系图书馆是外在，发扬光大中国传统文化是内核

在中国古代，《黄帝内经》早已对"治"和"愈"分别作了阐释，"治"是医治病痛，"愈"则强调治病后痊愈，这里的治和愈已经包含对身体病痛和心灵层面两方面医治的概念。在《四库全书》和中国地方志数据库中，也有"治愈"，比如东汉时期的《太平经》一书就有相关记载。中国道家集大成者庄子，更可谓"治愈"思想的启蒙式人物，生逢乱世，庄子认为只有精神上的解脱才能真正解除人内心的痛苦。图书馆进行治愈系文化建设，从某种意义上可以发扬光大中国传统文化。

3　结语

　　图书馆进行治愈系文化的创建,通过富于文化艺术美感的表现形式给读者带来清新和温暖,深入人们心灵的腹地,治疗精神上的荒凉和贫瘠,从而化解当代的精神危机。图书馆进行治愈系文化的创建,不光要着眼于"愈前",还要关注"愈后",让中华五千年的文化积淀去感染和改变人们对世界的认知,用顺应时代的文艺形式和文化载体去赢得受众的持续关注,让人们在学习和探索中走出心灵的困境,寻得真正的自由与幸福。

注释:

[1]颜学成.审美视角下的"治愈系文艺"研究[D].四川师范大学,2017.

议家庭图书馆建设实践助力全民阅读推广

陈 群

（重庆市渝北区图书馆）

摘要： 新时代，阅读推广从形式到内容都遭遇严峻挑战，阅读推广必须在创新中发展提升。基于此，渝北区图书馆有效依托公共图书馆资源，将图书馆的社会功能细化到家庭，作为阅读推广基本细胞，通过"家庭图书馆"建设实践，开启了"阅读小家庭推广大舞台"的阅读推广服务新模式。

关键词： 家庭图书馆；全民阅读；图书馆阅读推广

1 政策背景

改革开放后，我国经济社会发展迅速，群众对精神世界的追求、对知识的向往日益迫切。对此，十八大以来，中央和地方各级党委政府相继制定并实施了一系列政策措施，以推动"全民阅读"发展。2014年至2019年，"全民阅读"更是连续六年写入了《政府工作报告》。

在党和国家层面大力推广"全民阅读"的引导下，重庆市于2017年3月下发《重庆市"十三五"时期全民阅读规划纲要》，要求各文化主体单位要以建设书香重庆为目标，依据地方特色，组织开展各类全民阅读活动，抓好全民阅读推广服务工作。

为了响应国家和市政府的号召，积极倡导"全民阅读"，渝北区制定出台的《渝北区"十三五"时期全民阅读规划纲要》明确指出，渝北将推进"家庭图书馆"建设，倡导家庭阅读，定期开展"书香家庭""十佳家庭图书馆"评选活动，推广"图书馆＋家庭"的阅读服务新模式。由此，开始了"家庭图书馆"系列全民阅读推广创新模式的实践和探索。

2 建设实践

家庭图书馆,顾名思义是指以图书馆和家庭为主体,将图书推进全民阅读的服务延伸至家庭中。渝北"家庭图书馆"项目从2013年7月正式启动,截至2018年底,已建成110多家"家庭图书馆"。通过开展讲座、亲子阅读、联谊活动等各项特色读书活动,带动家庭成员、亲戚朋友和社区居民参与阅读活动,逐步构建起"图书馆+家庭"的全民阅读推广新模式。其具体实践内容主要包括标准化建设、人性化服务和规范化管理三个方面。

2.1 标准化建设

这里的"标准化"具有两层含义:

首先,是"家庭图书馆"成员准入门槛的标准化。在"家庭图书馆"建设初期,成立了项目工作小组,对家庭阅读状况、喜好及需求等方面进行了摸底调研,根据调研结果综合考量,设置必须具备的准入门槛条件,即独立的阅读空间、适量的图书藏量、热心的公益服务,在满足条件的申请家庭中择优选择,确定为"家庭图书馆"正式成员。

其次,是"家庭图书馆"设备资源和规章制度的标准化。在完成所有前期工作之后,按照《渝北区家庭图书馆建设方案》的规定,一是家庭成员悬挂统一制作的"家庭图书馆"牌匾,领取借阅登记表、阅读活动记录表等,并做好阅读记录;二是渝北区图书馆统一为每个"家庭图书馆"首次配送1000元(约30~40本)图书,并订阅一份杂志,之后每季度对图书刊物进行定期轮换,以保证基本的阅读服务能力;三是为实现高效有序运行,制定相关制度,保障"家庭图书馆"建设工作规范有序进行。例如《家庭图书馆建设方案》《家庭图书馆联盟章程》《家庭图书馆图书轮换制度》等。

2.2 人性化服务

渝北区"家庭图书馆"的服务模式可以归结为"共建共享,群策群力""百姓点单,集体购置""图书行走,人人共享"这三个方面。

"共建共享,群策群力",就是让"家庭图书馆"全体成员共同参与到"家庭图书馆"的建设工作之中,建言献策,凝聚智慧,助力全民阅读,最终由全体成员共同享有"家庭图书馆"的优质阅读资源和服务。

在"家庭图书馆"初创阶段,如何权衡图书种类和数量,始终是公共图书馆采编人员的一大难题。对此,渝北区"家庭图书馆"采用"发放《阅读意向表》,整理汇总成员需求,合理集中购置"的方式,即"百姓点单,集体购置"服务模式。

"图书行走，人人共享"，就是指渝北区图书馆通过制定和实行《家庭图书馆图书轮换制度》，引导各个"家庭图书馆"有序进行图书更换。具体而言，通过各家庭图书馆间图书资源的有序变动，发挥改善读者阅读体验、盘活馆内有限图书资源、增进成员间交流学习的作用，有效提升"家庭图书馆"的服务效能。

2.3 规范化管理

"家庭图书馆"隶属于公共图书馆，是公共图书馆的重要组成部分，承担着与公共图书馆相同的职能，必须严格服从其管理，面向全民开展阅读服务。

首先，在日常运作过程中，成立"家庭图书馆联盟"，各成员定期参加"联盟"会议，建言献策，共同决定各"家庭图书馆"所需图书采购、编目、配送计划，图书资源轮换时间、顺序，拟定开展阅读推广服务、家庭联谊会、志愿服务等活动，共同商讨一切关于"家庭图书馆"的事宜，共同参与"家庭图书馆"的建设管理工作。

其次，建立激励机制，对"家庭图书馆"成员进行过程激励和成果激励。过程激励，就是"家庭图书馆"在开展各类阅读活动的过程中，公共图书馆通过提供展示平台、奖品及给予一定奖金，激励"家庭图书馆"成员积极参与活动；成果激励，就是通过"书香家庭""十佳家庭图书馆"评选活动，对一年中严格遵守规章制度、提供优质阅读服务、积极参与阅读活动、自主开展阅读推广的"家庭图书馆"进行表彰。

最后，采用自我评价与抽查督查相结合的方式进行监督管理。一方面，"家庭图书馆"成员在每季度末，对本季度自身管理运行情况进行自评，并向公共图书馆上交自我评价报告，作为其重要考核依据；另一方面，公共图书馆作为上级管理部门，定期在季末、年末对所有"家庭图书馆"进行实地抽查考核。

3 存在的问题

由于客观物质条件、服务对象个体差异、区域发展状况等方面因素的影响，"家庭图书馆"在图书更换方式、图书借阅时间、网点分布、图书种类以及开放性等方面仍然存在诸多不足之处。

3.1 图书更换方式、图书借阅时间等尚待调整

公共图书馆目前没有专职从事"家庭图书馆"图书配送工作的人员，图书更换方式主要是读者自行到馆更换，由于部分读者距离渝北区图书馆较远或工作繁忙，图书更换频率慢、轮换方式单一；"家庭图书馆"借书量是普通读者的 7~10 倍，规定还书时间两个月，借阅时间相对不足。

3.2 网点分布不够平衡

目前,渝北区"家庭图书馆"共计116家,均分布在城区。经实地走访发现,"家庭图书馆"在学校附近分布较多,并且"家庭图书馆"成员中,大多数家庭有一名家长是教师或政府工作人员。服务受众较为单一,网点分布不均衡。

3.3 个别种类的图书数量供不应求

"家庭图书馆"以渝北区图书馆为依托,拥有丰富的图书种类,但是,由于"家庭图书馆"对图书需求雷同度较高,以至于个别书籍无法同时满足所有读者的需要。例如,经调查,"家庭图书馆"亲子阅读比重大,对国学经典、绘本类图书需求较多,然而,渝北区图书馆图书复本数量有限,没有足够的相同种类图书供不同读者同时使用。

3.4 对外开放的力度和范围尚待加大

"家庭图书馆"由于家庭空间的限制和家庭生活私密性的要求,对外开放对象单一[1],主要是针对自己的亲朋好友开放,对陌生人则不乐意开放;同时,"家庭图书馆"成员因工作、生活需要,并非随时都在家,在家的时间是短暂的,开放时间有限,导致提供阅读需求的可持续性大大降低。

4 发展思考

4.1 经费保障为基础

必须强化项目资金投入,使得参与"家庭图书馆"建设的区(县)公共图书馆能够有足够的财力进行图书采购、更换配送,以及开展阅读活动等相关工作。具体来讲:一是要求渝北区图书馆将"家庭图书馆"项目经费纳入年度预算,强化财政预算约束;二是上级文化委要制定实施细则落实区(县)级图书馆的"家庭图书馆"项目配套资金;三是制定专门的资金政策用于支持区(县)级图书馆相关项目人才的培训。强大的资金保障,家庭阅读服务水平稳步提升,更好地满足群众更高的服务需求。

4.2 总分馆制模式搭平台

公共图书馆总分馆的建设模式,是一种高效率、低成本的图书馆建设方式,与我国人口众多的国情相适合。将"家庭图书馆"融入总分馆制中,夯实家庭阅读服务平台建设,解决"家庭图书馆"网点分布不均衡和服务质量差异较大等问题。对"家庭图书馆"实施总分馆制,也要实行文献资源统一采购和编目、统一借阅和配送、统一服务政策和标准。同时,依托辖区总分馆网络体系,充分利用镇街图书分馆、24小时自助图书馆、农家书屋、基础阅读点等阵地和设施,充分利用公共文化物联网、公共数字文化等新媒体,形成一体化、多维度的"家庭图书馆"阅读服务平台与网络,为家庭图书馆读者提供区域内共享服务和相对均衡的阅读体验。

4.3 创新服务是关键

公共图书馆在进行家庭阅读服务时,要非常注重多样性,不断丰富阅读活动类型,创新阅读活动内容与形式,提高"家庭图书馆"在阅读推广方面的带动性和影响力。具体来说,就是常态性与临时性的阅读活动、统一性与差异性的阅读服务相结合,即常态性和统一性的阅读活动和服务由公共图书馆集中保障和统一组织,如专题讲座、主题阅读活动等;而临时性和差异性的文化活动和服务,则可以由"家庭图书馆联盟"组织开展,如家庭亲子阅读活动、联谊活动、书友会等,或可以根据实际情况采用灵活多样的形式,如政府购买服务、与社会机构合作、读者自发组织等。

4.4 个人征信促开放

不同于公共图书馆的开放性,"家庭图书馆"的阅读场地和设施归属于家庭,因此存在较强的私密性,这就使得"家庭图书馆"的服务受众的类型和数量都严重受限。对此,可以通过依托图书借阅信用体系,提升"家庭图书馆"的开放性。图书借阅信用体系,是指图书馆或图书馆中介征信机构对社会公众建立个人信用档案信息,公众通过此信用信息在图书馆注册后,凭信用评估等级,获得一定程度的借阅、使用图书馆图书文献资源权利的一种制度[2]。依托公共图书馆的图书借阅信用体系,"家庭图书馆"也可以查询公共图书馆对某个读者的信用评级,增加家庭阅读的开放性。

4.5 人才队伍作支撑

优质的服务需要具备专业知识的人才团队来支撑,"家庭图书馆"必须加强人才队伍建设。首先,人才分类,各展所长:①引领人才,如"家庭图书馆"馆长、"家庭图书馆"成员中的突出贡献者,要突出引领、示范和引导作用;②专业人才,如专业采编人员以及专业配送人员等,要充分发挥政策的刚性约束作用,由上级文化主管部门对"家庭图书馆"项目的专业人才进行合理配备,统筹把关;③民间人才,要通过基层文化人才带动社区家庭阅读的发展。其次,充分利用社区文化人才与队伍资源,通过挖掘民间文化人力资源,如退休教师、文化志愿者、文艺骨干等,用活社会人才,鼓励社会人才参与"家庭图书馆"的阅读推广活动之中。最后,要定期对公共图书馆工作人员和"家庭图书馆"馆长的相关业务能力与服务能力进行分类培训。

注释:

[1]刘丽.公共图书馆家庭阅读推广浅析[J].图书馆工作与研究,2018(S1).
[2]朱金德.试析在图书馆中实行读者信用制度[J].图书情报工作,2004(1).

"互联网+阅读"模式下的区县图书馆阅读推广工作探析
——以重庆市潼南区图书馆为例

舒 春

（重庆市潼南区图书馆）

摘要：随着社会的发展以及人们生活方式的变化，急需一种新兴的方式满足人们对阅读的需要，"互联网+阅读"由此应运而生。该方式融合了传统的图书馆馆内阅读以及建立在信息技术基础上的大数据电子阅读。通过移动终端的方式将诸如微信、新浪微博等 APP 作为载体展开阅读，推进了全民阅读，它不仅仅局限于纸质书刊，在便利性、时效性等方面凸显出了巨大的优势，进一步增强了群众对阅读的兴趣。本文的目的在于通过对"互联网+"的介绍，以及笔者的实地调研查证，分析当前进行阅读推广工作的情况，从而提出一系列切实可行的方法，以促进区县图书馆的阅读推广工作。

关键词："互联网+"；图书馆；阅读推广

随着科技飞速发展，各行各业对于信息化、数字化的要求越来越高，相应的各方面的图书知识库也亟待被普及化。由此"互联网+"越来越多地出现在大众的视线里。该阅读方式对国家文化普及以及整体经济发展产生了举足轻重的影响，一方面可吸引更多的人加入其中；另一方面，也为国家提出的"全民阅读"口号提供了有力的保障。因此，为了更好地满足人们的阅读需求，也为了解决馆内阅读的不便，"互联网+"的阅读方式急需进一步推进，争取早日普及。

1 "互联网+"的简介

当前是信息化飞速发展的时代，各行各业都和互联网有着密不可分的联系，当然阅读这种方式也不例外。"互联网+"是传统与数字化、信息化的结合,读者可以利用随身的终端,包括移动电话、PC机、IPAD等访问图书馆网站资源。一方面可以帮助读者快速找到想要了解的图书,另一方面也建立了读者与图书馆,读者与读者之间相互交流的平台。这种便捷性与时效性可推动图书馆行业的快速发展。

"互联网+"作为当代新兴的信息化产业,有如下几点特征:一是它把互联网与传统的行业紧密地结合在了一起;二是助力实现行业互通。随着科技的不断进步,区县图书馆的推进工作也迎来了历史新篇章,"互联网+阅读"的模式必然在基层图书馆工作中起到中流砥柱的作用[1]。

2　区县图书馆阅读推广工作的状况

2.1　馆内阅读推广

馆内阅读推广其实就是目前各个图书馆通行的一种传统模式,在没有互联网的条件下,一般说来有如下几种方式:(1)馆员向读者介绍怎样查找图书资源,介绍图书的借阅方法、流程。图书馆还会定期邀请各个行业里面的专家在馆内举办知识讲座,让普通群众尽可能多地接触科研成果。以潼南区图书馆为例,经常举办青少年心理健康知识讲座、法律法规知识讲座、食品卫生安全讲座、中老年数字化阅读培训等,为市民提供了丰富的精神食粮。(2)书籍是人类知识传承,社会进步的重要工具。潼南区图书馆每月开展新书推荐会,设立知名作家专架图书,以此吸引更多的读者到馆阅读。(3)不定期地在图书馆开展专题活动,比如摄影展、书法展、绘画展等。在馆内形成一种良好的阅读、学习氛围,提高读者的兴趣。潼南区图书馆大力推进全民阅读,建设书香潼南,巩固开展"闇公杯"等六个自建品牌主题读书活动,长期举办各类主题展览活动。

2.2　馆外阅读推广

除了馆内推广以外,馆外推广可有效地利用社会资源,在人流量较大的商圈、公园广场等举行读书会等活动。可吸引更多群众的眼球,即便是没有读书爱好的群众也有可能被带入其中。

图书馆可举办趣味活动,例如猜谜语、成语接龙、描述故事情节猜书名等。不仅如此,还可以在人口较多的社区、公园广场边设置阅览室,给予读者最大的方便。

3 "互联网＋"应用在图书馆阅读的推广

3.1 "互联网＋"形式的优点

随着信息时代的快速发展,采用互联网进行阅读宣传的方式变成一种新趋势。该方式符合时代发展的需求,也紧密地抓住了现代人的生活方式,故其具有自身独特的优势。(1)和传统意义上的馆内阅读相比较,互联网具有便利、快速、涉及内容广泛等多个特点。"互联网＋阅读"可以使人们在闲暇之余利用碎片化时间使用移动终端阅读,不仅可以缓解工作压力,还能修身养性,养成时刻学习的好习惯。(2)读者可以通过移动电话、PC机等终端在线阅读,甚至有部分素材还可以免费下载。这为读者省下很大一笔购买纸质书刊的费用,此种方式对于读者而言不仅划算,还可以增加读者对阅读的兴趣,可以在一定程度上提高国民综合文化素质。

3.2 "互联网＋"的推广方式

"互联网＋"的阅读模式具有太多的优势,亟待大力推广,所以图书馆馆员的工作重心就是怎样将此阅读模式进一步推广,经过查证资料以及自身的调研,笔者推荐以下几种方式:①定期举办读书会等活动吸引更多的读者参与。活动也可作为一个平台供读者间相互交流,分享读书心得,不仅可以在一定程度上提高阅读效率,还可以进一步提高阅读兴趣。潼南区图书馆每月举办一期不同主题的书友会活动,形式多样化,有发言分享、诗歌朗诵、乐器演奏、书法展示等;同时举行网络直播,吸引了众多读者参与到图书馆活动中来,扩大了图书馆的社会影响力,推进了全民阅读工作,打造了具有潼南特色的文化品牌。②图书馆还需通过大数据寻找广大读者的阅读兴趣点,互联网或者线下举办活动的方式可以在一定程度上吸引读者,但读者的主要阅读渠道还在图书馆。图书馆可以通过本馆APP、公众号或者网络平台优化图书资源,向广大读者传达更加丰富的藏书资源。同时通过这种方式也能让读者在一种轻松愉悦的心情下阅读。潼南区图书馆每月举行新书推荐会,把优秀的好书在公众号和微博上发布,把更多有价值的好书推荐给读者。③随着图书馆数字化信息化的更新换代,传统的工作方式也需要做相应的改变,这就对部分员工提出了更高的要求,所以图书馆要加强对馆员能力素质的培养,定期开展相关业务工作的培训,保证馆员工作素质与工作管理方式相匹配。潼南区图书馆邀请业内专家,对馆员进行业务技能知识培训,举办技能比赛,以提高馆员业务水平[2]。④"互联网＋"模式最突出的特点就在于它的便利性与时效性,能够在读者需要的时候及时为读者提供阅读服务,通过阅读解决读者关于某个问题的疑惑。为了更好地为广大读者朋友服务,图书管理工作者应当定期地对图书资源进行更新,通过索引对图书类别逐步细化。另外,可以根据各自图书馆的实际情况,适当增加一些阅读激励方式,比如在规定的时间内读完某本图书,或者有一些心得体会,可考虑适当给予奖励等[3]。

4　结语

20年前,互联网还处于起步阶段,好多人甚至没有见过电脑;20年后的今天,互联网变得家喻户晓,发展速度非常快。图书馆要采取积极的态度,一是要对自己的图书资源进行优化,二是要注重提高馆员的工作能力和素质。对于读者而言,要充分利用数字化图书馆的优势以及其带来的便利,积极参与到图书阅读中来,并主动与其他读者分享读书心得,在分享的过程中提高阅读效果。总之,"互联网+阅读"将是一种主流阅读趋势。

注释:

[1]贺燕芝."互联网+阅读"模式下的图书馆阅读推广工作探析[J].传播与版权,2016(10).

[2]轩红.基于新技术的图书馆阅读推广研究[J].河南图书馆学刊,2017(1).

[3]王波.图书馆阅读推广亟待研究的若干问题[J].图书与情报,2011(5).

浅析乡村振兴战略中图书馆基层建设与阅读推广的措施

朱 霞

(重庆市万盛经济技术开发区图书馆)

摘要：本文以图书馆建设与阅读推广措施为例，将其引入乡村文化建设之中，指出这一举措对于乡村振兴发展战略的重要意义。

关键词：乡村振新战略；图书馆基层建设；阅读推广；措施

1 乡村振兴战略中开展图书馆基层建设与阅读推广的社会背景

就我国乡村目前的发展现状来看，要想做好乡村振兴战略措施，达到国家预期改革目标，存在着一定的难度。而出现这一状况的原因之一是我国乡村长期处于一个思想与经济都较为落后的不利现状。针对这一现状，我国政府做了相应的政策改革，加大了对乡村经济发展状况的关注，为乡村经济文化建设工作的开展投入了更多的人力、物力、财力，提出了乡村振兴战略的具体实施措施。实施乡村振兴，不仅要让农民"住上好房子、过上好日子"，还要让农村文明大提升，要重视文化在乡村振兴中的引领作用，加强乡村文化建设，推进文化服务中心、农家书屋等的建设，有针对性地向农民提供文化服务，着力满足群众日益增长的精神文化需求。图书馆基层建设的有效开展可以在很大程度上提高乡村人民的文化水平，培养乡村人民学习文化知识的意识。

2019年，万盛经开区图书馆以"我爱我的祖国""我和我的祖国""辉煌七十载阅读新时代"为主题，利用图书馆自身条件优势，按照万盛经开区全民阅读活动方案，扎实做好全民阅读相关工作,进一步提高全民阅读覆盖面和影响力,切实满足人民群众对美好生活向往的精神文化需求。举办各类展览41次。万盛经开区图书馆充分发挥公共图书馆资源优势,弘扬主旋律,深入乡镇举办了宣传贯彻十九大精神、宪法宣传周、乡村振兴战略、扫黑除恶专项斗争等各类图片展览及巡展。举办各类讲座42次,参与讲座培训人数达到3103人次。如《万盛经济发展状况》《横空出世赞华为——任正非成功这路》《关爱留守儿童——预防青少年毒品犯罪公益讲座》《"祖国伴成长、扶心扶智行"青少年成长项目专题讲座》等。万盛经开区图书馆通过认真策划、精心组织,深入乡村和村镇学校推进全民阅读工作,追求实现"文献资源利用最大化"。2019年开展各类活动118次,有2.2万人次参加,如"读山水看万盛"墨影雅韵诗文诵读会、"祖国颂"庆祝改革开放四十周年诗文诵读活动等,通过广泛开展宣传教育,极大地丰富了全民阅读活动内容,坚定了广大群众的文化自信,受到群众的好评和喜爱,提升了图书馆的影响力。

乡村振兴战略要求在乡村大力推广阅读,政府作为管理部门要大力支持乡村图书馆的建设工作,同时也要加大对乡村图书馆建设工作资金的投入,提高乡村图书馆的质量,营造出一个良好的全民阅读氛围,从本质上提高乡村居民的文化水平。

2　图书馆基层建设中全民阅读推广活动的困难

在乡村振新战略实施的过程中,图书馆基层建设中全民阅读推广活动主要存在以下困难:首先,在图书馆基层建设中常常会面临资金短缺、人才缺乏的不利局势。图书馆的书籍供应不足、更新也慢,此种状况下即使开展阅读推广活动,也很难引起乡村群众的阅读兴趣。其次,图书馆人才储备不足。新时代背景下对管理人员的技术水平有着更高的要求,但储备资金的缺乏使得图书馆无法聘用到专业的图书管理人员,这严重制约信息化图书文化建设工作的有效开展。

乡村振新,人才为要,万盛经开区图书馆结合图书馆分馆建设管理工作,加强对图书馆专业人才的培养。2018年9月至2019年8月,万盛经开区图书馆共计开展基层辅导培训31场次,区图书馆5名业务骨干深入镇街及村社区图书馆开展辅导培训工作,帮助乡村图书管理员掌握专业技术,做好全民阅读推广工作。最后,乡村读者文化水平普遍不高。乡村振兴战略中要求对乡村图书馆文化建设工作进行改革,而推广阅读的对象通常是一些老人和小孩,这类人群的文化水平和阅读兴趣不高,如何培养他们的阅读兴趣,也是我们文化工作者的一个思考方向。

3 图书馆基层建设与阅读推广的措施

首先,国家要加大对乡村图书馆基层建设的重视,投入大量的人力资源与图书设备,构建出一个全新的基层图书馆。更新陈旧书籍,选择一些新版书籍来提高图书馆整体读物质量水平,可以从根本上提高图书馆在乡村的社会地位。阅读推广的宣传措施也是图书馆基层建设工作中的重点,为使得更多的村民能够自主加入到全民阅读的行列之中,要加大宣传力度。如结合"世界读书日"同社会各界联合开展全民阅读推广活动,在乡村开展"读好书好读书"等活动,让读书成为乡村人民的日常习惯,扩大乡村阅读力度,营造出读书、学习的氛围。

4 结束语

综上所述,图书馆基层建设工作将会在很大程度上促进乡村振兴战略的发展。为了促使图书馆基层建设工作的有效开展,在乡村群众中推方广泛阅读的理念也是十分必要的,这对于未来乡村知识文化体系的构建有着深远的意义。

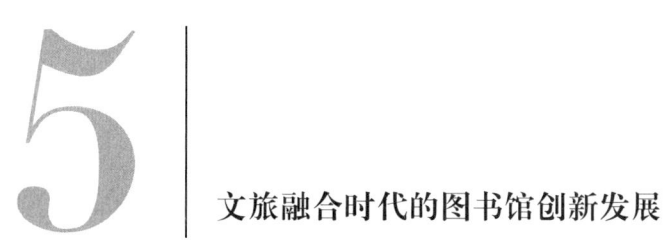

5 | 文旅融合时代的图书馆创新发展

文旅融合时代的图书馆创新发展研究
——以重庆市北碚区图书馆为例

喻赛蓝

(重庆市北碚区图书馆)

摘要：随着国家文化和旅游部正式挂牌，文旅融合成为大趋势和主旋律。作为文化事业的重要组成部分，图书馆的创新发展也需要顺应文旅融合的潮流，探索出精准适配的融合发展路径，以拓宽自身发展渠道、实现可持续发展。本文简要阐述了文旅融合对图书馆发展的重要意义，并基于北碚区图书馆的具体实践，对促进文旅深度融合的现实路径进行了探讨，试为新时期公共图书馆的创新发展提供一些思路。

关键词：公共图书馆；文旅融合；创新服务

2018年4月8日，国家文化和旅游部正式挂牌，这是国家顶层设计上将"读万卷书"和"行万里路"的有机融合，文旅融合成为大趋势和主旋律。作为公共文化服务体系重要组成部分和地方特色传统文化传承载体的图书馆，是落实国家文化旅游融合政策的重要平台。如何从图书馆的文化功能出发，找准文旅融合的最大公约数、最佳连接点，促进文旅资源开发，助力文旅产业和地方经济发展，对拓宽图书馆的发展渠道、实现可持续发展而言意义重大。

1 公共图书馆文旅融合发展的重要意义

1.1 有利于馆藏资源的开发利用

作为本地人文活动的历史记录和保存载体，公共图书馆汇集了各类文献信息和地方文献。文旅融合为图书馆发展指明了方向，那就是充分挖掘特色馆藏资源，将其转化为优质旅游资源和经营资源,形成特色旅游业态,并通过这一创新性的公共服务方式提升图书馆影响力[1]。

1.2 有利于地方文化的传承发展

文化是旅游的核心灵魂,旅游是文化的重要载体。通过旅游这个平台,可以让当地百姓意识到民族地域文化的珍稀性、独特性,更加自觉地保护好、传承好、发扬好自己的文化传承,提升当地文化保护传承的意愿和能力。

1.3 有利于解决内生动力不足的问题

公共图书馆作为全额拨款的公益事业单位,其资金主要来源于地方财政。但受地方财政等因素的影响,很多图书馆经费保障不足,很难支撑内生式增长。推动文旅融合,则能利用旅游发展壮大文化产业,进而反哺文化事业发展。

1.4 有利于满足新时代人民群众体验式阅读需求

新时代人民群众已不再满足于提供书籍和阅读场地这样的初级阅读阶段,他们更看重阅读场所的装潢、阅读气氛和阅读场所的符号象征,许多网红书店、书吧的兴起便是明证[2]。图书馆文旅融合能让游客在旅游过程中享受到知识提升和情感升华,带来更丰富的身心体验和精神享受,从而提高图书馆的吸引力和读者黏性。

2 北碚区图书馆文旅融合的实践探索

近年来,北碚区图书馆按照"宜融则融、能融尽融"的工作理念,积极推动文旅融合互动发展,有效促进图书馆业与旅游业和谐发展。

2.1 开发场馆的旅游休闲功能

20世纪20年代末,卢作孚及卢子英先后主政北碚,聘任丹麦工程师守尔慈规划城市建设,建立科教机构、完善市政设施、开发经济产业、重建社会秩序,大力推行乡村建设,让北碚从一个昔日匪盗横行的乡场发展成一个集生产、文化、游览为一体的现代化城镇和民国乡村建设的集大成之地。北碚区图书馆由卢作孚先生创办于1928年,晏阳初、张从吾分任首届理事长和馆长。悠久的历史渊源以及别具一格的砖红色建筑外观使北碚区图书馆成为知名的人文景观和地标建筑,因此其具备旅游核心要素,自然而然被纳入北碚全域旅游。借此契机,北碚区图书馆主动融入全区文旅精品线路、老城特色文化街区和滨江休闲产业,助力文化高地和休闲度假目的地建设。同时,引入"凯鲁亚克咖啡"联合开设"梧桐语书屋",开展图书、餐饮、文创等复合经营,营造自由、宽松、温馨的文化氛围,满足游客个性化阅读需求。

2.2 挖掘文献史料的旅游信息价值

抗战时期,国民政府迁都重庆,北碚成为重要迁建区,一百余个政治、科研、文教单位迁驻,三千名流荟萃,一大批文化艺术精品诞生,北碚俨然成为一个远远超出地域行政设置的政治、文化、教育和科研中心,这为北碚区图书馆收集丰富而独到的抗战文献提供了得天独厚的条件。依托馆藏3.3万册抗战文献,北碚区图书馆认真整理抗战时期在碚机构及名人文史资料和老照片,积极参与复旦大学旧址、卢作孚纪念馆、梁实秋纪念馆、顾毓琇纪念亭等场馆布展。同时,拍摄制作《重庆抗战史迹北碚篇》DVD光盘,建成抗战史迹北碚篇视频资源库、北碚区历史文化专题数据库、馆藏地方志全文数据库等11个特色数据库,开展网络信息咨询服务,为打造抗战文化旅游提供史料依据和文化内涵。

2.3 发挥馆藏资源的旅游经济属性

北碚区图书馆藏有古籍10.1万册,民国文献19.4万册,二、三级字画54件,21种(6840册)古籍入选《国家珍贵古籍名录》,以藏量宏富的古籍善本、字画碑帖、民国文献著称全国。依托这笔丰厚的文化精神财富,北碚区图书馆与中华书局合作,遴选、整理、出版了一批珍稀、特色文献,《北碚区图书馆馆藏宋拓圣教序》《北碚区图书馆藏方志珍本丛刊》《北碚月刊》,其既宣传展示了馆藏古籍文献的价值和特色,为读者收集材料提供便利,又取得了一定的经济效益。同时,修复22种、31件珍贵字画,开发一批高仿复制字画礼品及文具类文创产品,依托区内国有文化旅游营销公司进行销售,是宣传推介北碚文化的代表性礼品;编纂制作《复旦大学在北碚》精品图册,作为北碚区委区政府与复旦大学开展校地合作交流的文化礼品,反响良好。

2.4 创新阅读与旅游的互动体验

北碚区图书馆作为国家一级图书馆和全民阅读示范基地,年均接待读者60万余人次,举办各类阅读推广活动100余场次,为探索"阅读+旅游"发展模式奠定了广泛而深厚的群众基础。紧扣弘扬传承本土特色文化主旨,培育打造"碚城同读一本书""北碚全民读书月""缙云文化大讲堂""梧桐书语文化沙龙"等品牌阅读活动,依托区内文博景点开展"走访文化故地·重温北碚历史"寻故地、留足迹、集图章有奖活动及城市定向赛等,增加阅读活动的吸引力和新鲜感,激发读者的参与热情和兴趣。在老城特色文化街区、新城科创文化街区建设24小时自助图书馆,在缙云山、金刚碑、偏岩古镇以及多家酒店、民宿布点建设微型图书馆、有声图书馆、图书流通点,同时将讲座、展览、沙龙等阅读推广活动送入景区,拓展文旅阅读平台,营造景区书香氛围。

3 促进北碚区图书馆文旅深度融合的路径选择

文旅融合新时代,北碚区图书馆的发展思路是在提供优质公共文化服务的基础上,着力打造吸引游客的设施品牌、资源品牌、服务品牌,以文旅深度融合增强自身发展后劲和可持续性。

3.1 强化旅游公共服务功能

目前,博物馆已发展成为既是公共文化服务的重要阵地,又是旅游发展的重要载体。我们可借鉴其成功经验,在文旅融合背景下尝试让其兼具旅游公共服务功能[3]。积极争取文化艺术中心项目立项实施,打造集文、图、博、美为一体的现代化综合文化服务场所,打造城市地标和文化会客厅。充分整合社会资源,进一步深化总分馆制建设,在旅游景点、游客服务中心等重点区域,建设特色图书馆分馆,着重提供当地历史、地理、民族、宗教、饮食等方面知识的文献资源,为景区营造浓郁文化氛围。配合滨江休闲产业带发展,实施二维码数字技术改造,推进图书馆管理及服务智能化、数字化,并延长开放时间和服务时间。同时,自有门面引入符合休闲旅游消费的产业业态,优化升级多功能厅等活动场地,组织相声、评书、话剧等演出活动,让游客和读者在舒适且具有人文气息的氛围中安心度过其休闲时光。

3.2 整合旅游信息资源

图书馆作为地方特色传统文化的传承载体和文献信息中心,是地方旅游信息资源体系建设的主战场。增加图书馆购书专项经费,通过购买、征集、接受捐赠等有效渠道充实旅游历史文献,并对其进行统一的编目、整理、入库、上架,进一步丰富旅游文献资源。加强部门联动和信息分享,整合气象、交通、地质和各类旅游服务要素等信息,并借助互联网共建旅游公共信息服务平台,让读者能够及时获取当地特色旅游资源,明确把握和认知当地旅游景观和旅游文化,满足游客目的地查询、选择和决策需求[4]。

3.3 加强宣传营销融合

主动融入全域旅游宣传营销,将图书馆文化产品和服务的个性化融入旅游市场监管、产品开发、服务指挥的各个环节中,讲好文化故事,做好内容营销推介。创新珍贵馆藏展览展示方法,开发、提供数字展览服务,同时依托北碚区打造的全媒体传播矩阵,用好图文、音视频、直播等多种宣传方式,形成营销合力,制造文化现象。对"明星"典籍字画进行影印出版和二次创作开发,将知识信息转化为生产力。

3.4 打造研学旅游服务品牌

研学旅游符合现代教育和旅游发展的新趋势,同时也与公共图书馆的社会教育和阅读推广职能具有内在的一致性[5]。整合全区文化旅游资源,加强文化、旅游、教育、科技等部门协作,精心策划研学旅游主题和项目,组织青少年开展深入的科教旅游活动,在行走中传承弘扬北碚生态文化、巴渝文化、抗战文化、乡土文化。同时,与兄弟区县、全国各省市公共图书馆和高校图书馆建立合作关系,加强各馆研学旅游服务的整合创新,在寒暑假策划推出跨地区旅游服务线路,促进文旅教深度融合发展。

注释:

[1]柳英.文旅融合:高校图书馆助力公共文化服务新路径[J].山东图书馆学刊,2019(4).

[2]苟月华.公共图书馆文旅融合实践浅析[J].图书情报,2019(8).

[3]单红波.公共图书馆与旅游融合的模式与路径研究[J].图书与情报,2019(3).

[4]杨娜.公共图书馆在文旅融合时代的使命与创新[J].人文天下,2019(6).

[5]金龙.文旅融合背景下公共图书馆研学旅游服务创新策略[J].青年科苑,2019(5).

公共图书馆文旅融合的实践路径
——以重庆市涪陵区图书馆文旅融合为例

刘 争

(重庆市涪陵区图书馆)

摘要: 公共图书馆在全民阅读推广过程中扮演着不可替代的角色,在文旅融合的新背景下,既要实现公共图书馆的本质职能,又要与旅游相结合,实现文化与旅游的融合,通过案例分析,本文试图找出今后文旅融合发展的有效途径。

关键词: 文旅融合;发展;公共图书馆;路径

伴随着文化和旅游的交融发展,文旅融合成为助力城市文化软实力提升的强大支撑,也是公共文化服务效能的拓展。文旅融合是"诗和远方的结合"。怎样实现"文化是旅游的灵魂,旅游是文化的载体",为文化旅游事业价值提升迎来广阔的发展空间,涪陵区图书馆在文旅融合探索过程中,通过不断积累,逐渐摸索出了一条成功之路。

1 文旅融合使公共图书馆承载着新的历史使命

众所周知,随着改革开放的不断深入,各项事业都呈现出一片生机勃勃的景象,尤其是党中央、国务院关于加强公共文化服务体系建设以来,各级、各地公共图书馆事业都呈现飞速发展的态势。但西部地区公共图书馆事业发展仍然局限在阅读、讲座、展览的传统环节中。当文化与旅游走在一起后,我们应该充分看到其结合的闪光点,因为文旅融合能够更加贴近百姓需求,适应发展的新生活,助推阅读新风尚。要实现这一切,就需要激活公共图书馆的内在潜力,发挥资源载体的集聚优势,把这些优势转化为文旅融合的新途径,滋生蝶变效应。随着机构改革,文旅融合的不断深入,广大公共图书馆人从中感悟到图书馆效能发挥的潜力很大,时代赋予图书馆的使命还需要得以重新认识。

毋庸置疑,公共图书馆在文旅融合发展道路上,必须坚持"宜融则融、能融尽融"的原则,才能真正体现"全局谋划一域,以一域服务全局"的双轨制发展,走出一条公共图书馆在文旅融合上的可持续发展道路。在当前要实现文旅融合的新突破,首先在思想上要树立新的历史使命和责任担当,让文化与旅游水乳交融,才能彰显"以文促旅,以旅彰文"的战略思路。

2 文旅融合赋予了公共图书馆创新发展的新机遇

公共图书馆由传统借阅向知识输送转变,不仅能在文旅融合过程中得到体现,而且能够在新时代文旅融合背景下,以融合为契机实现创新的跨越式发展。公共图书馆以阅读推广为本,知识输送为源,将图书馆打造成为市民自由行走的"第三空间",其具有得天独厚的资源优势。公共图书馆在举办日常阅读推广的同时,以其资源的特殊性,只有打破传统条块分割的制约,便可以派生出市民乐见的"知识载体"。

以涪陵区图书馆为例。涪陵区图书馆在新馆规划布局时,以"智慧与智能同步,科技与传统并存,文化与旅游共融"为理念,并在"大馆"内设置"馆中馆"。"馆中馆"具体有反映涪陵地域文化的"涪州人文馆",彰显涪陵厚重历史的"涪陵文化名人馆",以引领健康为主题的"全民健身健康主题馆",弘扬红色主旋律的"党群馆",折射涪陵长江与乌江汇聚的"涪陵江城文化展示中心",形成"四馆一中心"的功能格局。截至目前,共计接待来自世界各地的游客56批次,共计4421人次。这些举措,增强了图书馆馆员的自豪感,激发了他们的工作激情和活力,还成为"网红"景点。

3 文旅融合反哺公共图书馆事业全面发展

我国各地的公共图书馆正承担着地方文化资源保护与开发的责任,这也是实现文旅融合的一个有效途径。自涪陵区图书馆尝试文旅融合以来,由于市场反馈良好,在成为重庆市长江三峡游定点接待之一的窗口后,图书馆发展环境也随之宽松,交通部门在交通严管地带的滨江大道图书馆门前允许设置旅游包车停靠点、建设公交港湾站等。城市建设部门特许在图书馆建筑物周边建立图书馆辅助性的标识标志牌。这些因素使图书馆成为滨江大道沿线亮丽的风景线,到访游客与进馆读者呈同比增长。

4 文旅融合背景下的公共图书馆途径

4.1 传承文化资源，拓展服务外延

涪陵是长江三峡游览线路的重要城市，近几年来，由于文化与旅游的相对隔绝，导致旅游产业内涵单一。自机构改革以来，大文化与大旅游合二为一，其内部发生了较大的变化。如被文化和旅游部评定为国家一级公共图书馆的涪陵区图书馆，馆藏资源丰富，通过文旅整合，涪陵区图书馆不仅对珍贵文献资源进行了数字化处理，还通过有型的文化资源，向到访游客宣传中国对世界文明的贡献，拓展了宣传覆盖面。文旅融合实现了公共图书馆的创新驱动。

4.2 挖掘传统文化，积淀旅游内涵

涪陵具有丰厚的人文资源，涪陵区图书馆充分抓住文旅融合的契机，促进事业的全面发展并进行大胆尝试。同时，涪陵区图书馆紧紧抓住自身工作亮点和特色，挖掘和弘扬优秀的中国传统民族文化，将群众喜闻乐见的文化与川剧、戏曲、变脸，以及极具地域文化底蕴的武陵山山歌、反映榨菜文化的舞蹈等非物质文化遗产有机契合，在保证阵地建设与公共文化发展两不误的基础上，以旅游为载体，实现了公共文化服务效能最大化体现。以深度挖掘地方传统文化为着力点，让游客在不知不觉中享受涪陵文化。这种充满文化元素的旅游具有鲜活的个性，释放出持久的生命力、感召力和穿透力。

4.3 开发地域特色，创新文旅途径

当今时代是信息全球化时代，诸多资源都以全民共享为目的，无论是公共文化的发展，还是旅游事业的健全，都是一种互利共赢的均衡发展态势。尤其以旅游业的发展来看，其表面是经济活动，具有经济收益，但真正起到支撑作用的是文化活动和文化元素。涪陵区图书馆有效依托自身资源优势和工作属性，抓住文旅融合机遇，挖掘古籍保护、非物质文化遗产和历史文物等独特资源，促进公共文化全面发展与繁荣。不难看出，文旅融合的深度发展，为文化产业搭建了一种全新的机制和发展模式，公共文化依附于文旅融合的深度整合，相互渗透，促进了文化软实力的提升，而文化的生命力、创造性、包容性激发了旅游与文化的活力，进一步加快了文化产业的发展与繁荣。

5 结语

基层公共图书馆在文旅融合实践过程中大有潜力。总体来讲,公共图书馆在今后要以更加贴近读者需求为着眼点,以注重体验为着力点,以适应时代发展为关注点。

基于新时代公共图书馆的文旅融合探析

陈 奎

(重庆市垫江县图书馆)

摘要：公共图书馆的文旅融合既涉及图书馆的免费开放服务、图书馆对旅游行业的影响，更涉及图书馆的资源建设和经费来源等问题。本文简要论述了基于新时代公共图书馆的文旅融合。力求以文吸旅，以旅促文，进一步拓展公共图书馆的服务功能，使文化和旅游事业达到双赢。

关键词：公共图书馆；文旅融合；阅读推广

2018年4月，文化和旅游部正式挂牌成立。至此，新一轮机关事业单位体制改革使文化和旅游走到了一条战线上，被人们形象地称为"诗与远方"结合。从中央到地方，均成立了各级文化和旅游行政机构。

公共图书馆作为文化和旅游行政机构的下属单位，在文旅融合方面也是下了大功夫。不管是旅游资源推广，还是旅游资源建设，公共图书馆都在其中发挥着越来越大的作用。至此，全国公共图书馆进入了新一轮文旅融合热潮。

公共图书馆文旅融合发展，历来是众多专家学者讨论的话题。有的学者从公共图书馆与文旅融合的当代实践与模式出发，进行了研究，如：王世伟[1]、鄢莹[2]举例说明了当代公共图书馆在文旅融合方面的一些实践，并要求公共图书馆要积极面对文旅融合的新机遇；王新利[3]从公共图书馆服务文化旅游发展潜力和广阔前景出发，探讨了文旅融合下公共图书馆的服务实践；单红波[4]对公共图书馆与旅游融合的模式与路径进行了研究，认为公共图书馆与旅游融合，不但顺应当下时代的发展，也能形成新的文化传播模式和文化旅游模式；周立飞[5]、刘陈萍[6]对公共图书馆旅游信息服务进行了探讨。有些学者则认为在文旅融合背景下更应该加强其地方文献资源、旅游特色资源的建设。如：王远康[7]、傅宝华[8]给图书馆建设旅游资源特色馆藏拟定了措施；孔燕[9]、尹美菊[10]对旅游地区图书馆建设旅游文献数据库进行了研究。然而，通过文献调查发现，尽管图书馆学界对文旅融合方面给予了多角度的理论和实践探索,但鲜有研究者从公共图书馆自身体系、经济背景视角出发,对公共图书馆的文旅融合进行深入思考。为了更好地拓展公共图书馆的文旅融合,本文将着重从以下几个方面对新时代公共图书馆的文旅融合进行探究。

1 公共图书馆在文旅融合方面的重要地位

1.1 公共图书馆是一个地方文化发展水平的重要标志

习近平指出,图书馆是国家文化发展水平的重要标志,是滋养民族心灵、培育文化自信的重要场所[11]。公共图书馆作为文化汇聚和展示的窗口,成为人们旅游必去的公众场所。我们的图书馆人或者高校学者,只要一到某个地方,必将走进那里的公共图书馆去看一看,一个地方文化的重视程度和发展水平可通过公共图书馆的建设、服务水平、读者多寡有一个直观的认识。

地方的人文景观虽然也会吸引众多外来游客,但并不一定会给人留下深远的、美好的印象。那是因为历史的文化景观并不足以展现当代的人文风情和人文素养。而公共图书馆却不一样,公共图书馆展现的是当代的文化发展水平。公共图书馆滋养着当地人民,促进着当地文化发展,培育着人的文化自信,践行着社会服务。所以公共图书馆成为文化发展水平的重要标志。

1.2 公共图书馆是地方文献的汇集地

公共图书馆本身就有收集地方文献的责任。在历史长河中,很多优秀的地方文献成了史籍。这些史籍的收集、整理、保存、利用、传承等工作均是由公共图书馆来承担的。除去史籍之外,公共图书馆收集更多的则是当代本地各行业的一些信息。我们知道,任何一个想要外出旅游的人他都不可能是盲目的[12],他们都会提前对旅游目的地的相关信息进行检索。网络上虽然会有一些零星的旅游攻略或指南,但远没有本地官方推荐的全面。为此,公共图书馆应该与地方旅游部门充分合作,整合推介这些信息,使游客能比较系统地、全面地在网络上进行检索;对吃、住、行、玩等方面都力求细化,充分利用各部门的大数据平台,整合相关资源,生成网络黄页,使游客在玩得尽兴的同时,还能传播地区文化。

1.3 公共图书馆是旅游休闲文化的重要场地

休闲是成为人类生活的组成部分,图书馆也是人们释放生活压、缓解心理疲惫的场所,是读者"精神疗养的乐园"。除了高校图书馆和专业图书馆外,其他各层级的公共图书馆均是休闲文化的重要场地。

公共图书馆为读者提供的文献资料以社科类为主,其文献具有普及性,更适合大众休闲阅读。公共图书馆的阅读推广服务,是针对公众的。公共图书馆不会限制读者的文化水平,不管你是博士生,还是小学生,只要你来到了图书馆,均可以找到适合自己的图书可看。公共图书馆的这种休闲功能,自会吸引周围读者或外来游客沉醉其中,畅游在知识的海洋。

1.4 公共图书馆是开展文旅服务的重要窗口

公共图书馆设有很多服务窗口,游客可以在图书馆中查询到当地的文史资料、旅游资源,也可以咨询旅游信息,甚至还可以将自休室作为休憩或办公的场地。各层级公共图书馆也可以根据游客流量对本馆功能室进行再分配,专门为外来游客提供服务。

在公共图书馆提供文旅服务的时候,一是要热心、耐心、细心,做到"三心合一";二是要展现本馆的精神面貌;三是要推崇我们的区域文化。

2 公共图书馆加强文旅融合的必要性

2.1 是履行公共图书馆职能、完善免费开放服务的重要体现

1994年,《公共图书馆宣言》这样宣告:公共图书馆是传播教育、文化和信息的一支有生力量,是促使人们寻找和平和精神幸福的基本资源[13]。大多学者更是将公共图书馆的职能概括为保存与传播人类文化遗产、开展社会教育、传递科学信息、开发智力资源这四种。在文旅融合的背景下,这四大职能均被拓展了,文化为旅游服务,或者说旅游资源成为传播文化的一种新的载体,使得公共图书馆在履行其自身职能时更加多样化。

公共图书馆开展文旅融合,是顺应文化和旅游消费提质、转型、升级的新趋势,是深化文化和旅游领域供给侧结构性改革[14]的重要举措,更是履行公共图书馆职能、完善免费开放服务的重要体现。

2.2 是推动全民阅读的重要手段

文化和旅游相融合,以旅游景点、旅游产品、旅游路线、特色民俗等为载体,开展全民阅读活动,可以有效提升公共图书馆的影响力和服务能力。公共图书馆开展的旅游指南讲座、旅游信息咨询、旅游产品创意等,均是公共图书馆文化输出的一种彰显,是推动全民阅读的一种重要手段。各公共图书馆将本土特色的文化资源向游客输出,不仅可以提升地方的影响力,还能增进游客视野、传播区域文化、推动地方的经济发展。

2.3 是增强文化自信的历史使命

公共图书馆在增强文化自信方面有着义不容辞的历史使命。传承和传播文化、提升全民文化素养是公共图书馆的基本职能。公共图书馆人要在增强文化自信方面下功夫，将增强文化自信作为我们的历史使命，不光要尽心尽职，还要改革创新。

3 文旅融合下公共图书馆的阅读推广工作

3.1 PPP 协同推进

PPP 模式，是指政府与私人组织之间，为了提供某种公共物品和服务，以特许权协议为基础，彼此之间形成一种伙伴式的合作关系，并通过签署合同来明确双方的权利和义务，以确保合作顺利完成。

推动社会力量来参与公共图书馆的阅读推广工作，本身是非常有必要的。国家也积极鼓励调动社会力量参与公共图书馆的建设。不管是政府对外购买公共服务，还是 PPP 模式建设，引进社会力量参与到公共图书馆的建设和阅读服务工作中，对公共图书馆的服务都极具促进作用。

当前，仍有不少区县未把公共图书馆纳入城市建设体系中。很多地方的公共图书馆均已老旧不堪，功能布局也无法达到考核或评估定级的要求。地方对公共图书馆的财政投入严重不足，图书馆的位置不仅位置偏僻，而且交通也十分不便。基于此，推动 PPP 公共图书馆的建设，不仅缓解了财政压力，而且有效地促进了区域内经济发展。政府只需要免费提供土地和图书馆管理人才，剩下的均可交由私人组织。建成后，可允许私人组织在一段时间内参与运营，或将图书馆的部分楼层提供给其使用，待合约期满后移交给政府组织即可。此外，公共图书馆馆舍的建设也可以作为特色的旅游景观进行设计和布局。外观应具有特殊性、地域性，内部应具有现代感和科技感，使公共图书馆真正做到内外兼修，这样就会更加吸引广大游客。

3.2 "互联网+"的跨界服务

当前，数字化和网络化已经深度融入社会发展进程中。走进图书馆的人是越来越少，不是因为他们不爱读书，而是因为互联网的发展给读者提供了更加便捷的阅读环境。下一代图书馆的发展就是图书馆从门户向平台的转型，这是国际共识[15]。为此，开展"互联网+"的跨界服务，成为我们推进现代阅读推广的重要渠道。我们可以与中国移动、电信、联通三家运营商开展阅读推广服务，提供图书推广、电子展览、视听讲座、培训辅导等订阅内容。公共图书馆与互联网的结合，可以有效地利用区域物联网和大数据，为读者提供无处不在的数字阅读,改善图书馆用户的阅读体验,提高图书馆的管理与服务水平,推动全民阅读顺利实施[16]。

3.3 开展体验式文化产品创作

我们知道,世界各地的旅游景点,在网络上都是有影像资料的,坐在家里,视觉却可以达千万里之外,即便网络如此发达,但是为什么看了这些影像资料的我们却更要出去走一走呢?答案就在于"体验"二字。体验可以让人身临其境,能够刺激人的第六感。让人在这种环境下产生美感,这种美感会让人快乐。

体验式文化产品创作可以有多种形式,如在垫江县图书馆,游客可以参与图书馆举办的大石竹编手工培训,还可以对竹编进行艺术创作和艺术绘画;梁平区图书馆,会开设一堂手工制作竹帘或年画的展演课,吸引游客。游客将自己的手工作品上传到朋友圈、博客、QQ空间等网络媒介上,就会让身边的朋友、家人知晓有这么一个好玩的地方,便促使其周围的人进入图书馆。

又或者,各地区均存在着或多或少的地方文物。有文物就有故事。开发创作这些优秀的历史故事,对于宣传本土旅游资源,提升当地文化软实力,促进旅游业发展,均能起到积极作用。就比如前几年,一本《失踪的上清寺》给上清寺蒙上了一层神秘的面纱,一时间,寻找上清寺,成为很多外来游客追寻的目标。

4 文旅融合下公共图书馆的经费来源

近几年,地方经济已没有先前那样发展迅速,有的地方经济发展甚至出现倒退的局面,地方政府债务逐渐从隐性债务向显性债务转变[17],各地财政(含转移支付)收入压力进一步加大。为此,地方政府也加大了对公共图书馆项目经费的压缩,甚至有向运行经费推进的态势。在这样一种严峻的经济环境下,公共图书馆的财政预算收入也必将进一步降低。为此,作为公共图书馆人,就应该想办法拓展经费来源,以改变公共图书馆的发展困局。

4.1 众筹

"众筹"一词,时下很热门,也有专门研究公共图书馆领域众筹的众多学者。对我们而言,众筹就是向公众筹集与图书馆相关的一切资源,包括资金、设备、场地,不限于人才、活动方案、建议等。

通过众筹的方式来解决图书馆资源欠缺的问题很有必要。众筹可以作为对传统阅读推广的一种补充,既可解决活动经费不足的问题,又可带动更多的社会力量参与到阅读推广当中,有助于扩大图书馆的社会影响力[18]。

随着网络时代的越发普及,公共图书馆可结合自身馆内情况,开展众筹活动,比如众筹图书、众筹自助设备、众筹阅读推广活动方案、众筹图书馆分馆场地等。同样,众筹也可以解决公共图书馆在文旅融合进程中所出现的问题。发挥广大群众的智慧和热情,让其为我们的文创产品提供创意,为图书馆发展提供谋略。

4.2 开展有偿服务

在努力做好本职工作、保证完成国家规定的各项任务的前提下,发挥各自的特长和优势,利用现有的人力、物力,把无偿服务和有偿服务结合起来,积极开展"以文补文"的有偿服务和经营性活动。公共图书馆可以利用其得天独厚的资料文献优势,为地方的经济发展出谋划策,成立特定的咨询窗口或数据集成中心,为地方政企单位提供帮助。将收入作为图书馆发展的备用资金,专门用以弥补经费的不足。只要管理得当,运用合理合法,相信低收费项目也可以成为推动公共图书馆自身发展的有力措施。

4.3 文创开发

文创开发,即是指文化创意产品和文化创意产业,是文化以商品为载体,将文化思想、文化理念进行特殊传播的一种融合形式。文创开发,在图书馆界早就有了成功的案例,如西北大学图书馆将其馆藏的唐卷子本予以影印,呈卷轴形式,包装美观典雅,成为该馆品位高雅的旅游商品和公关礼品[19]。作为地方文旅委下的事业单位,公共图书馆在文创开发方面有着强大的生命力。地方文献、地方文物遗产、地方旅游资源均可为公共图书馆提供良好的创作来源。

各公共图书馆可根据本区域内的特色旅游景点、历史故事,打造一些极具本土特色的文创产品。比如垫江县图书馆可以将寨卡文化雕刻在牛角上,也可以将牡丹风情绘制在竹编上;梁平区图书馆可以把来之德佛学思想通过竹帘、木梳、年画进行推广;忠县图书馆可以以女将秦良玉、忠州石宝寨为内容打造演绎历史舞台剧。由此可见,进行文创开发,不仅延伸了图书馆的服务,还带动了地方旅游产业发展。

5 结语

综上,加强公共图书馆的文旅融合,既是履行公共图书馆本身的职责,也是迎合机遇所做出的一次改变;加强公共图书馆的文旅融合,既是顺应新时代的潮流,也是公共图书馆自身职能建设的重大转变。在新时代的背景下,公共图书馆的文旅融合是我们必须要走的道路,更是时代赋予我们公共图书馆界的历史使命。

注释：

[1] 王世伟.关于公共图书馆文旅深度融合的思考[J].图书馆,2019(2).

[2] 鄢莹.公共图书馆文旅融合的典型实践与分析[J].图书与情报,2019(1).

[3] 王新利.公共图书馆服务文化旅游、建设旅游文化的实践[J].图书馆学研究,2004(1).

[4] 单红波.公共图书馆与旅游融合的模式与路径研究[J].图书与情报,2019(3).

[5] 周立飞.公共图书馆开展旅游信息服务的内容与方法[J].图书情报知识,2001(2).

[6] 刘陈萍.公共图书馆旅游信息个性化服务探讨[J].河南图书馆学刊,2005(6).

[7] 王远康.论乌江流域地区高校图书馆旅游资源特色馆藏建设[J].图书情报工作,2009(21).

[8] 傅宝华.公共图书馆利用地方文献为旅游经济服务探究[J].图书馆学刊,2010(2).

[9] 孔燕.旅游地区图书馆建设旅游文献资源特色数据库的探讨[J].河北科技图苑,2007(5).

[10] 尹美菊.旅游地区图书馆特色馆藏数字化建设研究[J].图书馆,2008(1).

[11] 张元安.西部公共图书馆如何为旅游业服务[J].贵图学刊,2012(2).

[12] 咸杰,魏建华.促进社会融合:公共图书馆的本质职能[J].江西图书馆学刊,2003(3).

[13] 杨晓东."图书馆＋":面向"互联网＋"时代的图书馆服务模式[J].图书馆工作与研究,2017(3).

[14] 姜进."互联网＋"时代公共图书馆阅读推广跨界融合服务发展范式研究[J].图书馆学刊,2016(12).

[15] 张萌.公共图书馆领域PPP模式构建研究:以智能图书馆为例[J].图书馆杂志,2018(2).

[16] 陈嘉慧.基于众筹理论的高校图书馆阅读推广路径探讨[J].图书工作与研究,2018(3).

[17] 徐莉.浅谈图书馆与旅游事业的关系[J].图书馆理论与实践,2003(4).

浅谈文旅融合环境下公共文化场馆与旅游资源的融合
——以重庆市城市发展新区四个同级别区县为例

刘 格

(重庆市合川区图书馆)

摘要：在文旅融合的时代背景下，公共文化场馆与旅游资源如何融合是当前业界最关注也是最热门的话题。本文对重庆地区部分公共文化场馆现阶段与旅游资源融合的现状、存在的问题等方面进行思考，提出了一些创新性建议，供业界人士参考。

关键词：公共文化服务；公共文化场馆；旅游资源；文旅融合

1 文旅融合是时代发展的必然趋势

1.1 世界文旅融合现状

2018年，联合国世界旅游组织发布信息，全世界旅游活动中大约有52%涉及文化因素，且文化旅游者每年以15%的幅度增长。文化旅游景点涉及面也越来越广泛，艺术和建筑、历史和文化遗产、烹饪遗产、文学、音乐、创意产业、生活方式、价值体系、信仰等门类应有尽有。为此，联合国世界旅游组织重新对文化旅游进行定义，指出文化旅游的基本动机是学习、发现、体验和消费旅游目的地的物质和非物质文化景点。

当今世界，文旅融合已成为必然趋势，文旅融合既保护遗产、促进经济发展和就业、实现经济增长，又推进旅游多样化发展和增强文化理解力。世界上文旅融合的主要模式也多种多样，有非物质文化遗产与旅游的开发型融合、体验型融合，以工艺品、美食、传统节日、口述传统、宗教旅游等为代表。有对非物质文化遗产公园、博物馆等场所的开发，向游客展示非物质文化遗产开发型融合,通常与博物馆、图书馆、美术馆、文化馆相结合,发展场馆旅游。有通过节庆活动、演艺和体验类旅游活动,并用市场手段让游客参与其中的体验型融合。有以世界遗产地、纪念碑、历史场所和建筑、文化线路等为代表的活化型融合、保护型融合。还有一些具有历史价值的寺庙、教堂、清真寺等和一些历史建筑经过修复翻新,改造成博物馆、艺术馆、图书馆或其他场所的,通过创意设计将文化与旅游结合起来,形成新的文化创意产业,促进旅游业发展的创意型融合、重组型融合、延伸型融合等。

1.2 中国文旅融合现状

2019年1月,中国文化和旅游部部长雒树刚在全国文化和旅游厅局长会议上提出推动文化和旅游融合发展,要理念融合、职能融合、产业融合、市场融合、服务融合、交流融合,找准文化旅游工作最大公约数,寻找新引擎、新动力,全链条深度融合。由此可见,中国文旅融合才刚刚起步,要做到"宜融则融、能融尽融"还有很长一段路要走。

有人用"诗与远方"来比喻文化和旅游,即"诗"比喻为文化,"远方"比喻为旅游。文化是旅游的灵魂,旅游是文化的载体;文化与旅游融合,文化可以走向"远方",旅游也会更有"诗意"。好说不好做,怎么融合,特别是公共文化服务与旅游的融合是新生事物,没有前车之鉴,只能摸索着前行。

2 公共文化场馆与旅游资源的现状及问题

2.1 公共文化场馆的现状及问题

2.1.1 公共文化场馆的现状

公共文化场馆是指提供公共文化服务的建筑物、场地和设施,根据《中华人民共和国公共文化服务保障法》的界定,主要包括图书馆、博物馆、文化馆(站)、美术馆、科技馆、纪念馆、体育馆、工人文化宫,青少年宫、妇女儿童活动中心、老年人活动中心、乡镇(街道)和村(社区)基层综合性文化服务中心、农家(职工)书屋、公共阅报栏(屏)、文化大院、广播电视播出传输覆盖设施、公共数字文化服务点等。

公共文化场馆是开展群众文化活动的主要场所,是传播社会主义先进文化的重要载体,承担着构建社会和谐、建立和完善公共文化服务体系的重任。近几年,按照中央全面深化文化体制改革的要求,重庆市加大公共文化场馆建设财政投入,部分区县公共文化场馆服务体系已基本建成。以重庆市同级别的城市发展新区永川区、江津区、铜梁区、合川区的文化馆、图书馆、美术馆、博物馆等公共文化场所面积为例,永川区18878平方米、江津区83765平方米、铜梁区22147平方米、合川区22450平方米。特别提一下笔者所在地合川区，近三年时间，围绕建成"重庆新型工业城市、旅游休闲胜地和幸福宜居家园"奋斗目标，不断加大财政投入，投入7亿元建成了文化馆、图书馆、艺术团、文化艺术中心、钓鱼城陈列馆、陶行知纪念馆、卢作孚纪念馆、美术馆、规划展览馆、镇街综合文化服务中心等公共文化体育设施150万平方米，在推进公共文化场馆服务体系建设上取得了一定成效。

2.1.2 公共文化场馆存在的问题

重庆地区的公共文化场馆经过几年的奋斗，虽已初见成效，但与中东部地区比较，在以下方面还是存在不小的差距：

一是已有公共文化场馆硬件设施亟待升级。科技化程度不够，以传统体验方式为主的占多数，且尚未达到国家大中型馆的标准，部分基层公共文化场所功能不唯一，兼顾多种职能，多数也未达到国家标准，无法提供举办活动的固定场所。

二是重要公共文化场馆建设进展缓慢。目前还有多个区县尚无独立的综合博物馆、大型综合性体育场馆等，与全市的经济社会发展不协调，与市民日益增长的需求不相适应，这方面空白需要尽快填补。

三是公共文化场馆管理机制有待完善。基层文化系统现行管理体制是以镇（街）为主，区级主管部门负责指导和考核。由于镇（街）对公共文化建设工作重视程度相对不够，部分人员被挪用的情况较严重，导致基层公共文化服务不到位，阻碍了公共文化场所的功能发挥。

四是公共文化场馆管理力量较弱。与城市发展新区四个同级别区县相比，从事公共文化场馆的工作人员永川区45人、江津区52人、铜梁区39人、合川区36人，四个区县从业人员不到200人，而四个区县辖区常住人口近500万。管理力量薄弱、专业人手不足，导致某些场馆无法发挥作用，如文化馆缺少对基层工作的指导，图书馆精细化管理程度不够，美术馆缺乏培训和艺术创作，博物馆藏品单一等。

五是活动不够丰富，活动频率较低。活动多数是一年开展一次，缺乏在公共文化场馆自身馆内开展的经常性活动，缺少与高校、社会力量的联办合力。

2.2 旅游资源的现状及问题

2.2.1 旅游资源的现状

旅游资源是旅游业发展的前提，是旅游业的基础。旅游资源主要包括自然风景旅游资源和人文景观旅游资源。自然风景旅游资源包括高山、峡谷、森林、火山、江河、湖泊、海滩、温泉、野生动植物、气候等，可归纳为地貌、水文、气候、生物四大类。人文景观旅游资源包括历史文化古迹、古建筑、民族风情、现代建设新成就、饮食、购物、文化艺术和体育娱乐等，可归纳为人文景物、文化传统、民情风俗、体育娱乐四大类。

重庆地区的旅游资源非常丰富，每个区县独具特色，如横跨涪陵、万州等八个区县的长江三峡流域、江津四面山等地文景观，渝北统景、北碚北温泉等水域风光，南川金佛山、武隆仙女山等生物景观，合川钓鱼城、沙坪坝歌乐山烈士陵园等文物古迹，黔江濯水古镇、渝北园博园等古典园林，涪陵白鹤梁等文学艺术，大足石刻、北碚缙云山景区等宗教文化，解放碑、观音桥等城乡风貌，重庆人民大礼堂、科技馆等现代设施，洪崖洞、朝天门码头等民俗风情，重庆火锅、重庆小面等人文旅游，举不胜举。

2.2.2 旅游资源存在的问题

重庆地区的资源虽丰富，但缺乏旅游文化的传承和创意打造：

一是在濒危文化类如乡村非遗、方言、地名、文化景观等方面的打造缺乏创造性的推动方式，复兴与传承不到位。

二是重大考古类如大型遗址公园、古镇等在旅游体验式发展中缺乏可供游客参与的历史探秘旅游、名人足迹寻访旅游等种类众多、文化深厚的旅游活动项目。

三是文化振兴类如宣纸文化公园、宋词旅游、简牍旅游、书法学习旅游等缺乏现代科技支撑，民族的传统精粹大多境遇惨淡。推出创新型文化体验将是重要出路，需逐渐找回其丧失的功能性价值。

3 文旅融合的建议

3.1 提升公共文化场馆与旅游融合的供给力

首先，要提高博物馆文物馆藏、美术馆藏品收集、图书馆文献研究、文化馆艺术创作等公共文化场馆的含金量。其次，要提升数字化、信息化、科技化管理程度，扩大公共文化场馆的知名度和影响力。再次，要鼓励和引导社会力量以冠名、合作经营、捐赠等方式，参与民办剧院、音乐厅、文体活动中心等公共文化场馆的建设。最后，在有条件的镇（街）设立图书、文化、艺术、博物等分馆，实行资源共享、联动服务，实现"零距离"服务基层群众。

另外，公共文化场馆的管理范围可扩大到各纪念馆，主要负责日常维护，从机制上实现对场馆的分离管理。

3.2 推动旅游资源与公共文化场馆主动融合

旅游业的起点是旅游需求，而旅游需求的起点是"大文化"，所以文化对旅游的"根基作用"很大。如果自发融合，文化和旅游会按照各自的角度去相融，这个过程应该比较缓慢，当然长远看这不失为好事，但对于中国旅游者来说，可能会"不过瘾"。而且，旅游对文化的传播速度也不会那么快。旅游应该从以下几个方面主动与公共文化场馆融合。

一是在充实旅游内容方面,要科学利用传统村落、文物遗迹及博物馆、纪念馆、美术馆、艺术馆、世界文化遗产和非物质文化遗产展示馆等文化场所,开展文化、文物旅游,推动剧场、演艺、游乐、动漫等产业与旅游业融合开展文化体验旅游。

二是在提高旅游产品品质方面,要通过公共文化场馆的各类藏品和文献去研究、深挖历史文化、地域特色文化、民族民俗文化等,提升传统工艺产品的品质和旅游产品文化的含金量。

三是在营销方面,充分利用公共文化场馆阵地,加强景点景区旅游宣传推广力度,通过查询中华优秀典籍提高景点景区内涵,深入挖掘当地具有地区特色的品质文化,打好文化节庆、体育赛事、知名院校、城乡社区、乡风民俗、优良生态等旅游宣传推介这张牌,主动融合文化,用文化提升旅游水平。

3.3 打造旅游资源名著和公共文化场所名著

在旅游方面,重庆有巴渝文化、陪都文化、移民文化、步行街文化"四大名著",这些名著是经久不衰的。而现在重庆还在建设一些新的"名著",比如朝天门、洪崖洞文化等,从均衡性和充分性来讲,一定要搞新的"旅游名著",才对游客有吸引力。

重庆著名的文化符号有重庆火锅、朝天门、解放碑、长江三峡、大足石刻、重庆人民大礼堂、合川钓鱼城、巫山人、铜梁龙舞、红岩村等。重庆有一些文化元素还没有利用好,民间民俗利用偏少,能够让游人走进去感受建筑格局之美的庭院文化很少。

总之,笔者建议,重庆的文化优势,要结合特色旅游进行梳理,结合项目建设进行"赋魂",在政府的支持下扩大利用面,形成更多的"旅游名著"。开展一些重庆地域文化的概念性旅游,如自然山水类旅游胜地可开展"读山""听水""亲州""恋城"等涵盖文化、教育、体育、旅游、经贸等领域的活动。"读山"以"读"为主题,包括阅读论坛、音乐赏析等;"听水"以"水"为依托,以"听"为主题,包括音乐季、文化艺术节等;"亲州"以州为依托,以"亲"为主题,加强民间文化交流等。

3.4 实施公共文化场馆与旅游资源的分区融合

公共文化的内涵很大,而"以文塑旅"也是一个大概念,如何真正融合,真正实用,笔者认为,应该由分区融合逐渐过渡到总体融合。

一是人群分区。例如特殊的群体会喜欢宗教,旅游针对这类人群的供给产品类型就是公共文化场馆的专项活动;再例如,初级观光群体以多看为主,旅游产品中,公共文化场馆只做基本呈现和知识普及即可。

二是空间特征分区。文旅融合中的旅游演艺,野外的山水空间,旅游产品将是大型的实景演出,对应的就应是类似"印象系列"的产品,这就需要公共文化场馆配合、利用才能完美实施;而室内的剧场空间,对应的可能就是公共文化场馆的空间。

4　结语

总之,公共文化场馆和旅游资源在现有形式下,在市场化规律的引导下,要保持主动积极的融合态度,这样才能维持和扩大其市场活力;要在文化和旅游两条主线上,明确每个领域的位置,这样才能够把"以文塑旅""宜融则融、能融尽融"真正落实、落地。

6 | 精准扶贫视角下的图书馆文化扶贫

精准扶贫视角下的公共图书馆文化扶贫
——以重庆市江津区图书馆为例

郑玉霞

(重庆市江津区图书馆)

摘要： 本文以学习精准扶贫战略思想为基础，结合公共图书馆承担的社会职能，以重庆市江津区图书馆为例，总结了其在文化扶贫工作中的具体做法和措施，以期为其他区县馆提供借鉴，为我国全面决战脱贫攻坚、全面决胜小康增砖添瓦。

关键词： 精准扶贫；公共图书馆；文化扶贫

2016 年 7 月 20 日，习近平总书记在《东西部扶贫协作座谈会上的讲话》中指出：摆脱贫困首要并不是摆脱物质的贫困，而是摆脱意识和思路的贫困。扶贫必扶智，治贫先治愚。贫穷并不可怕，怕的是智力不足、头脑空空，怕的是知识匮乏、精神委顿。脱贫致富不仅要注意富口袋，更要注意富脑袋。

开展社会教育和人才培养是公共图书馆的职能，故公共图书馆在文化扶贫工作中扮演着重要角色。以重庆市江津区图书馆为例，文化扶贫工作首先精确识别扶贫对象，采取"对症下药"，上扶贫项目，通过开展讲座、展览、培训和阅读活动等形式实施文化扶贫工作。

1 精准识别扶贫对象

文化扶贫工作的实施对象在来源属性上比较单一，主要是通过精准界定的贫困人口，然而文化精准扶贫工作的主体在来源属性上呈现多元化的特征，他们可以是一般理解的农民、留守儿童等，也可以是政府文化部门工作人员、基层公务员以及社会爱心人士等，笔者把他们归为文化贫困民众，本文重点关注五类人群。

1.1 农民工

农民工劳动强度普遍较大,工作时间较长,休息日较少,文化生活贫乏。关注这个群体的精神文化需求,是构建社会主义和谐社会的要求,也是公共图书馆的社会职能之一。

1.2 老年人

老年人作为社会人口重要的组成部分,他们的幸福感大多源于精神生活的满足。随着信息时代的到来,老年人应用现代信息技术的能力较弱,思想、观念跟不上时代前进的步伐,提高他们的生活技能,丰富他们的精神文化生活,让他们拥有获得感、幸福感和安全感。

1.3 残疾人

作为约占我国总人口比例8%的残疾人群体,有80%生活在农村,他们因身体或是经济原因导致文化生活匮乏,对知识的渴求强烈,特别是谋生需要的技术。

1.3.1 肢体残疾人

这类人群虽然身体某些部位功能不全,但思维清晰,希望借助培训、讲座、书籍获得知识,提高他们的文化素质和自立能力。

1.3.2 视力残疾人

视力残疾人外出活动比较困难,交流较少,但他们同样有着融入社会、参与社会生活的内在需求,又因为他们大多生活在农村,或受家庭经济条件限制没有学习盲文,他们了解外面的世界依靠耳朵,公共图书馆可用国家对公共文化服务扶持的专项资金购买听书机,让他们用耳朵就能听到外面多彩的世界。

1.3.3 听力残疾人(青少年)

这类人群我们重点关注的是特殊教育学校的学生,他们敏感小心,善于察言观色,因听不到外面的声音会变得烦躁或自卑。

1.4 未成年人

1.4.1 农民工子女

随着我国市场经济的不断发展,农村有许多劳动力进入城市谋生,导致整个家庭搬到城市,这部分家庭的家长大多学历不高,收入又低,自然在教育上投资就少,甚至由于经济原因,家长没有办法为子女提供必须使用或者可以拓宽他们知识面的书籍,又加上父母劳动强度大,工作时间长,回到家没有时间和精力关注孩子。

1.4.2 留守儿童

这类群体大多父母双方或一方在外务工,他们正处于成长和发育的关键时期,无法享受到父母在思想认识及价值观念上的引导和帮助,在成长中缺少父母在情感上的关注和呵护,极易产生认识、价值上的偏离和个性、心理发展的异常。

1.5 基层公务人员

这类人群工作日在远离城区的镇街,只有节假日或周末回城,社交圈子较小,婚嫁问题突出,这些基层公务人员代表的是政府形象,是国家各项惠民政策最后的执行者,是政策落地的最后一公里。他们的工作很琐碎,是社会矛盾的直接面对者,他们需要心理疏导,把他们作为文化扶贫对象意义重大。

1.6 村社农民

这类群体生活在广大农村,他们整日劳作在田间地头,除购买生活必需品须去镇街外,大部分时间都生活在村社。随着社会不断向前发展,农作物和经济作物的种植技术也在不断地更新和提高,村社村民在科普、法制、卫生健康、防灾减灾方面的知识需要不断补充。

1.7 分馆(镇街分馆、社会分馆)及村社农家书屋图书资料管理人员

这类群体工作在基层,大多身兼数职,工作头绪太多,专业素质不高,特别是村社一级,他们文化程度不高,对图书系统管理知识掌握不够,系统操作不够熟练,影响投放书籍的正常流动,对生活在镇街和村社的读者提供的服务质量不高,对他们进行文化扶贫,可以提升服务质量。

2 开展精准扶贫项目

精确识别扶贫对象后,根据不同的扶贫对象开展不同的扶贫项目。

2.1 让服务走出去

农民工这个群体大多在建筑工地,把健康讲座、报刊送到他们工作的地方,通过开展讲座丰富他们自救互救等方面的知识,赠送报刊丰富他们的业余精神生活。

2.2 把服务送上门

通过开展针对老年人的"冬日送温暖""夏季送清凉"系列活动,在馆外开展提高生活技能的培训,走进老年公寓开展养生讲座,赠送琴棋书画等方面的书籍以及放电影等,丰富他们精神文化生活。

2.3 多部门联手合作送服务

联合镇街残联把分散在农村的能够走动的肢体残疾的成年人组织到图书馆,开展关于如何办借阅证、如何使用数字阅读设备、如何方便快捷地找到心仪的书籍的培训。对视力残疾的扶贫对象开展"文化助盲,共享阳光"系列活动,联合特殊教育学校送服务,邀请本土教育名师一起走进学校开展"精准扶贫,有爱同行"系列活动。

2.4 建立"家庭图书馆"

在农民工子女和留守儿童较多的学校附近，与愿意发挥余热的退休人士联合建立"家庭图书馆"，重大节假日开展留守儿童座谈会，让这部分群体在集体活动和阅读中疏解心理压力，丰富精神世界，获得陪伴与关爱。

2.5 在偏远山区的中小学建立"学生书房"

邀请名家名师进校园讲座，组织开展优质诵读活动，联合聂荣臻元帅纪念馆开展聂帅精神进校园活动以及展览等。

2.6 针对村社村民建立农家书屋

在农家书屋投放农业、科技、法律等方面的书籍，举办实用技术培训以及法制、卫生健康、防灾减灾等宣传讲座，为农村全面发展提供智力支撑。

2.7 行业专家指导

人力资源、数字资源和纸质资源相对丰富的总馆对分馆以及村社农家书屋图书资料人员进行培训、开展讲座，提升文化贫困馆员的业务素养，实行资源共享。

3 文化扶贫工作的具体实施

3.1 农民工：开展讲座以及送报刊书籍

2017年至2019年7月，江津区图书馆连续三年利用3月5日"学雷锋日"走进中建桥梁六局轻轨5号线四分部项目部，为那里的农民工开展讲座和送报刊，讲座有江津区中医院医教部部长、主任医师邓玉霞带去的"快乐劳动，健康生活"等系列讲座。讲座内容主要包括在施工场所遇到危险应当采取的正确的自救互救知识，包括高处坠落、触电、外伤出血与止血，以及人工呼吸的正确姿势。帮助一线务工者认识劳动中危害身体健康的行为以及如何保持健康心理状态等。赠送的报刊让务工人员在工作之余，通过看报刊放松身心，愉悦心情，感受温暖，体现了图书馆特有的人文关怀。

3.2 老年人：开展培训

2018年至2019年9月，江津区图书馆在馆内、社区和老年大学等场所共举行"乐享银龄""常青e路，幸福夕阳"培训16场，受惠老年人600余人，培训内容主要包括：智能手机与老年朋友的日常、防电信诈骗、手机带你去旅行、手机摄影使用技巧、电子相册制作等。这些培训解决了老年人渴望学习信息时代新生事物又无处系统学的问题，他们学会了移动支付、手机地图导航、如何识别并防范电信诈骗，掌握了手机旅游软件的使用、如何使用相机拍照最美以及如何发朋友圈等。这些培训提升了这部分老年人的获得感、幸福感,提高了他们适应当今信息时代的能力。

针对老年人应用现代信息技术的能力较弱,公寓周边没有专业电影院的情况,江津区图书馆从 2017 年至 2019 年,连续三年走进艾坪山耀文老年公寓、白沙镇寿星公寓、慈云镇敬老院等开展了针对老年人的"冬日送温暖""夏季送清凉"系列活动,比如播放《庐山恋》《高山下的花环》《平原游击队》《南征北战》《红日》等电影给他们看,勾起了他们对过往岁月的回忆,部分老年人能跟着电影合唱插曲和主题曲;还给一部分卧床老人读报、讲故事。活动开展至今,700 位老人受益。图书馆所做的这些工作让这部分老年人获得了幸福感。

3.3 残疾人

3.3.1 肢体残疾人群:培训

2018 年 11 月,江津区图书馆把区属支坪镇肢体残疾 30 多人接到图书馆,在三楼多功能厅举行培训,内容包括如何办借书证、数字阅读设备的使用、如何寻找想要借阅的书等。这些图书馆基本常识对一般人来说都是信手拈来,但对镇街而且手脚不灵的残疾朋友而言,这次培训就是"雪中送炭"。

3.3.2 视力残疾群体推广活动

江津区图书馆开展了"文化助盲,共享阳光"系列活动。2018 年 5 月 25 日上午,江津区图书馆组织了十几位视障读者在一楼视障阅览室进行了一次观影体验。这种无障碍电影,是经过特殊处理,用语言的方式向视障人士解说电影的情节和画面,让视障人士在听解说的同时,"观看"到电影。为使视障读者更好地享受无障碍电影带来的艺术乐趣,图书馆工作人员精心挑选了一部让人心潮澎湃、热血沸腾的战争片《战狼》,让参加活动的视障读者获得一次听觉盛宴。

3.3.3 盲人数字阅读推广活动

送智能听书机到社区。江津区图书馆带着 151 台听书机走进江津区圣泉街道土堡社区,现场发放 36 台,并对如何使用进行培训,让视障群体享受到国家的精准扶贫政策,让他们"听"到外面多彩的世界。

3.4 未成年人:阅读、诵读活动

江津区图书馆走进江津区特殊教育学校开展"精准扶贫,有爱同行"系列活动。江津区双福第二小学是一所外来务工人员子女较多的小学。2017 年,江津区图书馆在校园建立了爱心书房,共投放少儿读物 3000 册,每学期更换一次,并在 2019 年的世界读书日开展"读经典、学新知、链接美好生活"诵读活动和名家进校园讲座,名家是本土儿童文学作家曾维惠。

几江实验小学是江津区城中村小学,生源多为留守儿童和外来务工人员子女。江津区图书馆和退休老人赵志成联合开办"志成家庭图书室",图书室位于小学出口 1000 米处,赵志成老人提供家庭场地,图书馆投放书籍,每学期根据借阅量和书籍流动情况进行更新,家庭图书室提供放学写作业服务,给该校的留守儿童和外来务工人员子女放学或节假

日创造了一个精神家园。每学期在校园内开展多次以班级为单位的阅读分享会,老师、图书馆阅读推广馆员一起来培养留守儿童爱上阅读的好习惯,提高他们的阅读兴趣。寒暑假召集留守儿童和外来务工人员子女开座谈会,给孩子们赠送书籍,鼓励他们多借多读。

白沙镇河口小学距离白沙镇约13公里,位置偏僻,留守儿童较多,我们校馆联合建立了"学生书房",举办爱心图书传递活动,在校园开展阅读、展览活动等,如"读好书·爱中华——我们一起读经典"诗词诵读大赛等。

中山镇中心小学距离江津城区63公里,江津区图书馆开展"爱心图书传递"活动,把适合小学生的书籍送到这些孩子手中,让阅读的种子在孩子们心里生根发芽。

3.5 基层公务人员:送专业讲座

区属镇街"按需点单",以提高基层公务人员的综合素质。根据镇街需求送讲座,如塘河镇政府,远离江津城区,大龄男女较多,特别是大龄女青年,她们工作日住镇街,周末回城,交往圈子小,工作节奏快,心理压力大。江津区图书馆邀请中国心理学会会员、重庆正好心理咨询首席咨询师郑勇利开展讲座"幸福生活,从心开始",此次讲座吸引了塘河镇政府所有工作人员以及镇小学教师、派出所警官等近200人参加。夏坝镇距离江津城区约68公里,江津区图书馆邀请主任医师、国家级中医药文化科普巡讲专家、中华中医药学会科普分会委员、重庆市中医药学会理事、江津区中医院医药部部长邓玉霞开展"故事里的养生"讲座。

3.6 村社村民:培训、讲座

依托农家书屋开展扶贫活动。江津区有179家农家书屋,32个分馆,藏书428868册。江津区图书馆在2019年4月邀请有丰富经验的花椒种植高产大户白胜在嘉平镇寒坡村、先锋镇麻柳村的农家书屋开展花椒的种植技术培训,还在2018年11月邀请本土名医开展癌症的预防以及卫生健康方面的讲座。这些讲座提升了村社群众的信息素养,使农家书屋成了群众脱贫的"智慧屋"。

3.7 总分馆工作人员:培训

邀请业内专家对所属镇街分馆、社会合作分馆以及农家书屋图书管理人员开展业务技能培训,比如邀请武汉大学信息管理学院副院长黄如花开展"大数据时代图书馆服务创新"讲座、西南大学孙道进教授开展"乡镇文化站当前存在的问题及解决路径"讲座等。

4 结语

总之,公共图书馆精准文化扶贫工作,是响应国家的政策号召,需要我们公共图书馆人共同开创,共同努力。

浅谈精准扶贫视角下的图书馆文化扶贫

涂德富

（重庆市城口县图书馆）

摘要：扶贫工作是党中央、国务院的一项重要战略部署，对推动贫困地区经济社会的发展有着积极意义。图书馆作为公共文化服务体系建设的重要组成部分，在精准扶贫的过程中要充分发挥优势，面对广大群众，尤其是建档立卡贫困家庭，提供有针对性的优质服务，让广大百姓尤其是贫困群众实现自我提升、自身发展、自助创业、自我强大。本文阐述了图书馆在精准扶贫视角下的作用体现，并结合当前实际探讨了图书馆文化扶贫的有效途径。

关键词：图书馆；精准扶贫；文化扶贫

知识是强大的生产力，是提高经济水平的重要基础，我国的产业发展离不开知识和技术的更新[1]。在新农村的发展过程中，农民教育尤其是对贫困农民的教育越来越重要。精准扶贫是我国经济发展过程中的一个重要战略决策，对欠发达地区的资源进行充分利用，可以提高当地经济水平，农村得到快速发展，贫困农民的生活幸福指数越来越高。在精准扶贫过程中，最重要的就是要解决贫困农民的思想、知识和技能问题。现代职业农民是未来农民发展的重要方向，这就要求加强对贫困农民的教育和"再培训"。图书馆作为社会教育、信息传播、文化交流的重要阵地，其丰富的书刊和信息资源，都能很好地成为贫困农民教育、引导和"再培训"的载体。贫困农民可以从图书馆资源和免费开放服务中学习更多的知识和技术，正确了解国家扶贫政策，准确把握农村经济发展趋势，及时获取第一手资料与信息，更好地适应新时代、新发展，早日脱贫致富奔小康。

1　图书馆在精准扶贫过程中的地位及作用

图书馆作为地方政府部门的直属组成部分,同样具备经济调节、市场监管、社会管理和公共服务的职能,只是涉及的面相对狭小,强调的更多的是公共文化服务职能。在精准脱贫精准扶贫这个特定的时代背景下,只有图书馆的服务职能得到有效发挥或放大,才能更好地提升公共文化服务效能,才能让广大群众增强共享改革发展成果的社会认可度,才能更好地助推脱贫攻坚。

1.1　履行社会教育职能

图书馆的发展与知识经济时代的发展步调是一致的,其中最重要的一个作用就是利用资源优势实现对贫困农民的有效教育。当前,传统的经济发展模式已不能适应于社会发展,必须要加强对知识经济的应用,现代农业发展必须要结合知识和科技,才能形成产业化、规模化、科技化,产生更高的农业附加值。图书馆有丰富的图书、报刊、光碟以及主题展览、讲座等资源,可以将资源沉下去,让资源流动起来,采取行之有效的读者活动,在农村广泛开展知识教育,让贫困农民在日常生活生产过程中获取知识,在学习中提升自我,为农业生产提供智力支撑。

1.2　提供综合信息服务

图书馆就是为人们提供信息、知识的场所,本身也提供信息服务,因此,如何发挥图书馆的优势,提高图书馆的竞争力,关系到图书馆在服务行业的生存发展。尤其要发挥好图书馆资源丰富的优势,结合贫困农民的个性需求做好信息服务,助力其脱贫增收并得到长效巩固,这样才能体现出图书馆在精准扶贫过程中的价值与影响。在现代农业发展过程中,要求贫困农民根据自己的需求进行深层次的知识探索,而图书馆能够提供各种信息资料以便进行分析和深入思考,同时拓宽他们的视野,能对自己的生产生活有实际的帮助。现代科学技术在图书馆的广泛应用,使图书馆的服务方式、服务手段多样化,服务效率不断提高。随着互联网技术的普及,信息的载体更加丰富,可以让读者更方便快捷地获取信息,培养贫困农民的信息价值观念。

1.3　整合利用文化资源

一个地方建有公共图书馆,乡镇(街道)设立有图书室,村社建立了农家书屋,可以理解图书馆(室)建设已实现县(区)、乡(镇)、村(社区)三级全覆盖,阅读场所逐渐扩大,资源信息量丰富。随着图书馆总分馆建设的推进,可以整合各个图书馆(室)的图书资源,通过通借通还,提高资源利用率。也可以通过资源整合,加强总分馆之间、分馆与分馆之间的互动交流,更好地对贫困农民进行知识教育,并进行多性质、深层次的教育。整合资源,为实现资源流转与共享提供了方便,可以有针对性地向有特殊需求和贫困的农村倾斜,从而提高贫困农民的阅读量,为农村生活和农业生产奠定坚实的基础。

2 图书馆在精准扶贫过程中的文化扶贫

随着人们信息价值观念的变化、科学技术的进步和文献资源共享的逐步实现,图书馆服务正沿着社会化和自动化方向迅速发展,图书馆服务在人们的物质生活和精神生活中将发挥越来越重要的作用。图书馆在精准扶贫过程中主要是为贫困农民提供各种信息和资料的,是提高贫困农民的精神文化生活以及生产能力的重要场所。在精准扶贫的过程中,图书馆应该在精准施策上出实招、在精准推进上下实功、在精准落地上见实效,突显图书馆在传承中华文明、提高国民素质、推动经济社会发展等方面的价值与影响力,为贫困农民创业就业作出应有的贡献。

2.1 摸清读者底数,解决好"扶持谁"的问题

图书馆文化扶贫,拥有忠实读者是前提。图书馆在流动服务进基层过程中,要做好读者群体的调查工作。例如,某个乡镇大致有多少持卡读者,老年人、留守儿童、创业大户、慢病家庭、残疾人、电商从业者各是多少,他们需要哪些方面的知识信息服务。在精准扶贫过程中,图书馆要摸清贫困农民读者底数,才能精准帮扶。只有底数清,图书馆的服务工作才会显得有的放矢。只有底数清,才能真正掌握贫困农民的具体阅读需求,图书馆的精准扶贫工作才能做得更细更实。摸清底数后,图书馆完成分类台账,根据贫困农民的知识需求"按账买单"。

2.2 拓宽服务空间,解决好"哪能扶"的问题

图书馆文化扶贫,夯实阵地环境是基础。图书馆在统筹总分馆、农家书屋纸质资源和数字图书馆资源的基础上,要广泛征集社会捐赠,争取单位或个人支持,凝聚社会多方力量,筹集有利于全民阅读的设施设备。在精准扶贫过程中,整合社会力量,帮助贫困农村加强公共文化建设,补给贫困农民的精神食粮。以创建"文明城市"、文化名镇、示范新农村、传统村落等为契机,聚焦乡村振兴,聚焦文化民生,大力推进现代公共文化服务体系建设,加快完善文化驿站、文体大院、文化中心户,将图书馆资源置入其中,打通"半小时文化圈"最后一公里。还要加强集体外借点、校园图书室、村小图书角、爱心图书流通点、职工书吧的建设,从而增加文化供给,解决阅读去处的问题,进一步让文化资源"活起来""动起来",切实拓宽公共文化服务范围。

2.3 加强资源建设,解决好"拿啥扶"的问题

图书馆文化扶贫,加强资源建设是关键。只有及时合理地丰富资源,图书馆才不会成为一种摆设,才具有生命力。在知识信息资源建设上,图书馆要处理好纸质资源和数字资源的互补关系。由于绝大多数贫困农民文化知识水平有限,仍习惯于传统的阅读方式,图书馆要有针对性地丰富图书资源,让贫困农民既获得专业性知识,又可了解其他信息,还能通过阅读提高文化修养。由于不同的读者在信息倾向、需求层次、满足程度等方面存在着差异,图书馆也要加强数字图书馆建设,丰富电子信息资源,尽可能满足读者的需求;还应加强计算机设备配备、建立相应的数据库等,便于大家自主查询和搜索,使得人们能够从图书馆中获得更多的信息。管理好阵地,整合利用好资源,不断更新充实一个地方的图书(电子)藏量,按单买单,按需配备,才能从根本上吸引更多的读者走进图书馆、利用图书馆、爱上图书馆。

2.4 强化队伍建设,解决好"谁来扶"的问题

图书馆文化扶贫,服务队伍建设是保障。图书馆要实现信息化管理,馆员应学会使用各种信息技术以及信息管理系统,对图书馆的各种信息进行传递,使贫困农民从中获得更多有用的信息;学会使用信息技术、大数据技术进行研究和分析,为贫困农民提供更多个性化的服务。馆员应熟悉本馆购买的各种数据库及网上资源,对用户进行指导,提供服务。在精准扶贫过程中,图书馆需要打造一支敢于担担子、善于扣扣子、勤于钉钉子的馆员队伍。通过培训、锻炼,培育知识过硬、能力突出、思想上进的馆员,他们能放下身子、开动脑子、走进村子,深入贫困乡镇和农民家庭,全心全意为贫困农民服务。根据贫困农民的不同需求,图书馆应用心服务、乐于服务,开展个性化服务。同时,图书馆需要打造一支有公益心、乐于奉献、不怕吃苦的阅读推广志愿服务团队。整合图书馆志愿者、基层书屋管理员、大学生村官、文艺爱好者等人员,组建"全民阅读推广人"团队,服务于边远农村,服务于贫困农民,服务于贫困农民的读者活动开展,服务于特殊困难农民的送书上门活动,更好地为贫困农民开展有针对性的跟踪服务。

2.5 创新服务方式,解决好"怎么扶"的问题

图书馆文化扶贫,提升服务质量是核心。通过流动站、流动车等形式,将文献外借服务和其他图书馆服务向社区、村镇等延伸,定期开展巡回流动服务[2]。在精准扶贫过程中,不能走马观花,仅仅让资源流动一下是不够的,还得从贫困农民的需求出发,创新服务方式,坚持扶贫与扶志、扶智相结合,才能确保帮扶有实效。例如,图书馆在建设流通点或集体外借点时,可以选择产业大户、森林人家大院等,尽量让资源在助农增收的环境里流通利用;在资源供给时,图书馆应持续推进"你选书我买单""免费办卡进基层""数字悦读在农家""为你送书"等工作,为贫困农民奉送精神大餐;在提供讲座(培训)时,图书馆可以考虑种养殖技术、卫生健康、电商发展等内容,与乡镇(街道)形成合力,共同助推

脱贫攻坚;在推出主题展览时,图书馆可多收集脱贫致富典型、产业带头人、残疾模范、道德榜样人物等事例,借社员大会、节庆活动的良机进行巡展;在队伍建设上,图书馆可以打造"文艺轻骑兵""快递志愿者""悦读的哥"等团队,更好更快地为贫困农民服务;在读者活动策划上,图书馆可推出"十佳农民读书人"、"图书与贫困村同在"、院坝读书会等活动,让贫困农民与阅读同在,与知识共呼吸。同时,图书馆还要发挥联动作用,让文化与体育、卫生、科技、法制等部门齐发力,克服孤军作战的局面,整合资源进行配送,为贫困农民带去更多的知识信息。另外,图书馆还应加强与新闻媒体的联系,及时宣传报道,扩大读者活动的影响力;对农民阅读典型、致富能手等进行专题报道,以扩大图书馆文化扶贫影响力。

3 结语

习近平总书记指出,图书馆是国家文化发展水平的重要标志,是滋养民族心灵、培育文化自信的重要场所。作为公共文化服务机构,图书馆要充分发挥其社会教育和信息服务职能,成为贫困地区广大致富能手的培育地。贫困群众是扶贫攻坚的对象,更是脱贫致富的主体。在精准扶贫过程中,图书馆要全面凸显自身优势,发挥"抓铁有痕,踏石留印"的精神,深入开展贫困农民的教育和引导工作,不断优化读者工作,真正体现出图书馆文化扶贫所产生的社会价值和广泛效果,为消除贫困、改善民生、逐步实现共同富裕作出最大努力和贡献。

注释:

[1]谭东.论图书馆在精准扶贫中的作用[J].中文信息,2016(6).
[2]王世伟,张涛.《公共图书馆服务规范》应用指南[M].北京:国家图书馆出版社,2013:136.

基层公共图书馆在精准扶贫下如何开展文化扶贫
——重庆市涪陵区图书馆红色文艺轻骑兵阅读推广案例解析

熊世琼

（重庆市涪陵区图书馆）

摘要：扶贫先扶志（扶智），公共图书馆在扶贫工作中，既可激发内在动力，又能履行责任担当。本文通过相关案例分析，总结图书馆在精准扶贫中的发展方向和路径探索。

关键词：基层公共图书馆；精准扶贫；文化扶贫

党的十八大提出了全面建成小康社会的宏伟目标，要全面实现小康社会的战略目标，关键在农村。笔者认为，可以"文化先行"为突破口，助力决战决胜脱贫攻坚，为全面建成小康社会打下坚实的思想基础。

1 当前农村文化活动及其现状

打赢脱贫攻坚战，要强化和发展社会主义文化，建设社会主义精神文明，进一步落实好文化扶贫工作。精神文化生活是社会生活的重要组成部分，随着人民群众物质生活水平的不断提高，精神文化生活的要求也越来越高。

1.1 精神文化生活现状

当前西部地区的农村，尤其是贫困乡村的精神文化生活匮乏。以涪陵为例，涪陵地处西部地区的重庆直辖市，经济发展水平尚处于重庆市前列，但在区内一些偏远山区、后山乡镇，老百姓的精神文化生活主要以棋牌、麻将、电视等为主，在老百姓家中办理"红白喜事"时，有"视死如生"民俗的乡民，或请走乡串户于乡间，由"文艺爱好者"组成的"民间文艺乐队"进行演奏,活跃"红白喜事"氛围,但有时格调偏低,文化品质不高,正能量传导时有不足。

1.2 人员结构

尤其在西部地区,农村人员结构主要以"大龄"的"留村老人""留守妇女"和"低幼"的"留守儿童"为主,青年人一般都外出打工。

1.3 症结

精神文化生活缺乏,人员结构两极分化,地方交通不便,信息不畅通,依靠思想较为严重,主动性不强,对留守儿童的人生观、价值观和世界观的塑造和培育几乎为零。

2 基层公共图书馆在脱贫攻坚中的效能发挥

基层公共图书馆作为公共文化服务的重要组成部分,理应肩负起贯彻落实好打赢脱贫攻坚战的重任,大力弘扬中华优秀文化,建设社会主义精神文明,做好文化扶贫工作。

2.1 红色文艺轻骑兵阅读推广小分队的作用

基层公共图书馆作为公益性文化事业单位,要认真履行传承文化、输送知识的职能,及时传播党的声音和主张,丰富老百姓的精神文化生活,提供更多更好的精神文化产品,增强老百姓的文化获得感。2017年11月,以党员为骨干成员的"重庆市涪陵区图书馆红色文艺轻骑兵阅读推广小分队"成立,从建立之初就制定了"精准对接、因地制宜、因事派员"的机制,切实应对基层最缺、最急、最盼的知识和文化信息,成为打通全民阅读推广"最后一公里"的有力举措。两年来,小分队以轻车简从、短小精干的方式,走遍全区63个贫困村和27个乡镇、村居,极大地丰富了老百姓的精神文化生活,彰显了图书馆人的作为。

2.2 "送文化"与"种文化"的功效

各基层公共图书馆只有健康协调蓬勃地发展,才能真正成为广大贫困群众自由获取知识信息的最佳场所和知识输送的策源地。在实现社会主义文化建设、美丽乡村建设中,公共图书馆参与文化扶贫必将出现新的高潮。涪陵区图书馆通过充分发挥"红色文艺轻骑兵阅读推广"的作用,开展活动更加灵活,派生出很好的社会效益,既为老百姓提供了服务,又实现了"送文化"与"种文化"的有机结合。两年来,先后开展各项活动267场次,参与人员1602人次,发放各种宣传及农副业资料7万余份册,举办"党的十九大精神""榜样的力量"等展览232场次,受众8.01万人次。涪陵区图书馆以红色文艺轻骑兵志愿服务为载体,自觉充当阅读推广人的角色,通过聚民心、惠民生的活动,提升了基层老百姓的幸福感,通过不断持续开展知识输送和信息传播,坚定了老百姓脱贫攻坚的信心与决心。

2.3 普及全民阅读推广,助力扶贫攻坚

中国是一个农业大国,重庆又是大城市带大农村格局,涪陵虽然是走工业强区的发展道路,但当前所面临的问题是涪陵贫困山区群众的文化程度相对偏低,这不仅直接影响农村人口及其子女终身教育、知识创新、致富脱贫和智力脱贫,而且还制约了当前农村的产业结构、致富渠道、信息脱贫和知识脱贫的需求,开展扶贫先扶志(扶智)就显得非常紧迫。涪陵区图书馆抓住自身工作属性,有效利用自身资源,开展行之有效的全民阅读推广工作,助力扶贫攻坚。为扩展推广面,涪陵区图书馆红色文艺轻骑兵阅读推广志愿服务队不断创新,拓展知识输送的深度,将知识输送到老百姓最需要的地方。"院坝读书会""众览天下,我讲你听"等阅读品牌受到老百姓和留守儿童的喜爱。2018年1月5日,当市民还在酣睡之际,志愿者们就赶到浓浓大雾中的角帮寨,为针对留守儿童的"院坝读书会"作准备,精彩的故事激发着留守儿童对大山外面世界的向往,激励了他们发奋学习的劲头。这些举措直接或间接地拓展了当地群众的视野。

3 "文化先行",是乡村振兴的重要途径

图书馆作为"没有围墙的大学",应结合文献资源载体,树立扶贫先扶志(智)的思想。基层公共图书馆可利用各种报刊、图书以及各种农副业技术资料进行对接服务,举办各种展览,开展具有针对性的讲座,将农民朋友急需的知识和信息第一时间传送给他们。涪陵区图书馆于 2017 年开始的"乡村振兴、文化先行"活动,深受农民朋友的喜爱。红色文艺轻骑兵阅读推广志愿服务队深入田间地头、农家小院,用通俗易懂的方式,实现"文化先行"。

涪陵区图书馆于 2018 年 6 月开展的"乡村振兴、文化先行"走进凉水村小学活动,为这所小学建卡贫困生 74 名;为丰富活动内涵,建立爱心流动图书室,让城区小学与凉水村小学"手拉手";邀请重庆市青少年素质培训中心专家开展励志讲座。这些活动得到村民交口称赞。"红色文艺轻骑兵阅读推广小分队"给我们的启示是,通过挖掘并激活自身的文化资源,以文化为先导,引导群众自主开展文化活动,可以增强基层群众文化活动的自我造血功能,实现自我管理、自我服务、自我发展,增强脱贫攻坚的定力,树立脱贫攻坚的信心。

4 持之以恒谋发展，助力脱贫攻坚显担当

各基层公共图书馆要采取强措施，抓落实，切实发挥阅读推广作用，致力于知识的全覆盖，把先进的文化和群众需要的信息及时送到基层，不断推陈出新，深化送文化下基层、到乡镇的服务内涵，真正让基层群众感受到文化的感召力，为打造一支信念坚定、乐于奉献、敢闯勇为的新时代阅读推广队伍而不懈努力。

4.1 高度重视求实效

基层图书馆可建立长效机制的领导机构和工作机构，将阅读推广、文化扶贫工作有效融合到各公共图书馆内的活动中一并开展，与脱贫攻坚同步进行。基层图书馆可根据全年阅读推广活动需要，制定出切实可行的活动规划，以乡镇、村居为重点，激发老百姓的学习激情，拓展知识输送深度。

4.2 建好队伍谋发展

基层图书馆要坚持以满足基层老百姓需求为着力点，开展的活动要进一步精准，人员要进一步敬业，规划要进一步求实。依托各基层公共图书馆馆内不同的资源优势，广泛发动全社会志愿者的力量，配合各乡镇综合文化站、各乡镇图书分馆建立红色文艺轻骑兵服务网络，形成齐抓共管的机制，经常性开展与脱贫攻坚相一致的活动。

4.3 加强载体以共享

各基层公共图书馆要不断结合自身优势，依托当前"互联网＋"和供给侧改革思路，丰富和拓展"乡村振兴文化先行"思路，结合日常开展的送文化下乡活动，培育"种文化"环境。结合乡镇分馆、综合文化站的地缘优势，植入品牌推广栏目，扩展整合"送文化下乡"的工作思路及对策。

4.4 坚持服务聚民心

在实施脱贫攻坚战略中，各基层公共图书馆服务要更加精准，更接地气，以更通俗的方式，以更持久的服务态势，让文化知识浸润老百姓心灵。

4.5 打造品牌成合力

助力脱贫攻坚的方式要多样化，将图书馆传统服务与数字化传播相结合，增强时效性和多样性，为基层老百姓开展更加精准的文化输出和信息服务，让"红色文艺轻骑兵"在基层落地生根。

4.6 工匠精神永流传

图书馆人要以全民阅读推广为己任,以择一事而终一生的不懈追求,外塑形象,勤练内功,积极践行"乡村振兴,文化先行"理念,实施精准扶贫,扶贫扶志与扶智并行,以"走出去、请进来"的方式,让活动常态化,真正让基层群众感受到文化的魅力和感召力。

7 | 智慧图书馆与图书馆智慧服务

关于智慧图书馆及其智慧服务发展的探究

胡艳丽

(重庆市沙坪坝区图书馆)

摘要：本文首先介绍了目前国内外智慧图书馆及其智慧服务的发展现状。然后，根据实践情况，着重分析了当下制约智慧图书馆及其智慧服务创新型发展的关键问题所在，并结合当前互联网技术的发展，以及智慧城市发展态势给出了创新建设及服务方面的举措。最后，对智慧图书馆及其智慧服务进行了展望。

关键词：智慧图书馆；智慧服务；展望

1 智慧图书馆及其智慧服务发展现状

1.1 国外发展现状

新加坡国家图书馆在 1996 年开始试用无线射频识别系统，是世界上第一个启用智慧图书馆的国家，并实现了旗下所属多家分馆的全面使用，整套系统基本实现了无线射频识别系统下的排序、清查、检索与自助借还。此外，该图书馆还与国家邮政系统合作，读者还书可以直接放入就近的邮箱里，由新加坡邮政进行回收和分拣，并将书通过邮政系统送回原藏书图书馆[1]。1998 年，北美图书馆提议以 RFID 技术方案作为读者自助借还的一种方式，之后纽约洛克菲勒大学图书馆最先安装了 RFID 系统。1999 年，密歇根法明顿社区图书馆成为首个使用该技术的公共图书馆，随后其他图书馆还引进了高频的智能还书和分拣系统，提供全方位的自助服务。德国马克斯·普朗克欧洲法律史研究所图书馆采用了使用寿命可达 40 年的高频 RFID 标签来系统管理历史文献，澳大利亚瑞福利纳地区图书馆也紧跟步伐。

1.2 国内发展现状

随着 RFID 技术的成熟,国内各大图书馆开始部署 RFID 系统,包括各个公共图书馆和高校图书馆。台湾台北图书馆应用 RFID 技术建造了世界首创的无人服务智慧图书馆。[2] 上海是内地第一个建设信息化现代图书馆的城市,后面各地图书馆纷纷加入了建设智慧图书馆的脚步。从总体上看,虽然国内图书馆界在 RFID 技术的研究和应用上起步较晚,使用的范围与规模也不如其他发达国家和地区,但使用水平上的差距正在逐渐缩小。现阶段智慧图书馆主要采用 FRID 技术,集中应用在以 RFID 标签为主的设备体系,包括电子标签、层架标、馆员工作站、自助借还机、安全门系统设备、24 小时自助还书机、自助办证系统、智能分拣系统、专用还书车等。[3] 业务系统多采用 D-lib 集群管理系统软件,该软件基于 B/S 架构搭建,支持多种操作系统平台,采用 Oracle 数据库作为数据库服务器平台,包含了采访、编目、典藏、期刊、流通等子系统,全面支持联合采访、联合编目、网上续借、预约、挂失等功能,支持 OPAC 查询和检索。以重庆市沙坪坝区图书馆为例,其在 2006 年 7 月引进了无线射频识别系统,初步实现全馆 90 余万纸质文献的智能化管理,读者只要从图书检索系统 OPAC 中查到一本书,就可以凭借馆内导航资源找到该书存放的位置。此外,一卡通服务在全国各地陆续展开,各个图书馆的业务联系更加紧密,而且,凭借支付宝芝麻信用就可以免押金办理电子证,还可以与微信公众号绑定,以及通过官网实现借阅服务。读者一卡在手就可自由进出各个图书馆,各个馆日借阅量激增。为了满足群众对公共文化的需要,全国各地陆陆续续建设 24 小时城市书房,读者凭借身份证或者借阅证就可以刷开自动屏蔽门享受自助借阅服务。在全媒体时代,信息和知识以开放、多向、交互的方式和特点,渗透到人类生活的各个方面,社会信息需求从内容到形式发生了颠覆式的变化,传统图书馆的服务模式已经跟不上全媒体时代的发展步伐,需要进行智慧服务创新。[4]

2 智慧图书馆及其智慧服务问题

2.1 智能技术应用不成熟

智慧图书馆的建设中有多家集成商和设备商不同程度参与建设,存在着接口数据标准不统一的问题。同时,相应地会出现设备互不兼容、互不支持,无法实现集成化的统一智能化管理和服务中心等问题,而这为保护前期项目投资和建设带来很大的困难,也为后期的维护升级增加了风险,还会导致创新应用的动力不足。信息化设备所做的浅层次的数据分析所推介列出的庞杂出版物通常也会让读者无所适从。

2.2 智慧服务建设不足

智慧图书馆是将建筑、通信技术、计算机网络和人进行高度融合,对图书馆建筑内的各种硬件设备进行统一有效管理和控制[5]。参考深圳图书馆对这一块的技术规范可知:智慧图书馆的应用应基于统一的操作系统,在一个相同的操作界面平台上,实现集中控制和管理。例如空调通风管理子系统可以对馆内进行通风换气并对室内的温湿度等进行智能调节,为广大读者提供一个舒适、优美的阅读环境;照明管理子系统通过装在室内各部位的照明探测感应器来控制馆内照明亮度,通过设定照明亮度值,实现智能照明。由此,按照目前沙区图书馆的实际运行情况看,阅读环境的舒适度很多时候是依靠馆员来进行现场管理,这既不利于绿色图书馆的建设,也不能满足读者对阅读环境的要求。

2.3 馆员信息化技术服务水平不高

智慧图书馆的建设对馆员的信息化技术管理和服务水平提出了更高的要求,而图书馆工作人员大多数的专业是图书馆学、中文、法律、外语等,信息化技术服务水平不能满足未来需要。另外,图书馆馆员多缺乏系统化的基础信息技术培训,而且受限于年龄因素,其接受能力已经无法满足实际需要,导致其信息化服务能力普遍不高,整体人力素质影响了新技术、智能设备的管理和使用。

3. 创新建设及服务措施

3.1 推进智能技术统一应用标准

按照公共图书馆统一服务技术平台应用规范统一设备接口和通信协议,构建统一的服务技术平台,通过提供规范化的各种数据及应用功能接口,包括读者认证、自助服务、数据查询与统计等接口,支持各成员馆拓展应用以及本馆内设备的综合集成。对于历史不同阶段建设的信息化系统,因技术原因而无法统一接入综合管理平台的设备,应通过社会采购进行中间件研发。

3.2 完善智慧服务设施建设

图书馆智能化是从图书馆楼宇的整体出发,既考虑图书馆内部各业务功能的专业化、计算机化,又考虑图书馆建筑物本身管理的自动化与网络化,形成一种高度集成的计算机网络系统。[6]从沙坪坝区图书馆智能化建设的实践过程来看,建筑智能化是智慧图书馆的重要基础和支撑,只有对图书馆各种应用的智能化进行不断建设和完善,在此基础上实施大数据分析[7],才能实现最终的图书馆智慧化服务。结合年度预算,本着长远规划、分步分类推进的原则,逐年对馆内各个系统进行智能化改造或者建设,并最终将所有系统的管理进行统一平台监控与管理,最终,将目前的图书馆打造成一个集智能服务、消防、环保、节能为一体的智慧建筑。

3.3 建立有效的信息化人才引入和培养机制

随着智慧城市的深入推进,与其相配置的城市智慧图书馆的信息化人才缺口越来越大,因此,图书馆在今后引入人才时应侧重于引入具有较高水平的信息化技术应用人才,并为其搭建发挥才能的平台,为智慧图书馆提供智慧服务做好人才储备。此外,要根据馆内人才结构,建设专业培训部门,分梯度进行相关信息化实操培训,并将此项培训纳入日常考核,为建设一流的智慧图书馆培养综合服务队伍。

4 展望

智慧图书馆凭借着数字化、网络化、智能化的信息科学手段,实现了一种更加高效和便利的运行模式,用最绿色的方式和数字化的手段来帮助读者实现阅读,完成实时的增值服务,让知识服务的内涵得以升华,这对于智慧城,乃至人类的可持续发展有着极其重要的意义。

注释:

[1]陈杰,张月英.无线射频识别技术与图书馆智能化管理[J].科技视界,2014(25).

[2]董晓霞,等.智慧图书馆的定义、设计以及实现[J].现代图书情报技术,2011(2).

[3]陈玉昌.公共图书馆智能化的构建与思考[J].河南图书馆学刊,2017(3).

[4]胡艳丽.关于全媒体时代下图书馆资源建设创新服务模式的探究[J].电脑乐园(信息化教学),2018(8).

[5]周广安.浅谈高校图书馆智能化管理与服务[J].管理观察,2013(32).

[6]冯文秀.图书馆的智能化建设[J].情报探索,2001(2).

[7]胡艳丽.提升公共图书馆未成年人服务能力的探究[J].少图学苑,2017(2).

物联网技术在智慧图书馆建设中的应用探究

张 琳

(重庆人文科技学院图书馆)

摘要：物联网的出现使人与物、物与物之间的通信、交流成为可能。而随着计算机技术和通信技术的不断发展，物联网技术已然成为新一轮科技发展的一大战略制高点，影响着各行各业的发展。物联网与图书馆的结合催生了智慧图书馆，使图书资源整合变得更为便捷，使读者的信息服务体验更为优化。本文就物联网技术在智慧图书馆建设中的应用和出现的问题展开具体论述。

关键词：物联网；智慧图书馆；应用分析

数字化发展、智慧化发展、网络化发展是当今社会发展的主要方向。物联网环境下，随着智慧校园的不断建设和完善，图书馆也将朝着智慧化的方向发展，以便促使图书馆服务实现转型升级，更好地满足广大读者的需求。智慧图书馆主要依托物联网技术（如RFID技术、ZigBee技术、传感技术等），结合实际进行个性化优化，实现读者与书籍的互联互通，使师生能够享受更为便捷和全面的服务。[1]

1 物联网技术在智慧图书馆建设中的应用

1.1 RFID标签转换和制作管理系统

就已有的藏书来看，RFID标签转换系统可以节省一定的人力、物力[2]。我们可以把RFID标签转换系统看作是RFID技术连接原本的图书管理系统的桥梁，经由该系统将图书编码、书架编码、图书借阅卡等与 RFID 标签进行绑定,使原图书管理系统与 RFID 技术实现无缝对接,便于识别图书信息和访问借阅者个人信息。就之后引进的新书来看,RFID 制作管理系统直接就能为新书制作 RFID 标签。将新书的有关信息收集进 RFID 标签之后,利用专门的标签打印机将其打印出来贴于新书之上,这样图书管理人员就可以通过标签阅读器读取该书的相关信息。

1.2 自助借还系统

该系统主要得到 RFID 技术、网络技术、触摸屏控制技术等的技术支持。其中,控制主机、嵌入式打印机、触摸显示屏、多媒体语音系统等组成该系统的硬件和软件部分。读者经由自助借还机扫描图书上的电子标签就能实现自主借还图书。一方面,自助借还机的识别速度快,借还效率高,不仅简化了借还书的相关手续,节约了读者的时间,还提升了图书馆的人性化服务水平,节省了图书馆的人力成本。另一方面,自助借还机安装简单,日常维护也较为方便,提升了日常的图书管理工作效率。

1.3 智能盘点系统

该系统的一般组成为 RFID 阅读器、带 RFID 标签图书、计算机、图书管理软件等。便捷式盘点平台和推车式移动盘点平台是当前智能盘点系统的两大组成部分。便捷式盘点平台可移动性强、易于携带,不仅能够查找和盘点图书,还具有报警提示、预置查询等功能。推车式移动盘点平台可以长时间持续工作,并且具有较强的数据处理能力。智能盘点系统能够在不接触图书的情况下,对多本图书同时进行快速扫描并读取相关信息,并将信息传送至图书管理系统,生成盘点统计表。除此之外,智能盘点系统还能监测出错架的图书,大大减少了图书馆管理人员的工作量。

1.4 其他系统

一是智能节能减排系统利用 RFID 技术和红外技术,在图书馆相应位置安装传感器固件,经由网络实现对图书馆内部环境的实时监测,并实现对图书馆内的照明、温度、空气循环等的智能调节,以达到节能减排的目的。[3]二是借助于传感技术和大数据分析技术,图书馆智能管理系统能够自动识别并感知用户的位置和关注点,为用户构建个性化偏好模型,以便为用户提供个性化服务,如 PDA/PPC 定制服务、自动推送用户感兴趣的信息资源等。

2 物联网技术在应用于智慧图书馆过程中存在的问题

2.1 对RFID技术过于依赖，智能化程度较低

RFID技术应用于图书馆只能说是物联网技术在智慧图书馆建设中的初级应用。除去RFID技术外，物联网中还存在许多标识技术，如二维码技术、指纹识别技术、虹膜识别技术等。并且在使用基于RFID技术的自助借还机时，如果存在超期未还图书或者超期罚款等情况时，读者是无法进行自助借还的，这就需要增加一些非RFID类应用。同时也对图书馆管理人员的综合素质和技术水平提出了更高的要求。

2.2 建设成本过高，且安全得不到保障

要想建设智慧图书馆，就要构建庞大的物联网并引进诸多相关的系统和设备，这就意味着要投入巨大的成本。一般图书馆的馆藏量都很大，动辄上千万册，标签和读写器的用量都比较大，这就给其带来了巨大的经济压力。同时，RFID标签的存写方式是完全开放的，这就容易导致读者个人信息的泄露[4]。此外，智慧图书馆在建设过程中应用物联网技术时会出现很多数据信息流，这些数据信息的安全问题亟待解决。

2.3 支撑平台还未完全建立，关键技术方面遭遇发展瓶颈

智慧图书馆的建设不仅要依靠一定的硬件设施，如外部设备等，还要依靠一定的软件设施，如数据处理平台等，并运用相应的物联网技术、云计算技术、数据挖掘技术等将馆内原有资源与智能设备相联系[5]。图书馆的图书咨询服务要依靠多种多样的数据库和数据分析系统，但目前整体的支撑平台还未得到有效建立，物联网技术的应用也有限，亟须开发新技术和新的专业系统。此外，无线传感网络是智慧图书馆建设的基础设施之一，其核心技术是近距离通信技术，但其中的关键问题有的还未解决。再加上目前有许多传感器并不能提供信息感知节点，且缺乏统一的标准，这就无法很好地实现信息的采集、存储、处理和通信。

3 结语

综上所述，物联网技术应用于智慧图书馆建设，日益受到相关研究人员的关注，并且取得了一定的成绩，但在应用过程中也存在着一些问题，亟须妥善解决。只有解决这些问题，才能充分发挥物联网技术的优越性，加快智慧图书馆的建设步伐。

注释：

[1]许艳丹,张前进.基于物联网的智慧图书馆研究[J].陕西理工学院学报(自然科学版),2016(1).

[2]王艳华.物联网视域下图书馆RFID技术应用分析[J].黑龙江科学,2017(6).

[3]于文超.国内图书情报领域物联网研究与应用进展[J].图书馆工作与研究,2018(6).

[4]祝坤.物联网环境下智慧图书馆的发展[J].智能城市,2018(24).

[5]李炯.基于物联网的智慧图书馆服务与管理[J].信息与电脑(理论版),2019(8).

8 | 图书馆空间建设与空间服务

论阅读空间视角下的高校图书馆建设

江文芬

(长江师范学院图书馆)

摘要：高校图书馆的建设是一个动态的过程，要不断适应社会经济的发展、科学技术的发展，以及读者学习行为的变化。本文阐述了阅读空间的含义及构建意义，分析了目前高校图书馆建设适应度，并基于阅读空间利用视角，探讨了图书馆建设中的结构和功能布局、信息资源整合和共享、特色资源挖掘和开放、人力资源建设和个性化服务。

关键词：高校图书馆；阅读空间；建设；视角；共享

高校图书馆建设经历了传统图书馆到数字图书馆再到目前的智慧图书馆这三个阶段，不同时代的图书馆建设有不同的要求，但始终要顺应时代的发展变化。随着读者学习行为习惯和阅读习惯不断变化，高校图书馆要在支撑学科建设、支持专业发展、促进信息共享、培养学生成长成才方面发挥强大的功能效应，满足社会经济发展水平不断提升、招生规模不断扩大、教育理念不断更新、公众精神文化需求不断增强的新变化，必须要构建结构和功能布局合理的馆舍，打造个性化、多样化、开放式的阅读空间，加强资源建设和队伍建设，不断提高生存力和竞争力。

1 阅读空间的含义及构建意义

随着我国经济建设的快速增长，以及科学技术日新月异的飞速发展，人们的生活质量在不断提高，阅读方式和习惯也在悄然发生改变，人们普遍希望在美雅、舒适、个性化的阅读空间中享受阅读。

1.1 阅读空间的含义

阅读空间原本是腾讯公司QQ邮箱中的一个单独功能。2007年底,阅读空间只是一个纯粹的RSS阅读器;2008年,增强了对QQ空间的支持力度;2009年,阅读空间开始加强推荐等交互元素,之后,"阅读空间"一词就逐步应用到人们的阅读场所,被赋予了更广阔的含义。随之,"城市公共阅读空间"这一新型阅读场所在我国许多城市如雨后春笋般蓬勃发展。

笔者认为,就高校图书馆而言,阅读空间是指在高校图书馆内利用现代科技手段向广大师生员工及社会公众提供公共阅读、流通借阅、艺术赏析、信息交流等文献信息服务以及开展学术讲座、阅读推广、有奖征文、阅读分享、资源共享、学术研讨等活动的场所和交流互动空间。

当前很多高校都在积极探索打造独特的阅读空间新模式,不同的高校在图书馆阅读空间构建方面都有各自的特点,在提供的资源和服务等方面也存在一些不同,总体上来看,高校图书馆在阅读空间构建方面主要有三个不同的阶段[1]。第一阶段提供的阅读空间主要是以纸质图书资料的存储、收集、整理、归类和外借为主,满足师生的学习需求,功能单一,服务方式比较简单,没有从资源整合的角度进行设计和优化。第二阶段主要是通过对图书馆资源进行部分整合,让不同的读者根据自己的需求到图书馆寻找适合自己的书籍、刊物和其他信息资料,从而满足不同的体验,但在资源整合和空间多功能打造方面还有很多不成熟的地方。在以文化作为核心竞争力的今天,以多载体文献为基础的深层次服务与延伸服务已成为高校图书馆竞争力的重要标志[2],因此发展到现阶段,高校图书馆将结合学校发展定位、学科发展需要、教师学生及社会公众等不同读者的个性化需求,对阅读空间进行再打造,对各类资源进行不断扩充、深度融合,从而更好地满足不同群体的多样化阅读需求,丰富读者阅读体验。

1.2 构建阅读空间的意义

无论是发达国家,还是发展中国家,都存在着普及阅读的问题。阅读是教育的延伸,对于个人素质的培养与提高具有重要的意义[3]。党的十八大以来,以习近平同志为核心的党中央高度重视阅读,2012年"开展全民阅读活动"写入党的十八大报告,全民阅读连续四年写入政府工作报告,一系列扶持文化发展、推进文化设施建设的政策陆续出台。倡导和推广全民阅读,构建书香社会,成为重要的国家文化发展战略内容。

随着时代变迁,高校图书馆不再是简单的借还场所,更是高科技应用和展示的舞台、学校教学科研活动中心、信息交汇互通平台,还是各类读者在此享受精神文化生活的乐园,读者可以在这样的大环境中交流信息、学习研讨、畅享阅读快感等。高校图书馆应根据读者的信息行为习惯的改变对服务空间、虚拟空间、延伸空间进行综合打造,使图书馆成为空间结构布局合理、功能设施齐全、通风采光良好、环境优雅舒适、自动化水平高、网络畅通、信息资源富足、赋予人文特色的文化传播集散地,只有这样,图书馆才更具有吸引力,更能激发各类读者的阅读激情,也才能真正将图书馆建设成为一个开放共享的学习和交流空间,建设成为大学的资源和学术交流中心。[4]因此,打造多样化的阅读空间,对提高文献信息资源共享利用水平、促进学生成才成长和提升公民文化素养具有十分重要的意义。

2 阅读空间视角下的高校图书馆建设适应度

当今时代,网络技术日益成熟,网络信息资源越来越丰富,人们的阅读习惯、阅读方式和阅读需求成发散性改变。一部分读者喜欢碎片化移动数字阅读,也有越来越多的读者追求整体阅读、深度阅读和专业阅读,更多读者希望在更加安静舒适、富有文化特色、功能多样、灵活清新的阅读空间中阅读,从而细细品味阅读带来的精神享受。虽然各高校都在积极探索图书馆建设的新路径或新模式,但从阅读空间视角来分析图书馆建设的适应度现状,总体上看依然存在以下问题:

2.1 图书馆功能相对单一,阅读空间没有充分利用起来

高校图书馆建设受到场地、经费、资源等因素影响,加上一些高校特别是经费不充足的高校对图书馆建设缺乏足够的重视和科学的规划,没有将图书馆建设纳入高校战略管理中进行统筹设计,使高校图书馆成了传统意义上的收藏各类书籍的场所。加上手机、网络等的普及,师生及社会公众在搜索资料、获取信息时不再受时间和地点的限制,方式更加多样,途径更加便捷,足不出户就可以查询到想要的信息和资料,导致图书馆的功能不能有效有力发挥,有的还可能失去存在的意义。

2.2 图书馆资源未能实现全面深度共享

当前,各类读者一进入图书馆都希望获得自身所需的各种资源,但图书馆建筑实体是根据建造时的规范要求而设计和建造的,空间布局越来越不适应当今读者的阅读需求,而且收藏的文献资料等也会受到现有空间的限制,许多文献信息资源不能及时补充和完善,馆藏图书未能全面数字化;传统的管理模式也导致各大高校图书馆之间、高校图书馆和地方图书馆之间以及高校图书馆和其他单位之间的文献信息资料不能全面深度共享,使图书馆功能不能有效有力发挥。

2.3 高校图书馆工作人员综合素质有待进一步提升

图书馆工作人员的素质直接影响图书馆文献信息资源的质量和图书馆功能的彰显。目前,高校图书馆特别是中西部地区的高校图书馆工作人员相对较少,很多都是非专业出身,年龄较大,对新时期各种新技术、新方法等缺乏深入研究和巧妙应用,还没有主动思考如何结合读者的个性需求,探索打造更加多样化的阅读空间、提升图书馆的吸引力,也没有自觉地将提高服务水平,更好地促进教学科研、学生成才成长、提高公众文化素养作为奋斗目标,这些都导致图书馆功能不能有效有力发挥。

3 阅读空间视角下的高校图书馆建设策略

基于阅读空间利用视角,想要不断提升高校图书馆利用价值,更好地发挥其功能和作用,高校图书馆的建设应从以下几个方面进行探究和思考:

3.1 加强馆舍建设,打造多样化的阅读空间

图书馆建筑是图书馆开展各项工作的先决条件,是图书馆功能发挥的物质基础,不同发展阶段的图书馆建筑,其结构布局、阅读空间各不相同。在信息共享空间需求和纸本资源迅速增加的情况下,各高校图书馆纷纷想办法增加馆舍面积,兴起新馆建设或改造旧馆的浪潮[5]。

3.1.1 新馆建设

高校图书馆新馆建设,无论采取什么样的形式或布局,首先应当遵循基本的原则。

一是要体现便利性原则。图书馆的设计初衷是为广大读者提供高效优质的文献信息资源服务,营造舒适的阅读环境,所以,图书馆建筑设计首先应考虑读者工作和学习的便利、舒适和实用要求,以流通方便和进出管理便利为主。高校图书馆无论采取哪种架构,都需要加强日常管理,所以要从便于管理的角度,打造人流、物流畅通,符合读者阅读习惯、动静结合、科研互动等互不干扰的多样化一体管理模式,提升图书馆的整体统筹管理能力,提高管理效率和规范性。

二是要体现人性化原则。对图书馆建筑来说,就是要求其功能、流线、布局、设施的安排及内外环境的营造,都要以人为中心,处处给读者以亲切和关怀,充分考虑读者的意愿与习惯,以方便读者利用文献信息和进行交流活动为出发点和归宿,为读者营造宁静、祥和、舒心的阅读空间,桌椅、书架等的摆设应让读者感到舒服、方便,让读者走进图书馆就像享受一次愉快的精神之旅[6]。

三是要体现现代化原则。高校图书馆建筑要结合学校的整体发展战略规划,并严格按照国家关于图书馆建设相关的标准和规范来执行,还要结合时代发展要求,积极引入更先进的技术、设备和新资源等,从而为文献信息服务提供强大的基础支持。同时还要充分利用现代化的建筑材料、绿色环保材料、新节能措施和手段、新能源利用以及可再生资源和减少废物排放等诸多方面。

四是要体现经济性特点的同时,还要注重前瞻性设计。一方面既要从高校长远发展的角度对图书馆功能等进行分析和研究,确保能够满足广大师生和社会公众的教学科研及阅读需求,又要考虑经费和成本,在确保建设质量的前提下注重从成本控制和节约的角度来进行统筹安排,从而降低成本和损耗。此外还要注重前瞻性设计,要充分考虑高校未来发展需求以及周边环境等方面的影响和政策的变化,不断提高高校图书馆的使用寿命,满足读者阅读习性的改变和对信息资源的渴望。

高校图书馆新馆建设要借鉴各方经验,设计功能更加强大、更具特色的多样化格局,着力打造更多更新型的阅读体验空间。一是通过设计个性化阅读空间布局,为读者提供舒适的茶室式阅读体验空间,配置咖啡茶饮、钢琴、音乐、沙发和电信等服务,便于读者进行自我展示和互动交流,还可以定期举行一些阅读体验活动或者其他交流活动,充分展示图书馆的各种资源和服务。二是通过设计敬文展览空间、敬文阅读空间等,将专家名人的优秀作品等集中展示,打造多功能的创意展览布局,定期组织开展文化交流活动和创意比赛等,还可以通过这种方式收集更多的典藏书籍和丰富的作品,提高图书馆资源储存丰富度。三是通过打造素质教育阅读展厅,对中华优秀传统文化进行整合,激发读者的民族情感,积极引导他们弘扬中华优秀传统文化。四是设计空中朗诵花园、多媒体艺术阅读体验空间,以及本校教师专著阅读空间等,给不同的读者提供更加多样性的选择。五是将现代信息技术、科技元素和传统的图书馆管理布局进行有效融合,加强一体化应用,创建新的交流互动模式,打破时空限制,提供电子借阅、阅读指导、信息共享交流等服务,提高图书借阅效率,更好地促进图书馆资源的深度开发和应用。

在整体结构布局方面,还要做好以下几点:一要尽量采用大空间、灵活的隔断布局,营造开放式的阅读空间,将阅读空间、藏书空间等进行分隔,从而便于不同的读者根据功能指引进入不同的空间去寻找想要的资源。二要充分考虑读者的不同需求,精心为读者提供更加便捷的服务,设置总服务台、功能检索、功能展示、活动休闲、交流互动等不同的场所,配置现代信息技术一体化的自助打印扫描和借还设备以及个人物品储存设备等,从而更好地满足读者需求。三要注意各种标牌标识的应用,做到标牌标识醒目、美观、形象、有序,还要借助展牌、LED显示屏、信息墙、宣传栏和馆内功能分布3D导行指南等等,为读者提供更加多样化、立体化的指引服务。四要注意电子阅览区域的布局设计,打造开放性的电子阅览区域格局,配置相应的查阅设备,集中采用结构化综合布线模式进行合理的线路布局,满足读者对电源、信息源的需求。五要加强安全防护,营造更加温馨舒适的阅读环境。图书馆随着馆藏书籍增多,人流量增大,安全防护设施配置也要及时跟进,对借阅机器设备以及空调、窗帘、座椅等方面都要进行统筹考虑,设置专门的通风散热通道,配置安全防护设施,增加消防栓、防火卷帘门、喷淋系统、消防水炮、烟感报警系统、防盗报警监控系统、消防安全联动系统等,最大限度降低突发事故发生率。六要营造更加人性化的阅读环境,将自然环境、人工环境等元素进行有效搭配和融合,适当增设艺术盆景、观赏植物、壁画等;在家具设施配搭上也要考虑和图书馆整体建筑物和建构理念的一致性、与阅读环境的协调性,打造更加赏心悦目的阅读空间,提高精神舒适度,增强阅读愉悦感。七要在采光通风等方面体现节约性,增强舒适度,照明设计要严格按照阅读环境设置要求标准进行配置,适当增加声控、光控等智能化设备。八要考虑图书馆未来建设发展需求,留有补充设计空间。

总之,图书馆建筑要造型活泼、实用性强、效率高、功能布局合理,能让读者在自然、舒适、惬意的环境中享受无处不在的阅读。

3.1.2 旧馆改造

目前,我国许多高校新修建的图书馆特别是一线城市的高校图书馆以及985、211大学新修建的图书馆已经达到国际顶尖水平,其都注重将建筑学的功能主义理论与设计实践进行结合,合理规划内部空间,实现了空间宽敞明亮,视野开阔;有静有动,动静分开;环境清新,装饰富有特色;空间自由组配,适合不同群体和不同需要[7]。

然而,新建一个图书馆肯定要受到经费、土地、环境等因素的制约,不是所有的高校想新建图书馆就可以立即实现的,特别是对于一些经费、土地都很紧张的高校来说,要想新建一个图书馆更是难上加难。但原有空间已远远不能适应读者当前的信息行为和阅读习惯,唯一的办法就是对旧馆进行合理改造。

高校图书馆的改造设计应该立足长远,让现存问题得到解决,也为未来可能出现的问题留出解决的余地[8]。旧馆的改造和再设计要结合各个学校和各地区的情况,在主体建筑不变的情况下尽量遵循新馆建设的原则和功能布局,有意淡化各个功能空间的分隔,使得室内外空间构造更加灵活、造型更加新颖、功能更加合理,更加注重读者的空间环境营造,有机协调藏与阅的空间分布,动与静的合理配搭,更倾向自由灵活的随机性,充分利用自然条件,把读书变成一种愉悦享受。近年来,国内许多高校图书馆结合实际对旧馆进行了再设计和改造,并取得了很好的效果。例如,长安大学逸夫图书楼实例改造最终实现功能分布空间合理、室内陈设适用、环境氛围舒适的理想要求,是对现今高校师生的使用需求,高校办学的功能需求以及人性化理念运用的有效验证[9]。

3.2 加强文献信息资源建设，强化品牌服务

图书馆建筑是图书馆开展各项工作的基础，图书馆文献信息资源建设及品牌服务才是图书馆赖以生存和发展的核心竞争力。

高校图书馆文献信息资源建设和品牌服务既要与学校的教学科研紧密结合，为全校广大师生提供学术性信息资源，又要适应师生的课余文化需求，提供多元化、多类型、多学科的综合文献资源服务，还要结合本地区特点为社会公众提供学习和获取知识的更多有效途径，应着力从以下几方面努力：

3.2.1 打造多样化的校内外品牌服务活动

在构建多样化空间格局的基础上，高度重视服务品牌建设，深入开展各种形式的特色服务活动，并注重活动形式和内涵的有效融合，如学术讲座、好书推荐、新书展借、有奖征文、阅读分享、悦读之星评比等等，不断提高读者的阅读兴趣，引导越来越多的读者走进图书馆并爱上图书馆，阅读书籍、修身养性，提升自身综合素质。

3.2.2 注重数字资源和虚拟空间的深度打造

在科学技术飞速发展的背景下，数字阅读方式不断普及，高校图书馆应积极调整工作，加强数字化建设，以更好地服务广大师生和社会公众；充分借助现代信息技术和网络载体，设置专门的读者服务专区、博客、论坛、微信公众号等，及时征求各方面读者的意见和建议，加强和读者的深层次互动，开通在线互动平台，便于在线共享，建立动态数据库；聘请专家、学者等积极参与到图书馆建设和管理活动中来，不断提升信息共享交流水平，共同为图书馆持续健康发展提供更多的智力和资源支持。

3.2.3 加强全方位战略合作

图书馆建设和管理不能单纯地依靠高校的力量，随着高校资源共享和服务能力不断提升，为了进一步提升高校图书馆文献信息资源建设水平，还需要加强和其他图书馆、其他企业以及社区的合作，充分打造资源共享的综合服务格局。因此，高校图书馆不仅要将图书馆内、校内各类资源进行有效的融合整合和资源交换，还要不断完善内部相关的管理制度和流程体系，精心策划，实现校内校外资源的交换整合，争取更多的资源支持，拓展信息源泉。例如，可以加强高校图书馆之间、高校图书馆与公共图书馆之间的资源共享，同时还要加强和出版社、社会团体、社会公益组织、相关企业以及社区等的交流合作。

3.2.4 突出特色资源

高校图书馆特色资源建设，不仅可满足学校教学科研的信息需求，促进学科建设，而且还能彰显图书馆的资源优势和服务竞争力[10]。各高校图书馆要结合本校、本馆以及本地区的实际，着力加强特色馆藏、特色数据库以及特殊载体、特色资源的建设。比如我校

的特色馆藏"乌江流域文献"、特色数据库"涪陵水下博物馆白鹤梁题刻""长江师范学院科研课题数据库"等为我校广大教师学生的教学和科研及学校学科专业建设作出了积极贡献。

3.3 加强人力资源建设，提升服务质量

目前很多高校图书馆特别是经济欠发达地区的高校图书馆，其管理人员的文化水平和业务素质参差不齐，高学历高素质人才凤毛麟角。随着读者信息行为和阅读习惯的不断变化，广大师生和社会公众对图书馆员的要求会越来越高。良好的道德素养、娴熟的业务技能、较高的外语水平、较好的计算机应用技能、较强的自学能力、敏锐的创新意识都是信息时代图书馆员应当具备的基本素质。这就要求高校图书馆在人力资源建设上应根据自身的发展情况，不断适应学校教学、学科发展及阅读空间拓展的需求，从人才数量、质量和能力方面，推出人力资源建设规划，有计划地引导馆员队伍向多样化模式和多元化结构的方向发展，构建一支年龄结构、学历结构、学科结构、职称结构和性别结构合理的人力资源队伍，使年长管理人员发挥经验优势、高学历高职称人员发挥专业优势、年轻管理人员发挥信息化技术优势，形成一支全面均衡发展、结构稳定、积极健康向上的图书馆人力资源队伍。

为适应当今社会的快速发展，各高校还应给予图书馆更多的用人自主权，采用更加理性的、更加灵活的用人方式，比如正式职工、租赁员工、合同制员工、义务工、聘用"图情顾问"相结合的用人方式最大程度地满足广大读者的文献信息需求，不断提高高校图书馆的生存力、竞争力。还可以将图书馆的工作分为不同的类别，并建立相应的绩效考核体系，打破传统的考评和平均分配方式，实行多劳多得、优劳优酬的分配制度，以激发全体员工的工作积极性和主动性，不断提高服务质量和水平。

4 结语

现代读者对阅读空间的利用更加追求个性化，对信息资源的需求更加多样化，更希望获得个性化服务和指引。因此，高校图书馆建设就是一个动态的过程，一个不断适应读者需求、适应科学技术进步、适应信息载体改变、信息资源交互融合的过程。在具体推进过程中，要把准支持高校发展定位、支撑学科专业发展、保障人才培养需求、提供大众文化服务，打造独具风格的阅读空间、营造虚拟空间、融汇自然美景与人工艺术赏悦空间，不断强化文献信息资源建设、人力资源建设，切实打造线上线下互动、校内校外有效

融合的多功能服务格局,有力促进学校学科发展、学生成才成长和提升社会公众素质,推动高校文化事业可持续发展。

注释:

[1]邱小芳.阅读推广背景下高校图书馆阅读空间构建研究[J].河南图书馆学刊,2017(12).

[2]李莉.文化自觉视阈下高校图书馆建设研究[J].图书馆学研究,2013(13).

[3]王新才.高校图书馆阅读推广的多样化与品牌建设[J].图书情报研究,2015(4).

[4]张杰龙,等.图书馆空间多样化设计及弹性管理:以香港三所高校图书馆为例[J].新世纪图书馆,2018(7).

[5]蒋春林.信息共享空间视角下高校图书馆建筑空间的功能再造与管理[J].情报探索,2014(10).

[6]梁玲芳.人性化 生态化 科学化:数字化时代图书馆建筑的构想[J].图书馆学刊,2005(2).

[7]于国英.高校图书馆空间布局改造与重新设计[J].图书馆建设,2014(5).

[8]王祎晴.基于功能主义的高校图书馆改造探索研究:以武汉工程大学图书馆为例[D].武汉工程大学,2017.

[9]刘孟哲.高校图书馆空间组织及环境改造设计研究:以长安大学逸夫图书馆改造为例[D].长安大学,2014.

[10]吴雪莹.黑龙江省高校图书馆自建特色数据库调查分析及思考[J].图书馆研究,2015(1).

生活美学视域下图书馆审美初探

张学福

（重庆市渝中区图书馆）

摘要：新世纪以来，"生活美学"兴起，成为美学界的热点话题。图书馆生活早已抵达了人们的日常生活审美层面。本文从生活美学的视角出发，发掘图书馆生活审美的图景、特点及意义，指出从公共文化服务的多元化到普惠性，再到审美体验上的开放性，图书馆正成为颜值和内涵并存的生活美学的互动体验场所。

关键词：图书馆；生活美学；空间变革；文化创意；跨界

爱美之心，人皆有之。随着时代发展，"生活美学"已然成为美学界的热点，并迅速进入大众生活。"生活美学"涉及范围广泛，包括服饰、食育、旅游、非遗、建筑、影视、汉服、休闲等方方面面，美学回归日常生活，"美向生活播撒"，只要跟生活有关的一切元素，似乎都有了美的可能，充满了美的意蕴。

新世纪以来，图书馆事业在转型和发展中自觉地践行了"生活美学"。"空间意识""跨界融合""场景营造""文创与消费"等图书馆日常生活和实践，正成为新世纪图书馆"生活"的现实存在，传递着向上、向善、向美的生活理念，启发人们在学习阅读中去追求美好的生活。

1 生活美学视域下图书馆美学研究背景

1.1 生活美学的含义

"生活美学"是在中西方近十年来同时兴起的美学思潮，是美学多元化的产物，生活美学从关注艺术、环境进而开始"关注生活",最终"回归生活"。[1]生活美学的出现是时代发展的必然趋势。生活美学中的生活,既包括人的物质的、感性的、自然的生活,也包括人的精神的、理性的、社会的生活。[2]生活是丰富的、复杂的,因此生活美学的研究对象范围很广。总之,生活美学就是以生活作为审美对象的审美行为。

生活美学根植于中国传统文化。从古至今,人们开展花艺、茶道、抚琴、弈棋、焚香、品酒、雅集交游等日常生活审美实践,以调适心与物的关系,进而达到从容、安适与达观的人生境界。[3]可以说,生活美学蕴含着传统的自我意识、人文情怀和生活理想。

1.2 图书馆美学的研究现状

通常认为,图书馆美学是运用美学原理研究图书馆工作而产生的,是美学与图书馆学相结合的一门交叉学科。

以题名或关键词"图书馆+美学"在知网、万方、维普等数据库进行检索,发现新世纪以来,学者或专家对图书馆美学研究基本集中在美学美育、接受美学、人文美学、服务美学等方面,主要对图书馆美学的基本含义、发展维度、学科性质及美育功能等方面进行了探讨和阐释。而生活美学作为一种当下日益流行的美学研究,并未引起图书馆界的关注。既然图书馆是一个生长着的有机体,图书馆生活也早已抵达了人们的日常生活审美层面,显现出前所未有的美学价值,那么图书馆的生活美学实践自然也应该得到重视和研究。

2 生活美学视域下图书馆的"生活化"路径

文化类综艺节目《神奇图书馆在哪里》以"书"为窗口,打开图书馆及主理人的人生故事。节目赋予了图书馆新的内容和价值,打破了图书馆的刻板印象,引发观众打卡阅读热潮。由此可见,个性化与时尚化已经成为人们现代生活追求的重要内容,图书馆必须更新自己的传统理念和办馆方式,掌握新的潮流和先进方式,绘制出图书馆时尚、自然的"生活美学"图景,展现自己"神奇"的文化魅力。

2.1 空间变革

"空间"是联系主体感性能力和审美经验的重要中介,舒适、健康、安心的空间能够给个体带来审美愉悦的感官体验。现在的图书馆在室内设计、用户体验和空间再造方面,融入了创客空间、休闲空间、交流空间、协作研究空间等多种空间,力求摆脱往昔留给人们的古板印象,从藏、借、阅功能的单一场所,转型成为人们提供良好的阅读体验、视听享受、信息共享的生活空间,彰显出人性化、个性化。在网红时代,一些图书馆成为旅游目的地,人们慕名而来,流连在美的空间里。时下流行的"朗读亭",作为图书馆空间的物理延伸,让每个人都能认识到阅读的美和音韵的美,满足了人们的精神追求。图书馆空间变革创造了良好的空间环境,由单调封闭转向灵动开阔,推动了人们审美价值观的动态发展。

2.2 文化创意

当下,文化创意产品丰富多样,可以是生活用品类,比如书签、冰箱贴、布口袋等贴近生活、讲究实用性的产品;可以是典藏复制品,具有收藏与艺术价值,是能带回家的文化衍生品;可以是私人订制类产品。图书馆文创,从人出发,从生活出发,为人们提供了现代化的艺术生活样本,引导人们与书外的世界对话,关注隐藏在产品背后的故事与意义。

2.3 跨界融合

2.3.1 实体跨界

图书馆在发展总分馆建设过程中,既依靠政府主导,也重视引进社会资源。

表1 图书馆实体跨界的部分分馆性质与业务

合作机构	选址、环境	经营理念	主要业态
文创园	工业遗存	创新、实验、时尚	办公、餐饮、文创、展览
咖啡馆	商业中心、繁华地带	优雅、休闲、舒缓	咖啡、音乐、饮品、简餐
书店	商圈、学校、大型社区	服务社会、美育大众	图书、展览、讲座、签售
民宿	商圈、景区	花间美学、心安即是家	书房、茶室、花艺、轻食
影院	商场	自然、健康、极限和梦想	观影、饮品、轻食

图书馆通过跨界融合,拓展了图书馆的发展空间与服务模式。当然,在与这些消费平台合作时,必须考虑对方的选址规划、设计理念、运营能力、业态类型、消费人群、社会价值等,要与图书馆的气质具有一致性或者互补性。

2.3.2 互联网+

当前,互联网为人们的生活提供了很多便利,图书馆也审时度势,开启了互联网+时代。一方面,图书馆充分运用互联网信息化手段,通过互联网与美学结合,设计、生产具有美感的互联网产品,比如移动图书馆、数字图书馆、视听书库等。另一方面,图书馆利用微信、微博等服务使人们能够轻而易举地获得图书馆的资源与服务。如图书馆可联手芝麻信用,推广免押金信用办证;借助微信公众号提供书目查询、续借和预约等线上图书馆服务、"你看书我买单"活动等等。

显然,新世纪以来,图书馆的跨界衍生力在不断增强。实体性资源提供的是各种知识和价值观意识,而网络虚拟资源更侧重于提供给读者以流动的、丰富多彩的感官视觉刺激。[4]二者相互作用,既提升人们的审美情趣,又建构着新的审美境界。

2.4 场景体验

图书馆场景主要是由馆员、读者、物理空间、虚拟空间以及图书馆建筑、设备、技术、环境和各种资源构成。[5]场景设计,为人们营造了一种静思与凝神的场景。对于图书馆阅读推广而言,以书为媒,通过阅读、文创展示、咖啡轻食、品茶悟道、插花手工、民俗非遗、讲座展览等主要服务内容和活动,营造出满足人们雅致、悠闲生活的创意聚落,打造出具有生活美学气息的沉浸式体验场景。此外,这几年刚兴起的VR和AR等虚拟技术的应用也将成为公共图书馆未来的发展方向,实现真实的人机交互界面,集全景实境、智能传感、数据跟踪为一体,让观众们体验到多维立体的图书馆。场景体验的营造,优化了图书馆的应用环境。

3 生活美学视域下图书馆审美的特点

随着图书馆的发展与变革,图书馆无时无刻不在展示着生活美、创造着生活美、传播着生活美、引导着生活美。在生活美学视域下,图书馆生活审美呈现出以下几个特点:

3.1 人文与科技的融合之美

"人文"是图书馆"生活"的经典概括,是指图书馆内外部美的环境、馆藏资源、图书馆的服务等工作实践活动中,既体现出人文关怀精神,又展示着人与环境的和谐之美。

随着科技迅速发展,传统图书馆超越了自身的局限,智慧图书馆、数字图书馆、移动图书馆等应运而生,图书馆的形态朝向多元化发展,以用户需求为导向,为人们提供人性化、数字化、智能化的图书馆服务,深刻并迅速改变着图书馆读者群体的审美情趣,图书馆的人文性也得到了升华。数字和网络文献在形式和功能上不仅具备新时代的创意性,而且二者和谐统一,焕发出科技时尚美。[6]大数据、人工智能、云计算、VR、AR、区块链等新技术的涌现与应用,也同样为图书馆管理和服务的科技美增添新的内涵。人文与科技的相互促进发展,审美价值与实用价值相统一,使得图书馆的生活正在变得智慧化、智能化。

3.2 微服务与社交的融合之美

微媒体传播工具的兴盛和发展,使得审美知识、艺术作品、审美活动可以在瞬间病毒式地扩散、共享,而且革新了文化生产方式,实实在在地改变了人们的日常生活活动。[7]文字、图片、声音、动态影像等新的产品形式充分展示了艺术融合的美感,为审美的快速传播提供了内容保证。图书馆建立了新媒体矩阵,在微信、微博等平台上开设公众号,推送短资讯、微视频、微讲座等微内容,改善读者的阅听体验,满足了微需求,且微服务不受时空限制,构筑了当下独特的图书馆微生活风景。而微信、微博等本身是社交媒体,它们的社交属性同样体现在阅读板块上。"似乎在阅读,似乎在聊天",同步分享、互动交流贯穿于人们阅读的全过程。

3.3 公益与商业的融合之美

公益性是公共图书馆必须坚持的原则。图书馆跨界融合,虽然采用分享经济理念,融入了商业生态链,但是公益惠民这一点是绝不能动摇的。商业行为虽然以盈利为目的,但是与公共文化事业并不对立,相反,商业对公益事业具有助力作用。[8]其实,突破传统思想束缚,在商业中植入社会公益,更能向公众传递和营销公益事业的文化内涵与品牌感性价值,为消费者带来即时性的快乐和舒适。消费体验与读书生活融为一体,这种混搭模式,开放、自由,成为生活美学背景下图书馆审美的显著特征。

概而言之,图书馆已经与每个人的生活产生联系,在学习型社会扮演着重要角色,图书馆生活美学实现了文化由表及里、由传统到现代,"润物细无声"的渗透。

4 生活美学视域下图书馆审美的意义

4.1 理论层面

生活美学的出发点是生活,归宿点也是生活,审美价值依附于人们的日常生活轨迹。引入生活美学理念,可以揭示图书馆理论与实践中的美学价值,既是对图书馆学研究的深入推动,也是对图书馆美学理论的积极拓展,促进学科建设。当然,图书馆生活美学与图书馆服务美学、跨文化美学、生态美学等并不是割裂存在的,它们之间是相互交叉、相互重叠、相互融合的。总而言之,生活美学是一个不封闭的动态系统,具有很强的吸纳能力,它的出现正推动着图书馆美学理论与业务建设上的创新和发展。

4.2 现实层面

其实,今天的生活美学,不仅推动了美学理论和美育理论的发展,更重要的是它所传达的真、善、美的生活理念,成为当代人们的一种价值取向和审美追求。

4.2.1 传达"诗意栖居"的生活境界

一方面,图书馆具有丰富的馆藏资源,是优质的阅读空间。另一方面,读书让人获得精神的陶冶、情感的熏陶,有利于人们从忙碌、焦虑的生活中返璞归真,消解负能量,内心得到解脱释放。生活美学正是通过美化现实生活,进而发现并确认自我存在的意义,从而不断地提升社会整体的幸福感,走向诗意的栖居生活境界。[9]

4.2.2 落实"以人为本"的价值原则

人是构建和谐社会的中心,人是图书馆生活美学的审美主体和主要参与者,是图书馆生活美学存在的前提,它决定了图书馆的生活之美必定是围绕人的生活实践而展开的。一方面,图书馆一直秉承自由、均等、免费开放的原则,人人都能平等地享受公共服务。图书馆践行"读者第一,服务至上"的理念,对读者进行分类服务、按需服务,展示了人文关怀。同时对图书馆馆员进行人本化的管理,关心爱护馆员。另一方面,图书馆生活作为审美对象,本身也蕴含着人本主义精神。人们在图书馆中,得到了审美自由,充实了审美情感,提高了审美能力。总之,以实现人的价值和人的发展为目标,始终贯穿于图书馆的整个工作和活动之中。

4.2.3 满足"美好生活"的理想追求

生活美学是当代审美文化发展的理论旨归,具有时代特征和时代精神,体现在大众对幸福美好生活孜孜不倦的追求之中。[10]图书馆作为公共服务机构,不仅代表的是好的生活,也蕴含着美的生活。毋庸置疑,从公共文化服务的多元化到普惠性,再到审美体验上的开放性,图书馆正成为颜值和内涵并存的生活美学的互动体验场所。

5 结语

本文试图借鉴当今学界的"生活美学"理论,从各方面感受、审视和判断图书馆生活之美,不断挖掘图书馆现有"生活"的诗意和潜能,拓展图书馆生活的新图景、新境界,开辟新的研究视域。

注释:

[1] 刘悦笛.今日西方"生活美学"的最新思潮:兼论中国美学如何融入全球对话[J].文艺争鸣,2013(3).

[2] 仪平策.生活美学:21世纪的新美学形态[J].文史哲,2003(2).

[3] 田军.论生活美学的三大类型及其意义[J].华北电力大学学报(社会科学版),2017(4).

[4]尹银怀.图书馆在读者个人文化生活空间中的意义[J].图书馆理论与实践,2005(5).

[5]马江宝,赵苹.基于空间改造的图书馆场景式阅读推广服务研究[J].图书馆研究,2018(6).

[6]邱振国.图书馆审美活动系统新探[J].美育学刊,2017(1).

[7]俞锋.生活美学化语境下艺术教育实践中的审美重构[J].南京艺术学院学报(美术与设计版),2016(6).

[8]吴荻枫.商业与公益[J].现代经济信息,2015(15).

[9]叶玉露.生活美学的涵义、理论溯源及实践展开[J].华北水利水电大学学报(社会科学版),2012(5).

[10]张静,赵伯飞.生活美学的价值取向及其现实意义析论[J].理论导刊,2018(5).

9 图书馆品牌管理与服务营销

图书馆品牌研究的文献计量与可视化分析

黄金春

(重庆三峡学院图书馆)

摘要：本文以CNKI数据库中图书馆品牌研究的相关学术论文为研究样本，采用文献计量、共现分析等方法对该领域研究成果的内外在特征进行知识图谱分析。研究发现：国内图书馆品牌研究处于快速发展阶段；作者发文量与被引频次普遍不高；作者及机构合作较少；研究主题主要集中于图书馆品牌营销、图书馆品牌化发展、图书馆品牌建设及图书馆品牌管理与实践等热点领域。

关键词：研究热点；图书馆品牌；文献计量；知识图谱

近年来，面对新技术、新环境、新需求带来的挑战，我国各级各类图书馆积极面对、勇于探索，稳健发展，在图书馆品牌建设中生动活泼，屡见新意。图书馆品牌营销的共同特征是特色鲜明、持续开展、借助新媒体平台进行强势推广，形成了各自独有的营销品牌。[1]成熟的图书馆品牌，需要长时间持续投入，更需要根据用户需求和社会环境的变化对品牌战略进行调整，同时引入符合时代特点的新兴营销手段，为品牌发展不断注入新的活力。[2]图书馆品牌借助媒介进行营销推广，能够极大地提升图书馆的影响力，因而成为各类图书馆建设发展的重要方向。同时，对于图书馆品牌建设的学术研究也受到越来越多的关注，近年来呈现快速增长的态势，成为图书馆学研究的热点。本文运用科学计量和文本挖掘方法，借助信息可视化软件，以2000—2019年中国知网(CNKI)收录的723篇图书馆品牌相关学术论文为样本，分析20年来中国图书馆品牌研究的进展、研究热点及其知识基础，以期通过对该知识领域文献的计量分析展现国内图书馆品牌研究的全貌，为进一步研究提供参考。

1 数据来源与研究方法

1.1 数据来源

中国知网(CNKI)数据库收录了全国绝大多数学术期刊,各领域学术期刊涵盖范围广泛,在国内知识检索、应用等方面具有较大的知名度和影响力,而且文献记录信息也较为完整、规范。因此本文选择了中国知网(CNKI)数据库为检索源,于 2019 年 8 月 18 日检索了 2000—2019 年间收入 CNKI 数据库的图书馆品牌相关的期刊文献。笔者以"主题(词)=图书馆品牌"为基础条件进行检索,共获得 731 篇文献。然后以 Refworks 文献导出格式,采用纯文本格式下载保存。经过对检索结果进行筛选去重,删除会议、通知、政府公告、专访和新闻等非学术性文献,共获得 723 篇有效文献来分析。检索结果年度载文数量及趋势如图 1 所示。年度发文数量反映了一个学术领域受研究者关注的程度,图 1 的发文趋势表明 20 年来图书馆品牌一直受到关注,近 10 年该领域的关注度显著提高,相关研究成果大幅增长。

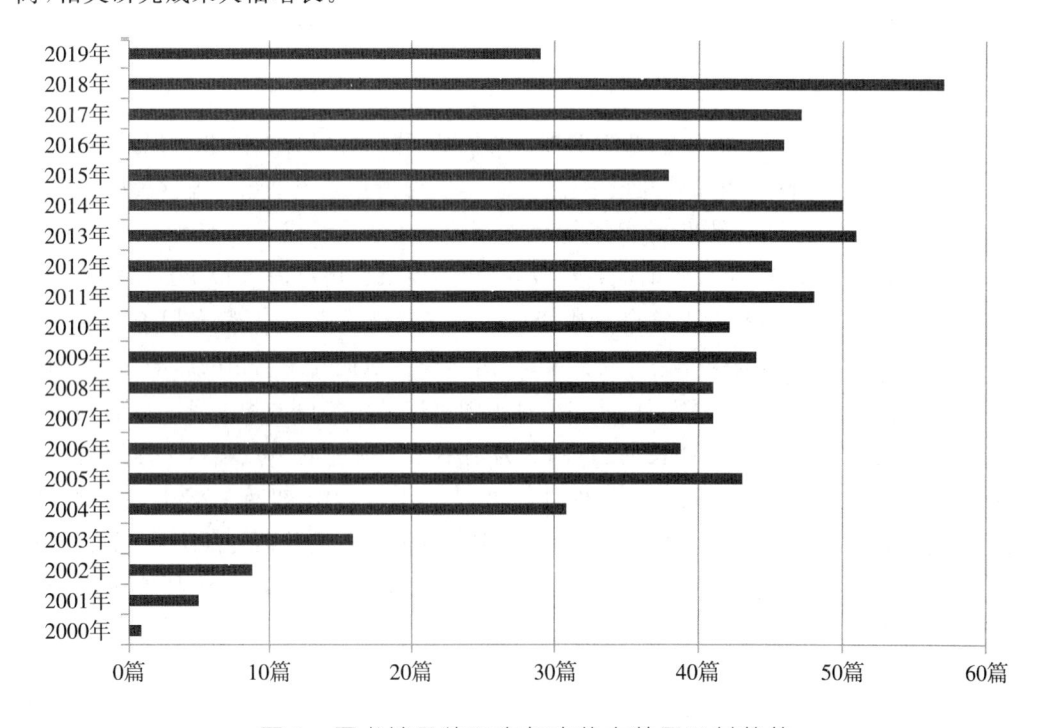

图 1 图书馆品牌研究年度载文数量及其趋势

1.2 研究方法

通过文献计量学方法、共现分析方法考查某一学科领域研究热点主题和前沿,并通过数据挖掘、信息可视化和图谱分析,能够更客观、科学地揭示该领域的知识结构、演进特征和知识基础。本文以723篇文献为样本,采用文献计量方法对表征文献外部特征的发表数量、发文期刊、作者机构、发文作者、研究主题等的数据进行统计汇总,并以图表形式直观地反映和分析国内图书馆品牌研究的成果及其统计分布特征。借助绘制科学知识图谱的专业软件CiteSpace,通过对高频关键词的共现分析构建共词网络,并进行知识图谱可视化,以分析和展现图书馆品牌领域的研究热点、知识结构及关键作用文献等。

2 图书馆品牌研究核心作者与团队分布

2.1 发文较多的核心作者

核心作者是指对学科发展贡献较大,在学科发展过程中具有重要影响力,推动学术创新与学科发展的骨干力量。本文对图书馆品牌研究领域的主要作者进行了统计,723篇研究成果分别由800多位作者撰写,大多数文章为一位作者单独完成,其中发文量达到2篇的有48人,发文量达到3篇的作者仅9人。表1给出了发文数量大于等于3篇的9位作者,分别来自9所研究机构或图书馆。发表文章最多的是来自哈尔滨学院人文学院的李玉梅,发表了5篇文章;其次是来自湖南农业大学图书馆的刘敏,发表了4篇。一般来说,发文数量多的学者学术能力强,对该学术领域有较长时间的探索,因而对该领域的知识发展的贡献也较大,也易于形成较稳定的研究团队和持续的学术影响力。

表1 主要作者(发文量≥3篇)

作者	所属机构	篇数
李玉梅	哈尔滨学院人文学院	5
刘敏	湖南农业大学图书馆	4
蒋洁	上海社会科学院图书馆	3
任瑞珏	贵阳市图书馆	3
邓爱东	广东湛江师范学院图书馆	3
王静	中国矿业大学图书馆	3
刘竹叶	陕西铁路工程职业技术学院图书馆	3

续表

作者	所属机构	篇数
王颖	商洛职业技术学院图书馆	3
李峰	深圳市盐田区图书馆	3

2.2 作者合作团队

学术研究中的团队协作至关重要,以核心作者为中心形成的学术团队构成了核心作者群。利用CiteSpace对发文量2篇以上的作者进行共现分析,得到论文合作网络图谱。从图书馆品牌研究领域作者的合作情况中可以发现,合作发表论文的数量相对较少。比如来自辽宁工程学院的冯双生、楮艳秋合作发表两篇文章,来自永康市图书馆的徐关元和金华职业技术学院人文师范学院的朱忠新跨机构合作发表两篇,等等。合作发表学术成果可以形成一定规模的较为稳定的研究团队。而在图书馆品牌研究领域中,大多数作者分布较为零散,并没有形成核心的作者群体。

3 图书馆品牌研究的热点主题分析

3.1 图书馆品牌研究高频关键词

笔者对图书馆品牌研究领域高频关键词进行汇总后发现,图书馆、品牌、服务品牌、高校图书馆、公共图书馆、品牌建设、品牌服务等关键词的排序比较靠前,词频较高。

表2 高频关键词(频数排名前20)

排序	关键词	频数	排序	关键词	频数
1	图书馆	272	11	图书馆品牌	23
2	品牌	130	12	文化品牌	22
3	服务品牌	116	13	信息服务	17
4	高校图书馆	110	14	品牌形象	13
5	公共图书馆	102	15	服务	13
6	品牌建设	74	16	建设	13
7	品牌服务	44	17	品牌营销	13

续表

排序	关键词	频数	排序	关键词	频数
8	阅读推广	34	18	特色服务	13
9	品牌战略	24	19	品牌管理	10
10	读者服务	23	20	读者活动	10

3.2 关键词共现图谱

笔者通过对关键词共现聚类与突现主题词进行分析，进一步了解高频关键词的类别及它们之间的亲疏关系，以反映目前国内图书馆品牌研究的主题与热点。大体上，笔者将图书馆品牌领域的关键词聚为 10 个大类别，另外在聚类知识图谱的边缘也有一些小类别，这些词是与其他的类别关联强度较小的。

3.3 图书馆品牌研究热点主题

3.3.1 图书馆品牌营销研究

这类研究大多以国内外图书馆研究成果和市场营销学理论为基础，把相关理论、方法、变量引入图书馆品牌研究中，重点关注图书馆如何通过运用各种营销策略使读者和客户形成对图书馆品牌和产品、服务的认知—认识—认可。这一领域集中探讨了品牌营销、品牌形象、服务品牌、读者活动、阅读推广、品牌传播、网络营销、微信营销等。

3.3.2 图书馆品牌化研究

在信息化时代，图书馆服务对象的需求和阅读方式发生了显著变化，图书馆通过品牌化建设，有利于解决当前面临的问题。目前这方面的研究大多关注如何实现图书馆的品牌化发展的问题，同时涉及图书馆的品牌发展理念、图书馆品牌发展路径、图书馆服务创新、图书馆特色服务等主题。

3.3.3 图书馆品牌建设研究

政府和各高校对图书馆品牌建设给予了高度重视和政策支持，为图书馆品牌建设营造了良好的政策环境，有效地引导了图书馆品牌的发展。这方面的研究着眼于图书馆品牌的创建，重点关注图书馆的品牌发展理念、品牌策略制定与实践、品牌形象设计与构建、品牌传播等主题。近年来，随着信息技术的进一步发展，关于移动图书馆、微信传播推广、线上阅读等的相关研究主题已然成为热点。

3.3.4 图书馆品牌管理与实践研究

从前述图书馆品牌研究的年度发文数量来看，近十多年来，图书馆品牌保持持续的研究热度，这在很大程度上与 21 世纪初以来我国市场经济深入发展，品牌建设在各领域备受青睐的现状息息相关。图书馆品牌建设实践也成为图书馆发展的一种选择,受到社会鼓励和推崇。近几年,研究者更多关注图书馆品牌实践活动,研究的核心主题涵盖了具体的品牌项目、品牌服务和品牌活动等,如图书馆文化品牌、阅读品牌、讲座品牌、图书推广品牌、阅读活动品牌、服务品牌等,针对具体群体,比如科研人员、大学生创业者、青少年阅读者、农民工等特定群体的服务品牌等。

另外,笔者以为其他与图书馆品牌相关的领域,如馆员素质提升、硬件及环境优化、产品创新等也值得关注。

4 图书馆品牌研究的知识基础分析

各学术论文所引用的文献称为被引文献,它们往往具有较高的质量和特殊的学术价值,有些甚至是该学术领域的经典文献或者是对学科发展具有重要作用的文献。被引频次是衡量文献质量和学术水平的重要指标。这些高频被引的经典文献往往记录了这个领域的某个学术方向上的重要研究成果,对研究者了解学科前沿和知识基础至关重要。

图书馆品牌研究文章引用了大量国内外高水平的文献,识别这些经典文献,对夯实研究基础、回顾研究历程具有不可替代的作用。表3列出了图书馆品牌研究文献被引频次最高的10篇文献的信息。

在 CNKI 数据库中期刊文献被引频次最高的为58次,是来自浙江工业大学图书馆的洪海娟、卢振波2014年发表于《现代情报》的《基于微信的高校图书馆品牌营销现状与策略研究》。该文以大学图书馆为例,对我国高校图书馆利用微信公众平台进行图书馆品牌营销的现状进行调查,分析当前高校图书馆微信营销存在的问题,提出符合图书馆自身特点的微信营销策略,包括明确微信服务定位、加强微信账号推广、增强微信获取方式的便捷性、完善微信自助服务功能、改进微信营销内容质量、开发微信营销新功能等方面,以期实现微信与图书馆品牌营销的有机融合。

来自广东佛山市图书馆的张惠梅2001年发表在《图书情报知识》的《公共图书馆创立品牌浅论》一文具有奠基性意义,是较早发表的关于图书馆品牌的研究成果,因而引用频次也很高。该文分析了图书馆品牌的定义、范围和实质,探讨了公共图书馆创立品牌的作用,提出了创立品牌的若干措施。

其他高频被引的重要文献也是图书馆品牌研究领域的经典文章,对图书馆品牌研究领域的知识拓展具有重要作用,能够反映当前图书馆品牌研究成果的基本结构,是开展进一步研究的基础性文献。

表3 被引频次最高的文献信息列表

被引频次	作者	论文名称	登载期刊及年份
58	洪海娟,卢振波	基于微信的高校图书馆品牌营销现状与策略研究	现代情报,2014
37	卢巧云	打造图书馆服务品牌的思考	图书情报知识,2002
37	张惠梅	公共图书馆创立品牌浅论	图书情报知识,2001
34	陈鹏	图书馆阅读推广营销手段探析	图书馆工作与研究,2015
32	王建萍	论图书馆品牌文化与图书馆竞争力	图书馆学刊,2003
31	杨莉,兰小媛,陈进	大学图书馆品牌经营与推广渠道:以上海交通大学图书馆IC~2创新型服务品牌实践为例	图书馆建设,2011
31	刘天昕,庞丽川	图书馆服务品牌的塑造	图书馆工作与研究,2005
31	吕梅	讲座是图书馆的一种核心业务:论及图书馆讲座及其品牌的建设	图书馆论坛,2005
28	胡昌斗	图书馆品牌战略与策略	图书馆理论与实践,2006
27	朱丽卿	浅论创建图书馆服务品牌	图书馆论坛,2005

5 研究结论与展望

经过20多年的发展,图书馆品牌研究从对象、内容、方法等方面经历了从探索到逐步完善的过程,已初步形成了以图书馆品牌营销、品牌建设与实践等主题为主的图书馆品牌研究内容体系。本文以2000—2019年间CNKI数据库中的图书馆品牌研究期刊论文为研究样本,采用文献计量法分析了图书馆品牌研究的作者分布特征及其共现关系、研究的热点主题聚类,以及图书馆品牌研究的知识基础。通过数据挖掘和信息可视化,研究发现:国内图书馆品牌研究成果数量逐年攀升,特别是近年来由于国家宏观战略推动和各高校的广泛重视,该领域研究得到快速发展;从作者发文数量和质量来看,作者发文量与被引频次普遍不高,学术成果质量有待进一步提高,研究者之间的合作有待加强;研究机构分布较广,特别是东部地区高校对该领域关注度更高,但相关研究机构间合作较少;研究主题集中度较高,主要集中于图书馆品牌营销、图书馆品牌化发展、品牌建设与实践、图书馆品牌管理等热点领域;国内图书馆品牌研究以国内外营销研究相关理论为基础,通过把相关理论、方法和关键变量引入到图书馆品牌研究,夯实了该领域的知识基础。

  图书馆品牌的相关研究已获得长足进展,基本形成了一定的知识体系。但该领域仍然存在基础理论研究不足、研究领域有待拓展深入、相关成果与知识的应用有待加强等问题,因而对该领域的研究仍存在很大空间。未来的图书馆品牌研究,一是需要加强对图书馆品牌的属性特征、运行机制等相关问题进行有针对性的研究;二是要深入研究图书馆品牌实践活动,长期跟踪观察图书馆品牌过程,有针对性地探究图书馆品牌过程中的关键因素和环节,提升图书馆品牌的影响力;三是要拓宽图书馆品牌研究的学科视野,加强学科交叉融合,为该领域研究提供更丰富的方法论基础。

注释:

[1] 龚晓婷,等.图书馆营销品牌升级实施策略:以厦门大学图书馆"Library Go"为例[J].大学图书馆学报,2019(2).

[2] 张吉,郭晶.基于科学营销理论的IFLA国际营销奖案例研究[J].大学图书馆学报,2017(6).

浅议大学图书馆文化品牌建设

刘鸿燕

（重庆工商大学图书馆）

摘要： 本文阐述了大学图书馆文化品牌建设的重要意义，分析了当前大学图书馆文化品牌打造面临的困境和问题，围绕提升站位、准确定位、加大投入、科学谋划、善于创新、注重融合等方面提出了粗浅意见和建议。

关键词： 大学图书馆；文化品牌；品牌建设

先进文化是人民群众精神食粮的活水源头，大学图书馆作为知识的宝库，是传承先进文化的重要载体[1]，应通过积极打造自身文化品牌，在社会文化建设中发挥重要示范引领作用。基于此，各大高校越来越重视图书馆建设，对图书馆建设的研究也越来越多，但站位仍然不够高，定位仍然不够准，导致统筹规划、改革创新、物质支撑等诸多方面仍然存在问题，在世界高校图书馆领域，叫得响的文化品牌仍然较少。在多元文化冲击和新媒体高度发展的新形势下，如何打造各具特色的高校图书馆文化品牌，是当前各大高校应当关注和重点研究的课题。

1 打造大学图书馆文化品牌的重要意义

人类的发展史也是一部阅读史，只要人类还需要通过视觉、听觉与触觉器官获取知识信息，阅读就不会消失，作为容纳纸质阅读物的图书馆、实体书店等实体阅读场所就不会消失。近年来，图书销售额不断攀升，据统计，2018年中国图书零售市场码洋规模达894亿元，同比增长11.3%[2]。上海提出要把"红色文化""海派文化""江南文化"三大文化资源转化成为品牌建设原动力[3]，从上海发展的战略目标来看，文化正成为最具竞争力的核心要素之一。文化较之经济、政治而言具有更强的生命力和创造力,文化对于实现中华民族伟大复兴的中国梦具有举足轻重的作用。校园文化是学校与教育消费者之间的"心理契约",而文化品牌建设则是赋予这份契约长久生命力的源泉,图书馆作为校园文化高地,对于校园文化培育和建设,肩负着重要职责。[4]

2　打造大学图书馆文化品牌面临的现实困境

2.1　政治站位不高

随着社会的广泛关注、专家学者的持续呼吁,以及对高校图书馆文化品牌建设的深入探讨,高校对图书馆文化品牌打造越来越重视,但普遍仅仅站在提升高校竞争力、学校工作效率和服务师生质量的角度,未能站在发挥高校图书馆这一校园文化高地,引领全社会文化建设,推动文化强国战略目标实现,为人民群众提供丰富的精神食粮,不断满足人民群众日益增长的精神文化需求的政治高度,未能以更高的站位统筹推进高校图书馆建设和图书馆文化品牌打造。

2.2　经费投入不足

图书馆文化品牌打造不仅需要馆舍、图书、信息系统等硬件支撑,还需要管理水平与服务水平提升、宣传推广与研讨交流、科学规划与创新研究等软件建设,而且软件建设需要持久投入,容易因跟进不及时而出现"断档",有的投入甚至半途而废,搞成"烂尾工程"。当前高校在图书馆文化品牌打造上,硬件投入问题得到较好解决,但软件投入问题仍然较为突出。

2.3　融合创新不够

在数字技术、网络技术、移动技术、智能技术等新技术不断革新的浪潮中,各大高校能够充分认识到图书馆、实体书店等传统阅读场所遭受到来自方方面面力量的挤压,能够认识到改革创新和品牌打造的重要性,但创新的视角有待商榷、创新的方法有待改进、创新的力度有待加强,还存在"故步自封""闭门造车"等现象,在"走出去"、"引进来"、加强融合借鉴上还有较大差距。

2.4　缺乏统筹规划

图书馆文化品牌打造是一个系统工程,不仅仅需要宽敞明亮的馆舍和温馨怡人的环境的支撑,还需要积极应对经济社会飞速发展和新媒体融合创新带来的读者对服务需求变化的巨大挑战,在基于自身实际需要打造特色文化品牌的过程中,图书馆必须着眼于长远的科学统筹规划。当前,各大高校图书馆管理者,或多或少存在理念落后、急功近利和政绩观错位等问题,图书馆文化品牌打造上缺乏科学的统筹规划。

3 造大学图书馆文化品牌的粗浅建议

3.1 提高站位、准确定位

首先,大学图书馆是校园重要的文化活动场所,直接的、主要的服务对象是师生,优秀的品牌服务有利于提升服务层次和水平,优质的文化服务不仅能提升读者对图书馆的认可度,而且能影响到整个大学校园的学习氛围,文化品牌打造要着眼于开阔师生学术视野、提升读者人文修养、彰显校园文化品位、助推校园建设和谐发展等。

其次,高校图书馆是校园文化建设的主体之一,作为知识的宝库,富集了大量的信息资源,是传承先进文化的重要载体和传播先进文化的重要阵地,具有文化资源传承价值、文化信息传播价值、文化精神引导价值。

最后,青年是社会力量最富生机活力的部分,承载着国家的希望和民族的未来,高校图书馆服务的主要对象是大学师生,在这些精英青年的文化培塑,主流意识形态和正确价值观念形成上,发挥着不可替代的重要作用。高校图书馆文化品牌打造,要着眼国家发展大局、教育政策调整、社会文化引领等,不断使高校图书馆文化建设同高等教育需求相适应、同大学师生期待相契合、同推进文化强国和人才兴国战略相匹配。

3.2 加大投入、强化保障

要不断完善图书馆文化品牌建设投入支撑体制,把高校图书馆文化品牌打造投入作为推动高校发展的基础性、战略性投资,提高图书馆投入水平效益,为打造图书馆特色文化品牌打下坚实基础。要注重硬件设施打造,加强馆舍环境建设,营造高雅的文化氛围;更要注重软件投入,开展丰富多彩的主题文化活动,组织经常性宣传教育、学术研讨和娱乐休闲活动等,加强图书馆管理人才培养,加强创新性研究经费投入。深圳宝安图书馆,建筑面积4.8万平方米,2000个阅览座位,高峰时每天有几万名读者,借还书量可达2万册,最近,宝安图书馆又上新了,不过,这次上的不是新书,而是一群酷炫的机器人。当然这种酷炫机器人未必适合高校图书馆,但宝安图书馆的创新精神、追求前沿发展做法和投入模式值得学习借鉴。

3.3 注重融合、敢于创新

随着以手机为载体的微信、微博、客户端、移动网络等阅读平台的诞生和高度发展,图书馆、实体书店等实体阅读场所在人们阅读选择中所占比例已由原来的100%降到现在的10%左右，甚至还会更低。但我们也要认识到，虽然新的阅读媒介形态严重挤压了纸质阅读媒体空间，但是实体书店、图书馆在人们深度阅读选择中仍有着不可或缺的重要作用，只要敢于创新，搞好融合，注重打造特色文化品牌，积极融通各种个体心理与社会心理的文化空间，实现不同价值观的认可、认同或接受，把这个较小比例的"狭长地带"做深做透，必然会让人们走进图书馆、走进实体书店，走向早已准备好的个性化文化定制中。

高校图书馆一方面要积极适应阅读媒介新形态，充分发挥移动互联网技术，积极参与新媒体应用和虚拟技术产品研发，借助新媒体平台科技杠杆，进一步提升图书馆文化和知识传播效益。另一方面，要"走出去""引进来"，注重融合创新，加强高校之间、高校与社会之间经常性馆际交流协助，基于不同特色文化品牌，融合开展各种主题研讨交流、管理能力培训、评选竞赛活动、创意休闲活动等，相互借鉴、取长补短、共谋发展。

3.4　加强统筹、科学规划

高校图书馆文化品牌建设之于校园文化建设、精英青年培育、文化强国战略、国家教育大计等有重要意义。要坚持宏观引导与具体行动相结合，总体规划、分类指导，提出一系列操作性强的规划任务，明确实施方法措施，构建全方位协同推进图书馆文化品牌打造的有效机制，系统谋划图书馆文化建设的制度框架，把注重顶层设计、系统统筹规划、加强机制创新作为图书馆文化品牌建设的基本动力，把我国传统文化优势转化为推进图书馆文化品牌建设的制度优势，充分运用新机制、新模式、新技术激发图书馆文化建设活力，不断提升图书馆文化建设制度化科学水平，大力推动高校图书馆文化品牌打造，引领社会文化建设，助力文化强国战略目标实现。

4　结语

党的十九大作出了优先发展教育事业、加快教育现代化、建设教育强国的重大部署。高校图书馆文化建设在校园文化建设、社会文化引领、文化强国和人才兴国战略实施中发挥着举足轻重的作用，面对政治站位不高、经费投入不足、融合创新不够、缺乏统筹规划的现实困境，高校图书馆必须敢于正视问题，认真思考对策，强力推动落实，切实打造各具特色的高校图书馆文化品牌。

注释：

[1]翁菊梅.大学图书馆的文化价值实现路径探析:以湖北经济学院图书馆为例[J].知识经济,2019(15).

[2]盛玉雷.通过阅读提升认知能力(人民时评)[N].人民日报,2019—04—23.

[3]高俊才.中国经济与文化和生态文明建设的融合趋势[J].中国产经,2018(12).

[4]王晔.开放大学图书馆文化品牌建设构想[J].科技情报开发与经济,2014(12).

10 | 图书馆志愿服务工作的运作与管理

公共图书馆志愿者服务工作探析
——以重庆市长寿区图书馆为例

冉代国

（重庆市长寿区图书馆）

摘要：本文在介绍图书馆志愿者含义的基础上，结合志愿者在长寿区图书馆服务的实例，阐述在志愿者的储备与选择、志愿者的纽带作用、志愿者的服务内容及志愿者的制度建设等方面的有益尝试及如何完善志愿者的服务工作。

关键词：公共图书馆；志愿者；服务工作；读者服务

图书馆是保障公民基本文化权益，提高公民科学文化素质和社会文明程度，传承人类文明，坚定文化自信的场所。[1]现在，到馆的读者一年比一年多，各年龄段的读者都有，青少年和老年读者居多。特别是周末和节假日，来馆的读者激增，图书馆工作人员往往超负荷工作。而文化志愿者的出现，似一场春雨，及时滋润图书馆这一块服务阵地。

1 图书馆志愿者的含义

志愿者是指在自身条件许可的情况下，参加相关团体，在不谋求任何物质等相关利益回报的前提下，在非本职职责范围内，合理运用社会现有的资源，服务于社会公益事业，为帮助有一定需要的人士，开展力所能及的、切合实际的，具一定专业性、技能性、长期性服务活动的人。[2]

20世纪90年代初，中国青年志愿者协会成立。目前，社区志愿者和青年志愿者是我国最大的两支志愿者队伍。到90年代中期，志愿者开始走进图书馆，福建、上海和深圳等省市图书馆率先招募志愿者。一方面，这些志愿者为广大读者做出了无私的志愿服务,为我国的文化事业做出了应有的贡献。另一方面,这些志愿者也具有读者的身份,在饱读图书文献的同时,也可以以读者的身份向图书馆提出合理化建议和改进意见。

2　图书馆志愿者服务的内容

图书馆志愿者是联系图书馆和读者的最佳纽带。他们在帮助读者参考借阅图书、引导小朋友阅读、文献整理、环境整治和读者公益活动中,尽显志愿者风采;在提升市民文化素质、推动地区文明程度中起着重要作用。

2.1　协助馆员为读者做好图书文献传递使用工作

读者到馆来借图书,如果是一名新读者,那么他可能会更难找到自己想要的图书。因为馆内文献一般分为成人文献和少儿文献两大区域,每一个区域又有22个类别。同时,读者还要担心,自己要借的图书图书馆内是否收藏,或者已借出。对于读者的这些疑惑,志愿者就可以给读者进行解答,读者也愿意向有亲和力的志愿者请教。志愿者服务还包括给一些特殊群体(如残疾人、老年人等)提供一些力所能及的借、还图书服务。

2.2　做好文献管理工作

笔者在和馆内志愿者进行交谈时发现,他们普遍较为佩服馆内的工作人员。因为馆内工作人员对任何一本文献几乎都能快速准确放回原处,文献整理工作高效有序。另外,除了对文献进行排架,志愿者还需要向工作人员学习一些其他服务内容,如发现文献如果有折页的,就要把它重新展开;文献中夹着其他物品的,要即时取出;发现文献的书签有图画、破损或脱落,志愿者还要重新打印书签并粘贴;发现馆藏中的文献有脱页、破损,志愿者就要对文献进行剔除。

2.3　做好环境整治和秩序维护工作

图书馆免费开放区域大,功能划分多,比如少儿阅览区、低幼阅读体验区等。由于这些功能区的读者年龄较小,有时不能很好控制自己,他们可能在享受免费阅读的同时,随手丢弃纸屑、瓜果皮等,这样一来,就会影响后面到馆读者的阅读体验。据了解,馆内志愿者会分区域,定时(每一个小时)全面排查,不会让垃圾影响其他读者的阅读心情。

同样,在少儿阅览区和低幼阅读体验区,这些小读者由于天性使然,也许会自言自语,或者和旁边的读者分享;同样,也许会因为一点小事,就和旁边的读者发生争执。这时,志愿者会引导他们如何去阅读,如何与其他读者共享图书馆安静的阅读空间。

2.4　协助馆员参加读者公益活动

我馆志愿者主要参与图书馆的展览、协助馆员管理和引导幼儿园小读者,志愿者在馆员的引导下能很好地完成这两项工作。同时,这两项活动都涉及馆外的人和事,社会事务性较强,在一定程度上对于提高志愿者的综合素质有很大的帮助,而志愿者在做这两项活动时往往也表现出很高的热情。

3 志愿者服务工作带给我们的有益思考

3.1 志愿者的储备与选择

我馆在招募志愿者时,主要是从重庆化工学院和区内中学招募。其中,与化工学院有较好的合作经验,学院也有相应的志愿者组织,招募的志愿者有志愿者证,综合素质较好,有较强的服务意识。从区内中学招的志愿者数量相对较少,只招募那些有强烈愿望来图书馆做志愿服务的学生。

从这几年志愿者的招募情况来看,志愿者在数量上基本能满足我馆需求。但随着图书馆覆盖范围的扩大,图书馆在今后招募志愿者时,选择的面应更宽一些,比如可以在机关、企事业单位进行招募。这些单位的志愿者的个人学习和工作经历丰富,能给读者开展相关的讲座、培训等,让读者接受更多、更新鲜的知识,也能在一定程度上提升图书馆在读者心目中的地位。

3.2 发挥志愿者的纽带作用

我馆的志愿者在进行工作总结时,都提出了自己的一些想法和建议,这当中有一些实用性、针对性较强的建议,它们为推动长寿图书事业的发展有积极意义。我们应该看到,这些想法和建议是志愿者站在读者的立场上,听取更多读者的呼声才提炼出来的。在今后的志愿者服务工作中,我馆应加大对志愿者的引导,让志愿者在读者中获取更多有用的信息,推动我馆的服务工作迈向新台阶。

3.3 让志愿者参与图书馆更多的服务工作

从近几年志愿者服务工作情况来看,志愿者的服务主要涉及文献的借还工作,其他工作虽有涉及,但不多。这主要出于两个原因:一是馆员对志愿者的不信任;二是志愿者多是学生,知识水平有限。从图书馆活动内容的多样性和吸引读者的角度来看,需要志愿者的参与。图书馆应加强对志愿者的培训,特别是图书业务知识;大胆让志愿者参与各类服务工作,包括展览、讲座、培训和一些文化沙龙活动等,充分发挥每一个志愿者的专长。

3.4 强化制度建设,让志愿者的服务深入读者心中

虽然志愿者是怀着无私奉献的精神参与图书事业中的,但必要的奖励和鼓励也是很有必要的。为此我馆在志愿者服务工作结束后,会给志愿者发放"志愿服务先进个人"荣誉证书,同时给志愿者报销相关的交通费用。下一步,我馆应建立志愿者服务制度,对表现优秀且做出一定贡献的志愿者给予更多的精神和物质奖励。

注释:

[1]中华人民共和国公共图书馆法[Z].北京:中国法制出版社,2017:2—3.

浅谈公共图书馆志愿服务的运作与管理

颜 兵
（重庆市长寿区图书馆）

摘要： 随着我国经济的不断发展，社会物质文明的不断进步，公共图书馆的社会职能不断丰富，公共图书馆对志愿者的需求越来越大。因此对志愿者的招募、岗前培训、管理机制等方面都有了更高的要求。本文结合以上几个方面，浅谈公共图书馆志愿服务的运作和管理问题。

关键词： 公共图书馆；志愿服务；运作；管理

"志愿者"可定义为"自愿进行社会公共利益服务，而不获取任何利益、金钱、名利的活动者"，具体指在不为任何物质报酬的情况下，能够主动承担社会责任、奉献个人时间和行动力的人。[1]公共图书馆作为社会公益事业的呈现，人流量大，为广大读者提供最佳的服务是其最基本的职能。因此，公共图书馆对志愿者的需求极大，招募志愿者，一方面可以提高公共图书馆为大众服务的质量，完善其社会功能；另一方面也可以实现志愿者的自我价值，弘扬志愿精神。公共图书馆志愿服务体系可分为：志愿者服务运作和志愿者服务管理。志愿者服务运作包括志愿者招募、岗前培训等。志愿者服务管理即志愿者激励机制等。

1 志愿服务的运作

1.1 志愿者招募

随着我国经济的发展，社会精神文明的建设，社会公益事业和公共部门对志愿者的需求程度逐年增加。但由于大众对志愿精神和志愿者工作内容缺乏深刻认识和了解，对志愿者的需求量远大于志愿者的现有人数。公共图书馆是政府组织的公益性服务机构，其对志愿者有着极大的需求，但由于社会大众缺乏对志愿服务的认知以及对招募方式的不了解，图书馆的志愿者往往是少之又少。

随着信息时代的发展，如今的公共图书馆志愿服务已经"脱胎换骨"，与过去相比有了明显的不同。互联网的发展，使得招募方式有了更多的可能。首先，各地的公共图书馆可以进行网络宣传和招募，充分发挥社会舆论的导向作用，使得更多爱好上网的年轻人能够看到这些志愿服务活动，提高图书馆与网民的互动性。其次，可以通过各大高校举办讲座的形式，引导志愿服务走进校园，增强学生对志愿服务工作的了解，鼓励他们加入志愿者团队。图书馆工作人员可以与高校协商，邀请志愿者或是与之相关的人员走进高校，开设专门的图书馆志愿服务工作讲座，激发学生兴趣，引导他们参与。最后，走进居民社区。图书馆志愿者们可以走进社区，进行宣传，给社区居民讲解各个岗位的志愿服务工作。

1.2 志愿者岗前培训

图书馆工作专业性较强，志愿者的专业服务能力直接影响图书馆的服务水平，因此志愿者在上岗工作之前，必须接受岗前培训，加强业务和理论学习，以便适应相应工作岗位。[1]

首先是培训志愿者们做好引导读者的工作。因为公共图书馆占地大，馆内分区众多，随着时代的进步，公共图书馆的内部分区也发生着变化。从功能分区看，大多数图书馆空间可分为图书借阅区和读者活动区；从年龄层面看，可分为成人活动区和少儿活动区；从馆内管理看，可分为职工办公区和读者活动区。所以进来学习和读书的人们往往分不清方向。因此作为志愿者，要有良好的方向感，准确把握各个分区的位置，确保能够做好向导工作。其次是培训志愿者们做好图书分类、排架和借阅工作。作为志愿者，在寒暑假等读者增多的忙碌时期，要能够帮助图书管理员做好有序排架、整理图书的工作，现代公共图书馆内书籍众多，要准确掌握分门别类的图书具体所处的位置，在整理图书的时候要能够正确地放在专属的架子上，不能出现错位现象。[2]此外，尽管自助借阅图书的机器在各大公共图书馆上运用，但读者众多的时候难免也会忙不过来，这时候志愿者要和图书管理员一起为读者提供图书借阅登记服务。培训志愿者们进行特殊服务，例如为老年读者安放坐垫；为行动不便的读者提供上门借书还书服务；为思路不清的读者推荐可读刊物等。最后要做好志愿者的思想工作，增强其志愿精神和无私奉献的道德品质。志愿者是不收取任何劳动报酬主动承担社会责任，为社会付出的存在。想要成为一名合格的志愿者，就要有无私奉献的精神，有高度的社会责任感。

2　志愿服务的管理

我国公共图书馆开展志愿服务活动起步较晚，20 世纪 90 年代福建省图书馆借鉴外国图书馆志愿服务的经验，率先开展志愿者招募活动，并形成了一支专门为读者服务的志愿者服务队。[3] 随着志愿者服务队的推行，各地也纷纷开始了志愿者招募活动。相比当年，现在的志愿者队伍已经壮大了很多。但志愿者是无偿为公共图书馆提供服务的，服务工作不认真的志愿者不仅起不到服务读者的作用，还会影响公共图书馆服务大众的效果。为确保服务水平能够达到最佳，志愿服务的管理工作也不容疏忽。

志愿者激励机制旨在让志愿者明确自身不足，充分调动其主观能动性，使志愿服务水平达到最佳。在公共图书馆志愿者的管理过程中可以采取线下读者建议和线上读者选评等方式。在图书馆进门处可设置一个志愿者建议箱，读者可以根据自身在图书馆的体验，给志愿者写评语。每个月开箱整理，收到不足评价的志愿者需进行自我反思，以使今后的服务工作做得更好。而备受好评的志愿者除了对其进行口头表扬以外，还可以进行一定的物质奖励。如以图书馆的名义赠送一本书或者是对其借还书的时间进行延长。此外，还可以在图书馆的微博或微信公众号上进行每月一次的志愿者评选活动，将优秀的志愿者挑选出来。这样不仅有利于激发志愿者们的斗志，增强其主观能动性，让他们更有干劲地进行志愿服务，也有利于帮助图书馆紧跟时代的脚步，加强和广大群众的联系，更好地发挥社会职能。

3　结语

目前，随着我国经济的发展，各大公共图书馆正成为各地区文化交流的一大重地，志愿者的服务工作也发挥着越来越重要的作用。开展志愿者服务工作，使志愿者的个人目标与图书馆的社会职能相契合，推动图书馆的发展。

注释：

[1]屠佳.公共图书馆志愿者工作的服务与管理：以济南市图书馆为例[J].兰台内外，2019(4).

[2]刘芮搏.浅谈公共图书馆志愿服务体系构建及其意义[J].办公室业务,2018(1).

[3]轩银梓.组织文化视角下公共图书馆志愿服务长效机制探究[J].黑河学刊,2019(2).

11 | 其他

学术迹和 CI 指数论文评价模型比较研究
——以高校法学学科 CSSCI 论文为例

吕俊杰　李　煜　张　旭

（西南政法大学图书馆）

黄　欣　班航航

[同方知网（北京）技术有限公司重庆分公司]

摘要：本文对比分析学术迹和 CI 指数模型在实际数据评价中的表现，深入研究两种评价方式的差异以及和传统评价方式的区别，旨在更合理地对学术团体论文水平进行量化评价。以 9 所高校 CSSCI 法学期刊论文为研究对象，通过量化结果和相关性分析，对比两种模型在实际数据中的评价效果，利用线性回归方程斜率作为增长系数指标，动态观察研究对象的发展情况。研究发现：两种评价模型的评价效果理想，属于传统被引频次、h 指数模型的拓展。提出影响力增长系数 g，该系数能反映研究对象在特定模型中的发展情况。

关键词：学术迹；CI 指数；影响力增长系数

随着国家"双一流"建设的推进，学术论文评价研究是当前学者们研究的重点和难点。对于高校而言，自身优势学科的科研成果水平如何，与其他高校同类型学科的差距如何，一直是学科评价中高校关注的热点。然而我国许多人文社科类专业较强的高校，如果利用国际上热门的 ESI 前 1‰高水平论文评价方式，人文社科类区分度不够明显；Altmetrics 社交媒体评价指标[1]或 F1000 同行评议[2]等评价方式也有所欠缺。因此利用传统的发文量和被引量[3]来评价人文社科类的论文影响力是比较合适的。在传统定量评价论文质量的方法中，发文量、h 指数、被引频次和影响因子等指标较为常用；而在评价模型中，以学术迹和 CI 指数模型较为热门，这两种模型有效地结合传统评价指标，为学术团体论文水平定量研究提供了多元评价选择。为对比研究两种模型在实际评价中的效果，笔者将利用 9 所高校 2005—2016 年度，在 CSSCI 法学类期刊的发文数据，探讨两种模型在数据结果、相关性和影响力增长系数三个方面的表现,为团体学术影响力评价的相关研究提供参考。

1 模型原理

1.1 学术迹

学术迹(Academic Track)和学术矩阵(Academic Matrices)是2013年Fred Y. Ye和Loet Leydesdorff在I3基础上,引入h指数提出的整合学术发文和引文分布特征的新型学术测度[4]。

此方法能够在同样的条件下囊括多指标,并全面地进行学术团体(或个人)的成绩对比,突破了原有的以影响因子、被引指数等为代表的以均值测度指标为主并基于引文分析的学术评价框架。

学术迹属于综合测度评价方法,利用h指数把学术源论文的发文总量分成三部分,高被引论文、低被引论文和零被引论文,即所谓的h核—h尾分布[5][6]的概念。并利用数学算法计算出综合评分(T值),该值越高表明学术源论文整体成绩越好。相较于其他定量评价方法,其优势是评价过程中同时综合考虑了多个参量指标,既考虑发文量、被引频次,也考虑高被引文献对学术绩效的贡献和零被引文献对学术绩效的负影响,而且能量化评估对象之间的学术差异,是一种对学术成果客观综合的评估方法。目前,学界基于此方法有效地开展了诸多学术评价研究,将该方法运用于对学术团体[7][8]、学科发展[9]、学术期刊[10]的学术评估中,并取得良好效果,有效服务于学术发展、学术进步。数学定义如下:

定义独立向量 X 和 Y,以及差值向量 Z。

$$X = (X1, X2, X3) = (P_c^2/P, P_t^2/P, P_z^z/P) \tag{1}$$

$$Y = (Y1, Y2, Y3) = (C_c^2/C, C_t^2/C, C_e^2/C) \tag{2}$$

$$Z = (Z1, Z2, Z3) = (Y1 - X1, Y2 - X2, Y3 - X3) \tag{3}$$

由3个向量构成学术矩阵:

$$V = \begin{pmatrix} X \\ Y \\ Z \end{pmatrix} = \begin{pmatrix} X1 & X2 & X3 \\ Y1 & Y2 & Y3 \\ Z1 & Z2 & Z3 \end{pmatrix} \tag{4}$$

学术迹 T 值等于 $X1, Y2, Z3$ 数值之和,如公式(5):

$$T = X1 + Y2 + Z3 = P_c^2/P + C_t^2/C + (C_e^2/C - P_z^2/P) \tag{5}$$

1.2 CI 指数原理

中国知网于 2015 年发布的《中国学术期刊影响因子年报》中首次提出学术期刊影响力指数(Academic Journal Clout Index,以下简称 CI 指数)。该年报通过数学模型对期刊进行了量化评价,虽然 CI 指数原本用于期刊的评价,但是其模型中以引文量和影响因子为核心评价指标,因此该模型同样可以用来评价学术团体论文质量。参照模型的指标和数学算法,对不同学术团体论文质量评价的原理和方法定义为:

论文影响力排序空间:将不同学术团体的所有论文以被引频次(TC)、发文期刊的影响因子(IF)归一化处理后,映射到二维空间,称为"论文影响力排序空间"。

论文影响力等位线:定义影响力最大的论文为(1,1),各论文与(1,1)点距离相等的点成连成的线即为影响力等位线。假定每一篇论文都在被引频次和期刊影响因子两个方向同时发展,"论文影响力"即指向(1,1)点的向量尾部坐标为(A,B)的向量,其大小即为"论文影响力指数"。

论文影响力指数 CI:是根据论文被引频次(TC)和论文期刊影响因子(IF)综合计算所得,其计算公式为:

$$CI = \sqrt{2} - \sqrt{(1-A)^2 + (1-B)^2} \qquad (1)$$

$$A \in [0,1] = \frac{IF - IF_{\min}}{IF_{\max} - IF_{\min}} \qquad B \in [0,1] = \frac{TC - TC_{\min}}{TC_{\max} - TC_{\min}} \qquad (2)$$

某一学术团体的所有论文 CI 指相加,得到该学术团体在这一数据组中的得分,不同学术团体的科研水平可通过得分高低来排序,形成有效的量化对比。

1.3 数据来源

以中国知网(CNKI)为数据源,以中文社会科学引文索引(CSSCI)中法学来源期刊(23 种)和扩展期刊(10 种)为检索条件,时间跨度为 2005 年至 2016 年,从结果中选取发文量靠前的 9 所高校发文数据为研究对象。数据字段包括:高校、发文时间、被引量、h 指数和期刊综合影响因子。

2 研究方法

方法 1:利用学术迹和 CI 指数两种评价模型,对同一数据样本进行量化。由于两种评价方法都是针对某一特定范围的数据样本进行量化比较,因此将样本数据按照"高校"和"时间"两个维度进行拆分,"高校"包括:中国人民大学、中国政法大学、华东政法大学、北京大学、清华大学、西南政法大学、中南财经政法大学、吉林大学和武汉大学 9 所高校。

"时间"包括:2005年,2005—2006年,2005—2007年……2005—2016年,2005—2010、2011—2016,14个时间跨度。对这些固定范围的数据组求出对应的学术迹T值和CI指数值,比较两种评价模型的量化结果。

方法2:分析T值、CI值、发文量、h指数和被引频次之间相关性。

方法3:按照时间跨度计算T值、CI值和h值回归方程,利用斜率作为研究对象在不同模型中的增长力系数g,比较该系数的实际表现。

3 数据分析

3.1 数据表现

这里需要特别说明的是,由于两种评价模型的数学算法不同,在计算T值时,二维表中每一个点都是1个单独数据组,得出的数值是独立的;在计算CI值时,二维表中每一列为1个数据组,9所高校在某一时段内进行对比。

从模型计算过程和结果来分析两种评价方式的相似和差异之处。

相似点:

(1)两种评价模型都能够对研究对象的科研成果进行量化,形成直观的数据展示,有效反映出不同学术团体在论文质量、科研水平等方面的差异。

(2)两种评价模型中各个高校在两段时间跨度中的数据走势近似呈线性上升,能有效反映出各高校在大幅时间跨度中呈现出的发展趋势。

(3)两种评价模型中各高校发展趋势线层次分布明显,可以清晰地区分高校间科研成果水平,各高校趋势线上下关系在两个模型中大致相同。

不同点:

(1)从模型中应用的指标来看,学术迹评价模型的核心指标包括发文量、h指数、总被引频次和零被引论文数量,CI指数包括单篇论文被引频次和期刊综合影响因子,学术迹评价指标涵盖范围相对于CI指数更广,但未考虑期刊影响因子指标。

(2)两种模型的数据值存在数量级上的差异,T值随着数据组内论文数量的增多,不同高校的数据走势会出现大幅度分散,值之间的差距会越变越大;而CI值由于归一化处理后,同一组内的数据之差随着论文数量的增加变化不大。正是由于数量级上的差异,T值比CI值在展现高校科研水平的层次上更清晰,例如"ecupl"和"pku"两所高校在T值模型中区分得更明显。

(3)T值二维表中的每一个数据点,都是一个独立的数据,数据值本身是有意义的,是能够和其他不同组的 T 值进行对比的一个"绝对值"。而 CI 值二维表中的每一列是一个数据组,数据值本身只有在组内进行对比才有意义,离开数据组范围,其数值大小和其他组的数据相比是没有意义的,每组数据的 CI 值只是一个"相对值"。笔者以"西南政法大学"在 CSSCI 法学来源期刊(CI-1)为一组数据和扩展期刊(CI-2)为一组数据进行对比说明,见表 1:

表 1 CI 值对比表

时段	CI-1	CI-2	发文量-1	发文量-2	被引量-1	被引量-2
05—05	22.71	19.18	93	67	3760	1731
05—06	46.57	35.07	186	134	7192	3160
05—07	72.20	52.84	302	208	10905	4949
05—08	91.43	68.46	395	275	14075	5982
05—09	109.00	86.55	492	359	16204	7427
05—10	129.89	103.39	607	433	18686	8650
05—11	124.31	119.94	705	515	21125	9788
05—12	145.41	137.88	838	605	23535	11082
05—13	165.96	158.13	966	700	25899	12190
05—14	184.15	185.58	1061	798	28122	13227
05—15	203.13	210.79	1176	906	29939	14138
05—16	219.01	229.58	1270	997	30849	14702

如表 1 所示,1 组数据代表 CSSCI 来源期刊,2 组数据为扩展期刊,两组数据在发文量、被引量,甚至期刊的综合影响因子方面都存在很大的差别,但是计算得出的数据值大小差别不大,在"05—14""05—15""05—16"数据组范围内,扩展期刊 CI 值甚至高于来源期刊 CI 值。由此可以说明,CI 值大小只在组内对比时才有意义,属于组内"相对值"。

(4)在计算公式中,T 值是由学术矩阵中 X1+Y2+Z3 得出的,从模型理论角度来看,同时兼顾了发文量、h 指数、总被引频次和零引论文数量。但是在对此次数据的评价过程中(CSSCI 论文数据呈现出整体被引量高,h 指数较高,零引数量低的状态),随着数据组中论文数量的增多,为 T 值大小贡献率最高的是 Y2(h 尾引文总量)。同样以"西南政法大学"CSSCI 法学来源期刊(T-1)和扩展期刊(T-2)为两组数据计算的 T 值数据分解为例,见表 2。

表2 T值分解表

时段	发文量	h指数	T-1	X1	Y2	Z3	Y2贡献率
05—05	93	33	1055.81	11.71	221.21	822.89	20.95%
05—06	186	47	1742.92	11.88	956.64	774.41	54.89%
05—07	302	55	3067.43	10.02	2302.62	754.79	75.07%
05—08	395	61	4345.42	9.42	3585.56	750.43	82.51%
05—09	492	64	5457.28	8.33	4770.38	678.57	87.41%
05—10	607	67	6966.09	7.40	6385.10	573.60	91.66%
05—11	705	68	8368.54	6.56	7696.47	665.51	91.97%
05—12	838	70	10098.44	5.85	9522.03	570.56	94.29%
05—13	966	71	11960.18	5.22	11442.77	512.20	95.67%
05—14	1061	72	13690.75	4.89	13208.47	477.40	96.48%
05—15	1176	73	15177.46	4.53	14739.77	433.15	97.12%
05—16	1270	73	15995.42	4.20	15571.17	420.05	97.35%

时段	发文量	h指数	T-2	X1	Y2	Z3	Y2贡献率
05—05	67	24	419.75	8.60	105.83	305.33	25.21%
05—06	134	33	735.16	8.13	544.73	182.30	74.10%
05—07	208	39	1406.96	7.31	1202.00	197.64	85.43%
05—08	275	39	2066.49	5.53	1843.70	217.25	89.22%
05—09	359	42	2866.70	4.91	2662.69	199.09	92.88%
05—10	433	45	3618.96	4.68	3460.33	153.96	95.62%
05—11	515	47	4382.70	4.29	4247.72	130.69	96.92%
05—12	605	48	5395.96	3.81	5276.72	115.43	97.79%
05—13	700	49	6278.79	3.43	6173.55	101.80	98.32%
05—14	798	49	7227.92	3.01	7131.09	93.82	98.66%
05—15	906	49	8066.95	2.65	7975.89	88.41	98.87%
05—16	997	49	8593.72	2.41	8506.29	85.02	98.98%

从表2中可以发现,随着时间跨度增大,"h指数"的增加幅度远远小于"发文量"的增加幅度,这导致"h尾引文总量"直线上升,最终在计算T值时,Y2值的贡献率可高达99%,X1和Z3几乎可以忽略不计。

(5)CI值在计算中存在受极端值影响的情况。笔者以西南政法大学"05—11"这个时段为数组计算CI值时,发现其中存在1篇论文被引量远高于其他文章,被引量高出第二名208,同时期刊综合影响因子也是组内最大,两个指标都属于最高,计算数据组整体CI值为124.31,如果去除这篇文章,CI值为146.17。由此可见,这个极端值的出现,使得其余论文的得分被拉低,导致数据组整体得分反而降低。

3.2 相关性表现

表3 2005—2010年度、2011—2016年度CI-T相关系数

Pearson相关系数		05—10年度		11—16年度	
		T	CI	T	CI
T	相关性	1		1	
	显著性(双侧)				
CI	相关性	.979**	1	.991**	1
	显著性(双侧)	0		0	
总发文量	相关性	.966**	.982**	.982**	.979**
	显著性(双侧)	0	0	0	0
h指数	相关性	.854**	.852**	.854**	.880**
	显著性(双侧)	0	0	0	0
总被引	相关性	.960**	.943**	].967**	.971**
	显著性(双侧)	0	0	0	0
**.在.01水平(双侧)上显著相关。					

通过Pearson相关系数(表3)可以清楚地发现CI值与T值呈现出高度正相关,同时两者与总发文量、h指数和总被引也高度正相关。

3.3 影响力增长系数 g

各高校在不同年份跨度中的T值和CI值基本呈现出线性增长趋势,各高校可通过线性回归方式得出线性回归方程。该方程不仅可以预测高校未来发展趋势,还可以通过

斜率反映高校的发展速度,定义斜率为高校的影响力增长系数 g,该系数可对比研究不同高校在大幅年份跨度中的影响力增长快慢。

分别对 2005—2016 年度各高校 T 值、CI 值和 h 指数按照年度增长进行回归,取各回归方程的斜率作为各高校的影响力增长系数 g,为统一各个模型的回归系数数量级,对模型值进行标准化处理,使其值在[0,1]之间,见表 4。三个模型在计算时,T 值与 CI 值在线性回归下拟合度最高,h 指数在对数回归下拟合度最高,且三种值的回归方程和回归系数显著性检验均为显著,R^2 判定系数均大于 0.85,表明各回归模型拟合效果理想。

从实际表现中我们可以发现,T_g 和 CI_g 在线性回归方式下,各高校在年度增长速度的排序大致相同,而 h_g 由于回归方式与其他两种值不一样,其排序与前两种存在较大差距。这也从一个侧面印证了 T_g 和 CI_g 反映的是整体增长速度,而 h_g 反映的是高质量论文的年度增长速度。为深度探索影响力增长系数在多种评价模型的表现,笔者将在后续的研究中详细说明。

表 4　T、CI、h 值增长系数和排序

高校名称	增长系数 g_T	增长系数 g_{CI}	增长系数 g_h
人民大学	0.410　[1]	0.364　[1]	1.215　[2]
中国政法大学	0.316　[2]	0.318　[2]	0.949　[4]
北京大学	0.272　[3]	0.282　[4]	1.236　[1]
华东政法大学	0.260　[4]	0.298　[3]	0.938　[5]
清华大学	0.208　[5]	0.238　[5]	1.141　[3]
西南政法大学	0.181　[6]	0.176　[6]	0.784　[7]
武汉大学	0.167　[7]	0.163　[8]	0.492　[9]
吉林大学	0.130　[8]	0.162　[9]	0.682　[8]
中南财经政法大学	0.124　[9]	0.165　[7]	0.849　[6]

4　研究结果

4.1　评价效果理想

通过实际数据的检验,两种模型在对学术团体论文评价时都达到了很好的效果。

(1) 从模型理论上来说,两种评价方式把传统的发文量、被引频次、h 指数和影响因子的评价方式结合使用,令评价指标更加全面和合理。

(2) 由于两种模型都是对特定数据组进行量化,因此其应用范围除了高校学术团体,还可以辐射到学者之间、学科之间和期刊之间的对比研究,应用范围较广,评价方式灵活。

(3) 两种模型能够准确量化各学术团体的科研成果,清晰对比出不同学术团体在同一时间段的科研水平高低,模型相互之间的水平差异结果基本一致,与实际高校间的差异基本一致。

4.2 模型相关性高

学术迹和 CI 指数在对同一学术团体的评价中,各自的数值具有高度相关性,同时与发文量、h 指数和被引频次高度相关[11],再次说明两种评价模型都是对传统评价方式的一种拓展,在评价效果保持基本一致的情况下,相互验证了理论的可行性和结果的客观性。

4.3 存在问题

两种模型在此次数据分析中,各自存在一点不合理的地方。学术迹评价中,虽然模型理论是体现了高被引论文的正向作用,零引论文的负向作用,但在此次实际数据带入检验中,真正起核心贡献率的是 h 尾论文,反而使得高引论文和零引论文的正负作用都忽略不计了,和理论产生矛盾。针对贡献率相差太大的问题,笔者认为学术迹模型应该引入权重标准,根据不同的数据特点对 X1、Y2、Z3 进行加权求和。

CI 指数评价中,同样发现极端样本对整体数值的影响。学者俞立平等人在其研究中也提出了类似的观点[12],认为利用对数归一化的方式改进模型理论,有助于降低极端样本值的影响幅度。

4.4 模型适用性

根据前文对数据表现的分析,结合模型的理论和对数据的要求,笔者认为,从独立评价角度来看,学术迹适用于对单一学术源进行评价分析,因为其理论中涉及高、中、低质量论文的分列数据,其求值过程本身也是对该学术源论文水平的详细了解,学术迹 T 值属于"绝对值",便于数据的保存、记录和对比。而 CI 指数不适用单一学术源,因为其理论目的就是比较,单一数据所得值是没有意义的。

从综合评价角度来看,学术迹和 CI 指数同时适用于多学术源之间的整体论文水平评价与比较。CI 指数更适合对多学术源高、中质量论文的比较分析,首先 CI 指数仅需要论文的被引量和期刊影响因子两个指标,高、中质量论文的数量也相对整体数量较少,数据收集难度较小。其次,CI 指数得分存在"质量分"和"数量分"[13]两部分,"数量分"是由低质量论文(被引低 0~2 次,期刊影响因子低)得分相加而来,当这部分数量较多,占比大时,会拉高整体 CI 指数得分,因此只比较高、中质量论文时,就降低了"数量分"的比重,能更好地体现不同学术源之间的论文水平。

4.5 增长率指标

在对学术团体论文水平评价中,如何有效地反映研究对象的发展情况?在传统评价方式中,有用年度发文量、年度 h 指数等方式来体现的,但是效果不尽如人意,在研究过程中发现,鲜有学者以增长率为单独评价指标来衡量一个学术团体的年度发展情况的。而笔者认为,学术团体对学术影响力增长趋势是十分在意的,这项指标能够直观了解学术团体在某时间段的发展快慢和发展趋势。

为此,笔者提出影响力增长系数 g,该系数属于评价模型的伴生指标,以学术迹、CI 指数和 h 指数为例,根据不同年度计算出的得分,画出对应的散点图,根据散点图趋势进行曲线估计,按照线性或非线性回归计算出回归曲线。在前两种模型实例中,各高校呈线性增长趋势,因此以线性回归方程的斜率作为高校的影响力增长系数。不同的评价模型会对应不同的影响力增长系数,如表 4 所示,T 值、CI 值和 h 指数三种模型都有相应的增长系数,由于 h 指数敏感性不高[14],对应的回归方程也有所区别,在实际数据表现中会呈现出对数曲线($\alpha>1$)增长趋势,得出的增长力系数排序结果与学术迹和 CI 值排序差距较大,什么样的模型对应的增长力系数更准确、更客观,也正是笔者下一步要研究的问题。

5 结语

评价指标和评价模型的最终目的是服务于评价对象,在对学术水平、科研能力的评价过程中,任何评价方式都不可能尽善尽美、面面俱到,面对不同的对象、不同的数据,同样的方法可能得到不同的结果。追求完美的评价方式是不现实的,俗话说,适合才是最好的。在服务评价对象的时候,我们应该先从了解需求出发,再观察数据特点,最后套用合适的评价模型,才能得到最满意的评价结果。

注释:

[1]崔宇红.从文献计量学到 Altmetrics:基于社会网络的学术影响力评价研究[J].情报理论与实践,2013(12).

[2] 宋丽萍,等.科学评价视角下 F1000、Mendeley 与传统文献计量指标的比较[J].中国图书馆学报,2014(4).

[3] 叶鹰.国际学术评价指标研究现状及发展综述[J].情报学报,2014(2).

[4] Ye F Y, Leydesdorff L. The "academic trace" of the performance matrix: a mathematical synthesis of the h-index and the Integrated Impact Indicator (I3)[J]. Journal of the Association for Information Science and Technology, 2014(4).

[5] Ye F Y, Rousseau R. Probing the h-core: an investigation of the tail-core ratio for rank distributions[J]. Scientometrics, 2010(2).

[6] Chen D Z, Huang M H, Ye F Y. A probe into dynamic measures for h-core and h-tail [J]. Journal of Informetrics, 2013(1).

[7] 薛霏,叶鹰.大学的学术矩阵和学术迹探讨[J].大学图书馆学报,2014(1).

[8] 苏云梅,武建光.关于学术评价指标:学术迹的探讨[J].情报理论与实践,2015(12).

[9] 孙竹梅,华薇娜.学科发展的学术迹和学术矩阵探析[J].图书馆论坛,2016(1).

[10] 孙竹梅,等.学术迹与学术矩阵在期刊评价中的应用:以海洋学领域期刊为例[J].情报理论与实践,2016(9).

[11] 陈小清,等.单篇论著影响力评价指标比较分析:学术迹与 Altmetrics 评分、F1000 评分、Comment 的比较[J].情报理论与实践,2017(3).

[12] 俞立平,等.学术期刊影响力指数 CI 改进研究[J].情报理论与实践,2018(11).

[13] 吕俊杰,等.基于 CI 指数的法学类论文定量分析实证研究[J].现代信息科技,2019(7).

[14] 许新军.h 指数与 p 指数的比较分析[J].情报杂志,2018(8).

民办高校图书馆协同发展探索与实践
——以重庆市民办高校图书馆为例

叶甬渝　曾　鸣　杨　洁　刘红霞

（重庆师范大学涉外商贸学院）

摘要：民办高校图书馆受发展历史短、办馆经费有限、人才紧张等因素影响，在发展中面临着诸多困境。本文通过分析重庆市民办高校图书馆探索、实践协同发展道路的例子，得出民办高校图书馆协同发展的启示。

关键词：民办高校；高校图书馆；协同发展

民办高校发展历史不长，但在我国高校事业中占有重要的地位。据统计，截至2019年6月，全国高等学校共计2956所，其中民办院校756所，占全国高等学校数量的四分之一。民办高校图书馆与公办高校图书馆在性质、任务、作用等方面相同，然而由于学校属性、办校体制差异，加上办馆历史及人员结构等问题，其发展状态、服务能力有很大的差别。现实中，民办高校图书馆发展面临诸多困境。

1　民办高校图书馆发展的困境

1.1　办馆经费有限，保障能力差

首先，"民办"是民办高校图书馆最基本的属性，条件稍好的有财团扶持运作，条件差的靠收取学费勉强维持，与公办高校图书馆每年动辄几百万上千万甚至上亿的办馆经费有着巨大的差距。因此，办馆经费有限是民办高校图书馆先天的弱势。

其次，民办高校校园建设的前期投资大，其资金主要来自"市场"，"市场资金"对利益的"嗅觉"格外灵敏，对看不见直接经济效益的，如图书馆馆藏资源建设等，不愿投入太多资金。

最后,我国民办高校图书馆的发展历史大多仅有一二十年,为满足各类评估检查,各民办高校图书馆不得不超常规的突击采购文献,严重影响馆藏质量和文献保障能力。一方面复本加大,专业图书与非专业图书比例失衡,纸质文献资源质量不高,电子资源因评估没做硬性要求,因此,大多数馆很少购买,部分馆甚至完全没有;另一方面,超常规的突击采购往往依赖外包馆配商加工图书,造成数据混乱、加工错误率高[1]。

1.2 人员紧张,人才不足

民办高校图书馆人员紧张的问题普遍存在。以重庆市民办高校为例,上万学生规模的院校通常也仅有一二十名工作人员,规模较小的图书馆只有几名工作人员。此外,从组织构架上看,大多数民办高校图书馆都只有馆长,未设副馆长,未设专职书记,业务部门也仅有读者服务部、采编部等基础业务部门。同时,有业务部门但没有部门主任现象居多。残缺不全的组织架构造成分工不明、职责不分,有活没人干、做事不专业的局面,很多民办高校馆留停在守摊子的局面,更谈不上开拓创新。

此外,民办高校图书馆"人少事不少",员工工作压力、精神压力大,深造机会少,职称晋升难,甚至部分馆员工取得了技术职称也享受不到相应的待遇。在这种情况下,民办高校图书馆员工身心疲惫,看不到前途,人心浮动,人才流失严重。与此同时,由于民办高校开办时间不长,缺乏人才的储备和积淀,员工队伍年轻化,主要以80后、90后为主,知识断层,缺乏中坚力量。

1.3 服务层次低,关注度不高

在资金短缺和人员紧张的双重压力下,一般民办高校图书馆往往仅提供借还等基础服务,信息服务、学科服务基本没有开展,少数开展的馆也仅仅处于起步阶段,服务层次较低,学科服务远远不及。

此外,受资金、人才限制,民办高校图书馆文化育人工作开展得不理想,文化活动少,师生、领导关注度不高。

2 重庆市民办高校图书馆协同发展实践探索

重庆市共有26所民办高校,占全市高校总数的40%,是重庆市高等院校不可或缺的重要力量[1]。然而,这些民办高校图书馆早期发展相对落后、馆藏资源严重不足,一些馆馆舍面积小,生均只有几册图书,电子资源更是为零;服务单一、馆员业务水平较低的问题普遍存在。各馆建设不能满足学校发展的需求,迫切需要结合实际,学习先进发展理念和建设经验,加快发展。在国内还没有相关探索情况下,从2010年起,重庆市合川区几所民办高校图书馆联合起来率先进行协同发展的实践探索,现已形成有18个成员馆的重庆市民办高校图书馆联盟(协作组),并探索了协同发展的四种机制。

2.1 文献资源联合保障机制——区域馆际互借

文献资源是图书馆开展一切服务的基础,为了提高文献保障的能力,重庆市民办高校图书馆联盟(协助组)做了馆际文献互借的探索。目前,部分馆已经实现了馆际纸质文献的互借,在馆员间也实现了电子文献的传递。此外,重庆市民办高校图书馆联盟(协作组)正在打造整个重庆市民办高校图书馆联盟成员馆的馆际互借平台,近期将实现合川地区、铜梁地区的纸质文献的馆际互借。

以多馆联合的资源共享形式,弥补过去单个馆文献保障能力有限的短板,实现优势互补,共同保障读者的文献需求,这无疑大大提高了文献保障的能力。在成功经验基础上,可将其逐步推广到其他地区。

2.2 馆长高层论坛机制——"平等、协作、共进"

馆长是图书馆发展的核心,图书馆发展思路及战略源于馆长。重庆市民办高校图书馆联盟(协作组)每年联合组织两次本市民办院校馆长论坛,后又拓展到四川、重庆两地的民办院校馆长论坛,各馆每年轮流执会,研究与探讨民办院校馆发展中面临的形势和共性问题,互通有无,将各馆个性思考转化为联盟协同探求,将典型经验转化为借鉴推广,让先进发展理念和思路在更大范围中共享。

2.3 馆员学术交流机制——"自愿、互学、互鉴"

馆员是图书馆工作的关键,图书馆建设及工作实效最终是由馆员的具体工作来体现的。因此,遵循"自愿、互学、互鉴"的宗旨,重庆市民办高校图书馆联盟(协作组)联合开展经常性的业务学习、考察活动,举办业务研讨班、业界大咖讲座、学术征文及服务创新案例大赛等,打造业务研讨平台,构建学术交流机制,促进馆员拓展学术视野,打开研究思路,掌握学术信息与研究方法,提升学术及业务水平。

2.4 读者文化活动联动机制——"积极、协同、联动"

读者是图书馆的服务对象,服务育人是图书馆之根本。以文化育人为重心,建立读者文化活动联动机制,以文化育人为主线、活动主题择时定为原则,重庆市民办高校图书馆联盟(协作组)每年除组织地区高校馆阅读推广联动活动外,还联合开展全市民办高校大学生文化活动,协同推出如"4·23"再现经典表演大赛、中华美文诵读、征文比赛等系列文化活动,打破各馆"单打独斗"的局面,延伸文化育人活动范围,扩大读者受益面。

3 重庆市民办高校图书馆协同发展实践探索的启示

3.1 协同发展有利于民办院校图书馆文献保障能力的提升

3.1.1 文献保障能力提升

在重庆市民办高校图书馆协同发展的实践探索中,民办高校通过馆际互借可以立竿见影地改善各馆文献质量差、文献保障能力差的局面,亦能拓展提供文献的范围,增加服务项目,特别是对于专业类别差异大的高校,增强了资源保障的互补性,更全面地满足读者的文献信息需求。

3.1.2 馆藏文献利用率提高

在重庆市民办高校图书馆协同发展的实践探索中,民办高校通过馆际互借不仅增强了文献保障能力,还大大提升了馆藏文献的利用率,进一步激活了民办高校图书馆馆藏文献资源,为民办高校图书馆馆藏文献资源流通周转增添了活力。

3.2 协同发展有利于民办院校图书馆服务水平的提升

3.2.1 协同发展有利于服务项目的拓展

在重庆市民办高校图书馆协同发展的实践探索中,民办高校图书馆通过馆际交流协同发展各馆,改变了传统单一的借还服务,创新拓展了服务项目,例如,重庆师范大学涉外商贸学院的"三维一体"信息服务模式和为乡村旅游规划(案例成功通过国家AAA级景区评审)、重庆人文科技学院的《管理参考》和重庆机电职业大学的《参考资讯》等深层次服务。

3.2.2 协同发展有利于服务特色的呈现

在重庆市民办高校图书馆协同发展的实践探索中,民办高校图书馆通过高层交流,各馆逐渐形成各自的办馆思路,并逐渐形成自己的服务特色,如重庆邮电大学移通学院的"双子湖文化"育人、重庆师范大学涉外商贸学院的"读者科研导向"案例、重庆人文科技学院馆的"乡村小学导读"、重庆机电职业大学的"地方志文献展示"、重庆传媒职业学院的"古籍字画装裱"等特色服务。

3.3 协同发展有利于民办院校图书馆办馆层次的提升

3.3.1 协同发展有利于文献资源检索

在重庆市民办高校图书馆协同发展的实践探索中,民办高校图书馆通过馆际交流,各馆互通资源建设进展,为各馆掌握本馆文献资源建设进度提供了可靠的参考依据,从侧面促进了各馆文献资源建设发展。近五年,各馆资源建设加速增长,仅从纸本图书看:

重庆师范大学涉外商贸学院生均已达100册;科创职业学院三年增长24万册;工程学院三年增长幅度达31.5%。

3.3.2 协同发展有利于基础设施建设

在重庆市民办高校图书馆协同发展的实践探索中,民办高校图书馆通过馆际交流和参观学习,各馆互通基础设施建设进展,为各馆基础设施建设提供了难得的学习机会和可靠的参考依据,从侧面促进了各馆文献资源建设发展。近五年先后有重庆房地产学院、重庆科创职业学院等职业学院及重庆机电职业大学建了新馆;重庆科创职业学院已实现RFID技术;重庆人文科技学院的智慧图书馆正在建设中。

3.3.3 协同发展有利于专业队伍建设

在重庆市民办高校图书馆协同发展的实践探索中,民办高校图书馆通过馆际学术交流和培训,各馆馆员业务素质显著提升,促进了民办高校图书馆专业队伍建设。如重庆师范大学涉外商贸学院近三年发表论文91篇(其中核心期刊3篇),完成3项市级科研项目,学术奖1项,实用新型专利2项;5个馆有18人职称晋升。

3.3.4 协同发展使读者受益

在重庆市民办高校图书馆协同发展的实践探索中,民办高校图书馆切切实实有了发展,为读者提供了更好的环境和丰富的资源,为读者的教学科研,尤其是文化素养的提升发挥了重要作用。

3.4 协同发展有利于图书馆地位的提升

在重庆市民办高校图书馆协同发展的实践探索中,民办高校图书馆的发展得到了学校师生、领导的高度认可。重庆人文科技学院图书馆连年校内绩效考核优秀;重庆科创职业学院图书馆连续5年获校内先进部门;重庆工程学院图书馆近三年考核为一等奖2次,二等奖1次;重庆师范大学涉外商贸学院图书馆获市教委先进单位,其党支部多次获校先进支部。

重庆市民办高校在国内民办院校图书馆尚无类似实践探索、尚无现成参考经验的情况下率先探索,为民办高校图书馆发展提供了宝贵的经验。通过重庆市民办高校图书馆协同发展的实践探索可以看出,对于民办院校图书馆来说,协同发展是破解民办高校馆普遍存在的"办馆经费有限,保障能力差""人员紧张,人才不足""服务层次低,关注度不高"等发展难题的一剂良方,对于改变民办高校落后状况、促进民办高校图书馆发展发挥着重要作用。

注释:

[1]林庆云.民办高校图书馆忧思[J].图书馆论坛,2013(6).

中国图书史研究之管窥

陈立新

（西南大学图书馆）

摘要：书承载着人类文化的精髓，记录着中华文明发展的进程，需要有学者去对其发展轨迹进行细致探讨。从社会发展角度来看，中国图书史研究也是社会学研究中不可或缺的一项重要内容，必然有诸多学者对于这一文化现象不断进行探索，这也可看成是对中国图书馆学史深入研究的极大补充。

关键词：中国图书史；文化史；历史学；文献学

书与人类之文明有着至为密切的关系，是文化传承的主要载体。对图书的发展历程进行研究，也是对人类文明史脉络的一种梳理和探索。中国是一个具有几千年文明历史的古国，历史积淀尤其丰厚，从文字的发展史来看，已可追溯到三千多年前的商代。如严格按书籍形成痕迹考察，可从汉代谈起。而对书籍发展过程的探索，正是研究图书史的重要内容之一。

1 研究成果之回顾

近百年来中国图书史的研究经历了起步、发展、繁荣这三个阶段。从已出版的研究成果来看，这些著作关注的焦点主要为图书本身的发展史。近20年来，海内外学者致力于用不同的视角和理念来研究中国书籍史，学者更为关心的是书籍与政治、经济、社会、思想等的关系，以及书籍所产生的社会文化影响。

1.1 内地出版的研究著作

《中国书史》，陈彬龢、查猛济著，是第一本以"书史"命名的文献，作者用二十章来叙述中国历代藏书和刻书,此著作1931年由上海商务印书馆出版。王利器编的《中国书史》,是一部油印教材,编辑于1950—1951年间,为当时北京大学图书馆学专科所用,流传不广。《中国图书史讲义》是皮高品先生给武汉大学图书馆学系学生讲课用的教材,1956年油印,1962年、1964年修订并铅印,直至1986年改名为《中国图书史纲》正式出版。《中国书史简编》,刘国钧著,1958年高等教育出版社出版,1982年又经过了郑如斯的订补,由书目文献出版社出版,全书由八章构成,内容涉及图书的形式、内容,并与社会发展相结合进行综合阐述,使书史研究有了一定的理论高度。《中国古代书籍史》,李致忠撰,1985年文物出版社出版。郑如斯、肖东发编著的《中国书史》,1987年书目文献出版社出版。曹之撰的《中国古代图书史》,2015年武汉大学出版社刊出,分为八章,分别由古代图书编辑、古代图书出版、古代图书的传播、古代图书的收藏、古代图书的目录、古代图书的阅读、古代图书的整理和古代图书的生态文化所构成,并且在每章之下,又依据不同内容划分出了若干节,全书共计65万字。陈力著的《中国古代图书史》,2017年由社会科学文献出版社出版,全书共计65.8万字,全书只有八章内容,是一部以图书为中心的中国古代文化史。

1.2 港台及海外出版的研究著作

在相关研究著作中,影响最大的是钱存训先生撰写的《中国古代书史》,中文版1975年由香港中文大学出版,该书原名为《书于竹帛》(Written on Bamboo and Silk),英文版完成于1957年底,1962年由美国芝加哥大学出版社出版,此后还出版了日文版和韩文版。高越天著的《中国书纲》,1971年由台湾维新书局出版。李文琦等著的《中国书籍演变论集》,1972年香港中山图书公司出版。刘家璧编的《中国图书史资料集》,香港龙门书店1974年初版。昌彼得著的《中国图书史略》,1976年台湾文史哲出版社出版。叶松发著的《中国书籍史话》,1978年台湾白庄出版社出版。石川九杨著的《中国书史》,1996年京都大学学术出版会出版。陈力撰的《中国图书史》,共计20万字,1996年台湾文津出版社出版。

从上述已经出版研究成果看,学者已经普遍认识到了研究中国书史的重要性,从民国至今,研究、整理工作成绩斐然。

2 研究者之路径与治学方法

以目前最具学术影响力的曹之著《中国古代图书史》和陈力著《中国古代图书史》这两部研究成果来看,两位作者均充分利用了各自擅长的治学优势,着重从研究方法上进行创新,并从学术理论上加以提升。具体而言,前者是从社会文化学角度来加以探索,后者是从历史文化高度来进行研究。

2.1 曹之教授与他的《中国古代图书史》

图书是人类思想的结晶,从社会学角度来探索中国图书史,是作者最终选择的研究方向。武汉大学出版社先后出版了曹之教授的三部专著,分别为《中国印刷术的起源》《中国古籍编撰史》和《中国古籍版本学》。这三部专著,说明作者前期之学术探索,为后期新的研究成果奠定了一定理论基础。他在图书史研究中深入发掘,充分阐明了图书是属于"自然社会"中的一种物质。基于此,他借《中国古代图书史》,图书编撰、出版、传播、收藏、阅读、整理和生态文化应属于该研究中的核心内容,同时还勾勒出图书发展的历史轨迹:

古代图书发展的历史就是从图书编撰出发,经由图书出版、图书传播、图书收藏、图书阅读、图书变异、图书整理,进入新一轮的图书编撰。其中,"传播"包括书业中心、畅销书、中外交流等;"收藏"包括目录、分类、保护等;"阅读"包括标点、训诂、检索、翻译等;"变异"包括伪书、散佚等;"整理"包括校勘、辨伪、辑佚等。一部图书史就是这样无限循环、环环相扣、周而复始、螺旋式上升、不断发展的历史。[1]

从以上所述来看,有两点值得注意:首先,可以看出作者酝酿撰写《中国古代图书史》一书已有相当长的时间,其实这正是学术积累从量变到质变的过程。其次,作者立论始终是围绕着图书来进行展开的,他认为"图书史是一个较大概念"的课题,同时还指出:"以往的书史著作仅仅书写藏书轶事,其他如图书编撰、图书出版、图书传播、图书阅读、图书整理等概付阙如。"[2]作者在研究过程中,根据历史规律对图书形成过程进行总结,进而使中国书史的研究外延得以延伸,其研究成果也更丰富,展示出了作者研究中的创新特色。最后,从1994出版第一部学术著作,到2015年推出《中国古代图书史》,其间历经21年,作者对中国古代图书的历史研究未曾停歇,充分展现出了作者的专业素养和持之以恒的治学精神。作者深刻认识道:"图书是一个动态的概念,是一环紧接一环的锁链式运动过程,永远不会停留在某一环节上。每个环节的发展又与社会生态文化密切相关。"[3]从其研究过程中看,他尤其重视从微观角度来把握,从宏观上去总结,最终圆满完成了一部"汇通"式的研究专著。

2.2 陈力教授与他的《中国图书史》

陈力教授对于中国图书史之著述,最早可追溯到20世纪90年代他在台湾出版的《中国图书史》,他于该书《绪言》中明确提出:"中国图书史的研究内容和对象,我们以为,至少应该包括三个方面,一是图书事业的兴衰,二是不同时期图书内容的特点,三是图书外在形式的流变。"[4]这三项构成了他撰写《中国图书史》之核心。随着多年来的学术积累和对自己前期研究的反思,他又于2017年出版了第二部研究中国书史的著作——《中国古代图书史》。他特别提出:"研究中国图书史,必须将其置于特定的社会和文化发展环境中来认识,特别关注图书和图书事业与文化、宗教的关系,特别关注图书和图书事业与教育、学术的关系,特别关注图书和图书事业与社会的关系,这样,或许能够比较准确、全面地把握图书和图书事业发展的内在和外在动因。因此,我们也把中国古代图书史作为社会发展史的一个组成部分来研究。"[5]由此可以看出,这一个"必须"、三个"特别关注"明确勾勒出了当今学界研究中国书史所存在的问题。作者在研究中紧扣中国历史这一主题,按照传承脉络来提出问题,依据原始史料对文化现象加以详考,最终才完成了这样一部颇具前沿性和创新性的专著。应该看到,其学术成就的取得,显然与其治学特色有密切联系,概括起来有以下三点。

第一,论述始终以史为主线。

这里所言之"史",从表面上看,是在探讨图书的发展过程,实际则为论述华夏文化传承过程和探索中国学术文化之形成、发展中的历史轨迹。他特别指出:"以往的学者们的研究,大多是就图书史的某一方面进行专门而深入的研究,而对于图书及图书事业如何产生、如何发展及其发展规律的系统性研究并不多,对于图书及图书事业发展与政治、经济、文化等诸因素之间的相互关系及相互影响的研究并不多。"[6]这显然对于历史规律的发现与总结,尤其对于撰写中国图书史的研究者来说,是一个不可或缺之重要环节。史学家章学诚提倡史学研究中必以"辨章学术,考镜源流"为其准则,看来作者正是遵循了这一治学原则。不管是前期所撰的《中国图书史》,还是后期完成的《中国古代图书史》,书名明显地展示出了作者之研究意图,概括起来也就是从图书史角度来管窥中国古代文化记录、传承和发展的历史轨迹。在这一治学观的指导下,他潜心研究,撰写出了一部代表当前相关领域学术研究的前沿水平,体现我国哲学社会科学界的学术创造力的杰作。

第二,秉承先贤治学之术。

先贤治学,在论述古代图书方面,王国维先生著有《简牍检署考》《五代两宋监本考》《两浙古刊本考》和《传书堂藏善本书志》等。其在治学方法上,提出了"二重证据法",这对于指导研究者进行学术创新产生了十分重要的影响。姚名达先生则著有《中国目录学史》,这是近代西学东渐以来第一部以"中国目录学史"命名的创新著作,是全面、系统研究中国目录学史的学术专著。徐中舒先生也在撰写《古代灌溉工程原起考》一文中,从雕刻之角度论述到了印刷术起源与环境等方面的问题,这也是研究中国书史不可或缺的内容之一。由此证明了前贤有关中国图书史方面的探索,已为后人研究中国古代社会文化给予了重要启示。

陈力教授一直将图书与中国文化史之发展等一系列问题视为自己的首要研究内容。

从 20 世纪 90 年代出版第一部《中国图书史》,至本世纪新出版《中国古代图书史》止,两书相距 21 年,说明作者对此论题经过深思熟虑。尤其从篇章布局、史料引用、考证方式上看,显然有了量的增长和质的飞跃。从这两部文献研究的内容看,凡探索的问题是在继承、吸收和总结经验之基础上,并结合逐年出土的文物(文献)来进行细致探讨,尤其在后一部著作中,他还将雕版印刷产生的原理与方法、所使用到的材料,以及所涉及的社会功能、应用环境等诸多问题,一并结合印刷术之发明原因和应用过程进行了科学推理与判断。明确指出:"直接催生雕版印刷用于图书复制的主要原因有三点:一是宗教类图书的大规模社会化需求;二是科举制产生以后对教育的推动以及科举考试自身带来的特定文献批量复制需求;三是普通百姓日常生活常用之物,如日历、字书等,社会需求量大,价格又不能过于昂贵,印制也比较简单。"[7] 陈寅恪先生云:"一时代之学术,必有其新材料与新问题。取用此材料,以研求问题,则为此时代学术之新潮流。治学之士,得预于此潮流者,谓之预流(借用佛教初果之名)。其未得预者,谓之未入流。"[8] 依照此学术创新方法来对陈力教授之创新研究进行考查,证明了他不仅依据了传世文献,还结合了大量出土文物(文献),并从社会学、文化发展史和科举教育史等角度,将此文化现象的产生、发展置于中国古代社会的大环境中加以综合评判。

第三,学术积累与开拓创新。

作者治学经历一直同古代图书史有着密切联系。他的硕士论文为《今本〈竹书纪年〉研究》;他 1988 年毕业留校主要从事古籍整理与编目工作,同时还承担了历史系的中国书史专业课教学工作;1994 年他主编了由四川大学出版社出版的《四川省高校图书馆古籍善本联合目录》;1996 年他整理出版了自己的第一部专著——《中国图书史》;2009 年,他还担任了国家重要整理项目——《中国古籍总目》的副主编并兼任集部主编。30 年来,从四川大学图书馆到国家图书馆,他每天与书特别是古书为伴,工作之余的学术研究,大多也是与图书、图书馆、图书馆事业有关。孔子曰:"君子务本,本立而道生。"如果将此"道"用于这里来加以诠释,其含义也就是指治学大道。从陈力教授的研究经历可以看出,只有重视学术积累,并进行长期、广泛的学术积累,才能超越前人,取得创新性成果。

综上所述,学者们对中国图书史的研究从未间断,成就可观,研究内容涉及古代文化的诸多领域。当然其滥觞可追溯到叶德辉《书林清话》一书,但是此文献并非属于严格意义上的中国书史论著。在中华人民共和国成立后,北京大学、武汉大学均设置图书馆学专业,这时的中国图书史才被纳入学校教育的专业课程之中,与此相应的专业教材就有王利器编的《中国书史》、皮高品编的《中国图书史纲》和刘国钧著的《中国书史简编》等。从另一角度讲,图书史更是属于专门史之研究范畴,有许多中外学者在此领域中撰写出了经典著作,诸如旅美学者钱存训著的《书于竹帛》、张秀民著的《中国印刷史》、美籍学者卡特著的《中国印刷术的发明和它的西传》,说明中国图书史之研究,前期已奠定了一定理论基础。随着目前曹之、陈力两位教授的最新成果的出版,中国书史研究之形式和方法又有了新的突破。时代的进步,科技的发展,图书史之研究更不会停留在原来的水平上,还有继续探索的空间。

注释:

[1]曹之.中国古代图书史[M].武汉:武汉大学出版社,2015:总序5—6.

[2]曹之.中国古代图书史[M].武汉:武汉大学出版社,2015:697.

[3]曹之.中国古代图书史[M].武汉:武汉大学出版社,2015:总序5.

[4]陈力.中国图书史[M].台北:文津出版社有限公司,1996:绪言4.

[5]陈力.中国古代图书史:以图书为中心的中国古代文化史[M].北京:社会科学文献出版社,2017:绪言3.

[6]陈力.中国古代图书史:以图书为中心的中国古代文化史[M].北京:社会科学文献出版社,2017:2.

[7]陈力.中国古代图书史:以图书为中心的中国古代文化史[M].北京:社会科学文献出版社,2017:190.

[8]陈寅恪.陈寅恪史学论文选集[M].上海:上海古籍出版社,1992:503.

重庆市公共图书馆古籍保护和利用研究

伍 力
(重庆图书馆)

摘要：古籍文献是中华民族宝贵的文化遗产，是中华民族优秀传统文化的重要载体，承载着千百年来中华民族优秀传统文化的智慧成果，具有重要的文物、史料和艺术价值，同时它还是文化自信的重要源泉，对古籍进行合理的保护和利用，就是最大限度地保护和传承中华优秀传统文化。然而由于古籍文献的特殊性和不可再生性，在古籍的保护开发利用过程中存在一定的困难，本文即在此基础上初步探析如何做到科学保护和利用古籍文献，"让书写在古籍中的文字活起来"。

关键词：公共图书馆；重庆市；古籍；保护；利用

我国是历史悠久的文明古国，拥有卷帙浩繁的古籍文献，这些古籍文献是中华民族宝贵的精神财富，承载着千百年来中华民族优秀传统文化的智慧成果，具有重要的文物性、史料性和艺术性。古籍文献保护的最终目的是"让书写在古籍中的文字活起来"，让社会大众更好地利用古文献资源，让其优秀的传统文化得以弘扬传承。如何保护好、利用好古籍文献，挖掘古籍文献最大价值，更好地保护好古籍文献，是当前公共图书馆讨论研究的主要课题之一。

1 重庆市公共图书馆古籍保护和利用现状

重庆文化起源于巴渝文化，巴渝文化是中华文化的重要组成部分。由于种种原因，以往对重庆古籍文献的价值认识不够深刻，且并未对其进行较好的挖掘利用。

2007年12月，经重庆市政府批准，重庆市古籍保护中心正式成立并在重庆图书馆挂牌。重庆市古籍保护中心主要负责全市古籍保护、古籍普查、珍贵名录和重点古籍保护单位申报、人员培训等工作。重庆市现存45080部635754册古籍,[1]其中重庆图书馆是全市古籍藏量最为丰富的单位,典藏古籍2.3万余种,约30万册,其中善本古籍3千余种,约5万册;普通古籍2万余种,约25万册。共有217部善本古籍入选第一批到第五批《国家珍贵古籍名录》,重庆图书馆还是首批全国古籍重点保护单位。目前,重庆的古籍文献主要集中在重庆图书馆、重庆中国三峡博物馆、重庆市北碚区图书馆。近几年,重庆市古籍保护中心对重庆所藏古籍文献进行了少量的影印整理,出版了如《重庆图书馆藏稀见方志丛刊》《纫秋山馆行箧书目》《(道光)重庆府志》《北碚图书馆精品图录·古籍卷》《重庆图书馆藏戏曲唱本普查目录及要目叙录》等[2]。其他区县级公共图书馆馆藏古籍文献从未有过整理出版,更谈不上深一步的研究。

2 重庆市公共图书馆古籍文献缺少利用原因分析

重庆图书馆作为重庆古籍文献的主要收藏机构,由于人员、资金、技术等原因,目前的工作主要停留在对古籍文献进行收藏和保护工作阶段,而挖掘推广工作甚少抑或没有开展,大多还停留在古籍普查、整理、编目层面。古籍文献资源共享意识缺乏,馆际合作交流少,古籍数字化迟迟未开展等原因,也导致了馆藏古籍文献资源束之高阁,尚未被合理开发利用。

2.1 古籍保护专项经费不足

古籍保护工作是政府公共文化服务工作中的重要组成部分,这就意味着古籍保护、挖掘、推广工作不是以盈利为目的的,是需要长期投入的公共文化服务工作。例如,古籍文献的存放需要有良好的保存条件和严格的保护措施,古籍储藏环境的温湿度、空气质量和光照条件,是影响古籍保存寿命的重要因素;古籍特藏书库的消防、安防设施,则是保障古籍文献安全的重要措施。国家古籍保护中心自2007年成立后,每年都有专项资金用于全国的古籍保护工作,但真正落实分配到各地方的经费是很有限的,重庆市大多基层公共图书馆古籍文献保存的环境都很简陋,甚至不符合古籍文献的存放要求,这就直接导致古籍文献受到酸、虫、霉、光等因素的损害,甚至有些基层图书馆没有设立专门的古籍保护部门。

2.2 古籍专业人才缺乏

自2005年文化部、财政部启动"中华古籍特藏保护计划"以来,经过十多年的努力,培养了一些古籍普查、整理、编目、鉴定、修复等方面的人才,但随着我国古籍保护工作的深入开展,公共图书馆古籍保护人才依然匮乏,且需求也越来越大,对人才的专业素养要求也越来越高。现有的古籍保护专业技术人才无论在数量上还是在业务能力上都存在着很大缺口,业务能力有待提升。

2.3 古籍数字化没落地

由于古籍文献的特殊性,古籍年代久远,纸张脆弱,不能像现代图书那样流通,这就降低了古籍文献的使用频率。目前,许多公共图书馆都倾向于数字化处理,将古籍文献数字化,然而实际上,此项工作开展较为缓慢,涉及各方面的问题。

3 古籍文献保护和利用策略

3.1 政府政策资金支持

"中华古籍保护计划"启动十余年来,社会各界人士对古籍保护的关注度越来越高,公共图书馆作为古籍保护的主要部门,承担着古籍保护、修复和利用的任务。截至目前,我国政府层面出台的最为重要的一部古籍保护工作文件就是2007年颁布实施的《国务院办公厅关于进一步加强古籍保护工作的意见》。该意见的出台让古籍保护工作更加具体、科学。《中华人民共和国图书馆法》的颁布让公共图书馆古籍保护工作的开展有了可靠的法律支撑,古籍保护工作的社会关注度也逐渐提高,决策机构从政策上予以扶持的力度也加大了。重庆市政府于2007年印发了《重庆市古籍保护工作方案的通知》,从政策上、资金上对重庆市的古籍保护工作给予了大力支持。以重庆市古籍保护中心(重庆图书馆)为龙头,遵照国家相关法律法规,建立健全古籍保护相关工作流程与标准,如经费、设备、技术条件、古籍修复等,对古籍从业人员、古籍开发利用、古籍保护工作协作协调等制定制度和工作标准。

3.2 建立古籍保护人才培养机制

古籍保护主要划分为古籍整理和古籍修复。古籍整理主要是对古籍进行普查、编目、鉴定、开发以及学术研究。古籍修复主要是对残缺的古籍进行最大程度的还原。国家文化部、国家古籍保护中心每年都会举办古籍整理和修复方面的培训班,对图书馆从事古籍工作的馆员进行培训,培养了一批专业的古籍保护人员,但依然存在较大缺口。目前古籍保护人才的培养渠道有学校培养、实践培养两个渠道。重庆图书馆近年来每年都会派馆员参加国家古籍保护中心举办的培训,于2018年引进了两名博士研究生从事古籍的普查整理研究工作。

3.3 建立古籍开发专员团队

自2007年"中华古籍保护计划"启动以来,在国家古籍保护中心的引领下,全国各公共图书馆开展了"古籍修复技艺进校园""走近《四库全书》""册府千华珍贵古籍特展""晒书大会"等古籍普及与传播活动,让古籍"活起来",让广大市民近距离感受古籍的魅力,增强文化自信。

重庆图书馆在积极开展古籍保护中心的这一系列活动的同时,还与多部门、多企业合作,依托历史、文学等领域的专家学者,推进巴渝传统文化典籍整理,对优秀巴渝典籍进行诠释和解读,深入研究巴渝优秀传统文化精髓,传承弘扬巴渝优秀传统文化,整理出版巴渝典籍。重庆图书馆通过开展古籍讲座、展览、修复体验等活动,普及古籍保护知识,展示典籍文化魅力,引导全社会各阶层积极支持和参与古籍保护工作。重庆图书馆在每年"4·23"世界读书日活动中都会有刻石拓碑、雕版印刷的市民体验活动,面向社会大众举办传拓技艺培训,通过"中华传统晒书活动"之"馆长晒国宝"、"巴渝茶蕴——古籍里的重庆茶文化展"等活动,向市民介绍展示重图的古籍文献,既吸引了大量市民参观体验学习,关注度持续上升,也让更多市民参与到古籍保护中来。除此之外,重庆图书馆还充分利用现在的新媒体,如微信、微博、抖音等宣传馆藏古籍,让其"活起来"。

3.4 古籍数字化建设,文献资源共享

"古籍数字化"是指利用现代信息技术对古籍文献进行加工处理,使其转化为电子数据形式,通过光盘、网络等介质保存和传播。古籍数字化是对古籍或古籍内容的再现和加工,属于古籍整理的范畴,是古籍整理的一部分。数字化是古籍再生性保护的重要手段,古籍数字化属于古籍整理的范畴,代表着古籍整理的未来方向。

公共图书馆法中规定,政府设立的公共图书馆应当加强对馆内古籍的保护,根据自身条件采用数字化、影印或者缩微技术等推进古籍的整理、出版和研究利用,这是"让古籍里的文字活起来"的法律要求和实现方式。《"十三五"时期全国古籍保护工作规划》也提出:建立中华古籍数字资源库和中华古籍综合信息数据管理平台,扩大古籍数字资源开放,促进资源共享,提高利用效率。

4 结语

古籍是我们中华民族在数千年历史发展过程中创造的重要文明成果,"传承文明、服务社会"是图书馆人的初心和使命,保护好、利用好这些古籍,对促进民族文化传承、弘扬民族精神有重要作用。

注释:

[1]任竞,袁嘉芮,袁佳红.巴渝古籍数字化开发模式研究[J].重庆文理学院学报(社会科学版),2018(2).